「学問の府」の起源

「学問の府」の起源

——知のネットワークと「大学」の形成——

安原義仁
ロイ・ロウ 著

知泉書館

献辞

本書を以下に記すわれわれの孫たちに捧げる。
未来を切り開く若き世代の代表として。

アリス・マッキノン
キャメロン・ブラッドレー
ケリス・ウォータン
エヴィー・ブラッドレー
イーワン・ブラッドレー
フィンレー・ウォータン
安原陽菜
安原幸汰
ソフィー・マッキノン
ヤニック・ウォータン

謝　辞

本書の出版にいたる共同研究に際しては多くの方々から助言や励ましや支援を受けた。ここにそのお名前を記して感謝の意を表したい。

まず、共同研究発足当初からわれわれの研究テーマに興味を抱き、研究の方法・戦略等について建設的な示唆・助言を惜しまれなかった同僚・研究仲間に対して深く感謝申し上げる。それらの方々は、故リチャード・オルドリッチ教授（ロンドン大学教育大学院教授、国際教育史学会会長・イギリス教育史学会会長等を歴任。残念ながらわれわれの研究成果を手に取ってご覧いただくことはかなわなかった）、ゲイリー・マッカロック教授（ロンドン大学教育大学院、イギリス教育史学会会長）、シェルダン・ロスブラット教授（カリフォルニア大学バークレー校高等教育研究所所長、国際大学史研究委員会委員）、サイモン・スレーター教授（ケンブリッジ大学、歴史・政策ネットワークの創設メンバー）、単中惠教授（元中国教育史学会副会長）、館昭教授（桜美林大学、日本高等教育学会の創設メンバー、元同会長）、大塚豊教授（福山大学副学長、広島大学名誉教授、元日本比較教育学会会長）である。

若き日のわれわれを未開拓の大学史・高等教育史の研究に誘い、身をもってその魅力と可能性を示された次の三名のパイオニアから親しく学びえたことはこの上なく幸運かつありがたいことであった。すなわち、故W・H・G・アーミテジ教授（イギリス教育史学会の創設メンバー）、故横尾壮英教授、故中山茂教授である。横尾、中山の両先生がわが国の大学史研究会の立ち上げに主導的な役割を果たされたことはあらためて言うまでもない。

また、福山大学の大塚豊教授（第3章「黄河に沿って——古代中国の『学問の府』」）、広島大学の鈴木理恵教授（第4章「朝鮮、日本、ベトナムの『学問の府』」の日本の部分）、広島女学院大学の松浦正博教授（第8章「沈滞の中世ヨーロッパ？」）はお忙しい中、本書の原稿の一部をそれぞれの専門の立場から目を通して誤りや思い込みを指摘し、有益な助言を与えられた。本書の過ちが少しでも少なくなっているとすれば、上記の方々のおかげである。ただし、本書についての責任はもちろん著者にある。なお、表紙カバーの絵と六枚の地図はそれぞれ、ロイ・ロウの二人の孫（ヤニックとフィンレー）の手になるものである。彼らの協力も喜ばしいものであった。

本書の執筆に際しては、いちいちお名前を挙げるのは控えるが、上記以外にも多くの友人・同僚や作業した図書館の司書の方々にお世話になった。厚く御礼申し上げる。

二〇一八年三月

安原　義仁
ロイ・ロウ

まえがき

本書は Roy Lowe and Yoshihito Yasuhara, *The Origins of Higher Learning: Knowledge networks and the early development of universities*, Routledge, London and New York, 2017. の日本語版である。正確な翻訳ではなく、同書の内容に基づきつつも、日本語の読者を念頭に日本語文献を参考文献に加えて日本語で書き下ろした。日本語版というのはそういう意味である。同じ書物でも英語読者を対象にして書くのと日本語の読者を念頭において書くのとでは、書き方は自ずと異なってくる。読者が有している背景の知識基盤が違い、読書の文化的・社会的文脈が異なっているからである。英語版では掲げなかった日本語の参考文献も本書では大いに参照にして巻末に掲載した。また、日本語版では読者の理解を助けるため図版や地図も多く加えた。その過程で、それぞれの専門分野において、少なからぬ日本人学者・研究者が優れた業績を挙げていることを再認識した。日本語で書かれているがゆえに、そうした業績が世界の幅広い読者に知られないというのは残念なことである。

さて、本書は安原義仁とロイ・ロウの二人による共同研究の成果であるが、その経緯について簡単に記しておこう。事の発端は二〇一〇年二月にある研究仲間の自宅で開いた、旧知のロイ・ロウ教授（ウェールズ大学スォンジー校教授、ロンドン大学教育大学院客員名誉教授、イギリス教育史学会会長を歴任した近代イギリス教育史の専門家、当時七〇歳）を歓迎する夕食の集いであった。会話が弾む中、教授は突如、真剣な顔つきになって、おみやげとして持参していた「中世アラビア学術のヨーロッパへの伝播」と題する未公刊の近著論文について語り出し、

「これは今までに自分が執筆した論文のうちもっとも重要なものの一つ」だと述べつつ、共同研究の実施を私に呼びかけたのである。

テーマは「『学問の府』の起源と知識ネットワークの構築」といったもの。ヨーロッパ中世大学誕生以前の各古代中世文明圏における「学問の府」と知識移転について、大まかな鳥瞰図を描いてみようという話であった。あまりに壮大な雲をつかむようなテーマであり、私には冗談としか思えず、その時は曖昧な返事をしてお茶を濁したのであった。ところが、ロウ教授は冗談どころか大真面目であった。帰国後も矢継ぎ早のメールで説得に努め、その結果、私もついに根負けし泥舟に乗ることを了承するハメとなるに至った。もちろん私も、このテーマ自体には以前より大きな関心を抱いていたが、まさか自分自身が取り組もうとは思っても見なかった。まさに想定外の青天の霹靂であった。

あれから六年八か月を経た二〇一六年一〇月、二人の共同研究の成果はラウトレッジというイギリスの出版社から一冊の書物（英文）として刊行された。この間、構想や章立てについての意見交換、いくたびにもわたる草稿やコメントのやりとりなど楽しくも厄介で面倒な多くの作業があった。共同研究の実を挙げるべく、年に二回ほどはホーチミン、香港、広島、バーミンガム、イスタンブール、バンコク、シンガポールなどで直接会って議論を重ねた。大学は「友人・仲間とともに真理を探究する」（the pursuit of truth in the company of friends）場だと折にふれて語ったというA・D・リンゼイ（二〇世紀を代表するイギリスの政治哲学者、オックスフォード大学総長、キール大学初代学長）の言葉に共感する両名は、大学の外でもこの教えにしたがって知の探求に臨んだ（ちなみにロイ・ロウ教授はキール大学の卒業生）。アカデミックな面では誠実かつ真摯に向き合い、時に意見の対立をみてホットな議論を展開することはあったが、共同研究全体を通じて相互の信頼関係が揺らぐことはなかったように思う（外見も性格も対照的なところがあったが……）。無事、成果の刊行に辿り着けた最大の要因であろう。

われわれはこの研究を通じて、古代中世各文明圏における歴史上の壮大な知の探求の旅を楽しむと同時に、東南アジア諸都市やイスタンブールなどへの実際の旅・観光からも大いに学んだ。とくに、これらの地へ初めて足を踏み入れた私には、すべての見聞が新鮮な発見と驚きであった。アユタヤの仏教僧院遺跡やハノイの文廟・孔子廟やイスタンブールのブルーモスクなどを目の当たりにした時の胸のときめきはなお忘れがたい。

そして二〇一六年一一月三日、共同研究のハイライトとなる出版記念パーティ（book launch）と研究セミナーがロンドン大学の教育大学院（Institute of Education）で開催された。大学院の書店に隣接する一画に飲み物とつまみが用意され、イギリス教育史学会（History of Education Society, UK）会長のゲイリー・マッカロック教授の司会と挨拶、出版社の編集担当者とロウ教授の挨拶という流れでパーティは和やかに進行した。二〇人から二五人の小さな会合であったが、新著を手にした人びとから求められてサインをするのはうれしく面映い気持ちがした。その後、ロンドン大学本部の書物に囲まれた一室に移動して研究セミナーが開かれた。出席者はやはり二〇人から二五人。マッカロック教授の司会の下、ロウ教授の報告に続いて質疑応答が行われた。どこで誰が何のために知の探求を行ったのか。探求された知はどのようなものか？　知の伝播の経路は？　知の創造・伝達の媒体は？　など基本的な問題をめぐって議論がなされた。今までにあまりない壮大なテーマへの取り組みについてのその場での反響は概して好意的なもので、よくぞ大きなテーマに挑戦したと、大胆で野心的な試みを後押しする声が多かったように思う。

以上が共同研究に取り組み作業を進めた経緯であるが、その成果を日本語版でも出版することは英文での出版とともに共同研究発足当初から希望し計画していた。そして、その執筆作業は英文版出版後から進め、一年数か月を経てようやく終了をみたのであった。

日本語版を出版したいとのわれわれの願望を受け止め、厳しい出版事情の中、採算を度外視してあえて出版を引き受けてくださったのは知泉書館の小山光夫社長である。社名にある「知泉」のとおり、知の探求・学問的営為の尊さや教養の大切さを標榜し、地味だが優れた学術書の出版を使命としている知泉書館から、「知の探求」をテーマとする本書が上品な体裁をとって出版されることを心から嬉しく思う。末筆ながら深甚の謝意を表したい。同時に、仲介の労をとられた岩村清太氏（大東文化大学名誉教授、ヨーロッパ古代中世教育史の泰斗）にも厚く感謝申し上げる。広島大学大学院で研究室（西洋教育史）を同じくする同氏は、今時珍しい謙虚な温厚篤学の士である。純粋に知の探求に勤しむ同氏の後ろ姿が後進学徒に示唆するものは少なくない。ますますのご健勝とご活躍を祈る。知的探求の成果が書物として世に出るまでの背景には、研究者とその周囲の知的ネットワーク、先人たちが営々として積み上げてきた先行研究の蓄積、そして出版に従事する人々の協力・支援などがある。本書もまた、そうした中で陽の目を見た一冊であることを実感している。

二〇一八年三月　広島にて

著者を代表して

安　原　義　仁

目次

「学問の府」の起源

序　章

知の探求への問い

現代の社会は高度情報化社会とか知識基盤型社会とか生涯学習社会だと言われる。知識や情報が現代社会を大きく特徴づけるものとなっている。その背景に情報通信技術ならびに交通手段の飛躍的な発達とそれに伴う急速なグローバリゼーションの進展があることは周知のとおり。だが、鳥の目になって人類の歴史を俯瞰すれば、知識や情報が高度な文明・文化を発展させ豊かな社会を築く原動力であったことはあらためて言うまでもない。古来、人々の知識への渇望・飽くなき知的好奇心とそれに基づく営々とした知の探求とその蓄積（創造・保存・伝達）、そして知識に対する社会的需要の高まりと学問（知識の体系的探求とその成果）の保護・振興が文明社会の構築を可能にしてきたのである。

人類はいつ、どこで、どのようにして知の探求への旅に出立したのか。体系的な知の探求が行われた「学問の府」（seat or centre of higher learning）にはどのようなものがあったのか。古代・中世文明圏に存在した「学問の府」相互間の接触・交流はどのようなものだったのか。ある文明圏から他の文明圏への知の移転はいかにしてなされたのか。これらが本書の根底に横たわるわれわれの基本的問題意識である。

今日、「学問の府」として広く世界中に存在しているのは「大学」（university）である。「大学」という制度・組織をもたない国家・社会は存在しないといってよい。大学はそれぞれの国家・社会における知的活動の拠点、高度な専門知識を身につけた人材の養成場として教育体系・教育制度の頂点（最高学府）に位置づけられており、その活動の成果が国家・社会の帰趨を左右するものだと熱い視線と期待を向けられている。情報化社会・知識基盤型社会におけるその役割はますます高まっている。ある国家・社会の域内においてのみではない。国境を越えたグローバルな拡がりにおいても、大学で展開される最先端の研究活動の成果や人材の育成は国際産業・経済競争に不可欠の要素としてみなされている。大学が果たすべき本質的機能として、研究、教育に加え社会貢献活動が喧伝されるゆえんであろう。各種世界大学ランキングも作成されて関係者の間で関心を呼ぶようになった。

それほど広く普及している大学だが、その起源が中世ヨーロッパ社会に誕生した教師と学生の組合・団体あるいは学生の組合・団体（universitas）にあることはよく知られている。大学はその概念においても組織においても、ヨーロッパ中世固有の産物であった。今日、大学が「ヨーロッパ共通の文化遺産」として強調されるのも頷ける。中世ヨーロッパ社会に誕生した大学はやがてアメリカ新大陸、アジア・アフリカ世界等へと伝播していく。ヨーロッパ大学モデルの世界化・普遍化である。大学がいつ、どのようにして世界各国・地域に拡がっていったのか（ヨーロッパ大学モデルの輸出と受容）。きわめて重要な大学史研究のテーマであるその物語はまた別の一書を必要とするものであり、本書では取り上げない。本書で考察の対象とするのは、大学誕生以前の古代・中世文明圏における「学問の府」の起源であり、知識の探求と知識移転（knowledge transfer）の問題である。

われわれはかねてより一つの疑問を抱いていた。人間の知的営為は古代よりあったはずだし、知的探求の場も、たとえば古代ギリシアのアテネに営まれたプラトンのアカデメイアや漢の時代の「太学」など、大学誕生以前から古代・中世文明圏の各地に存在していた。そこには偉大な学者・思想家や教師が学生たちに囲まれており、高度な知的活動に従事していた。実際、「ギリシアの奇跡」と言われるように、紀元前五世紀から四世紀にかけて花開いたさまざまな学問領域でのギリシア学術の精華は、その後の学問発展の礎となったものであった。にもかかわらず、アカデメイアやアリストテレスの学塾リュケイオン、イソクラテスの修辞学校などアテネに存在した「学問の府」は現代の大学へと発展することはなかった。そこに歴史的連続性をみることはできない。何故そうなったのか。このことである。大問題であり容易に手をつけられる代物ではない。

しかし、そのことはさておいても、中世ヨーロッパに大学が誕生する以前、各古代・中世文明圏にどのような「学問の府」があったのか。そこではどのような知的活動が展開されたのか。その名称、規模、施設・設備、財政基盤、カリキュラム、教授形態、授業の方法、学生生活等々はいかなるものであったのか。また、ある文明圏で生まれた知識・学問がどのようにして他の文明圏に移転され、相互に交流・刺激しあったのか。さらに、そうした古代・中世文明圏とくにイスラーム世界における知的活動は中世ヨーロッパにおける大学の誕生にいかなる影響を及ぼしたのか。これらの点について、まずはその概要だけでも可能な範囲で通観してみたい。そのことを通じて、人間の知的好奇心・知的営為の軌跡と大学・「学問の府」のあり方をあらためて考えてみたい。壮大なテーマであり、まともな研究者の取り組む仕事ではないかもしれないが、そのことは重々承知の上で、浅学菲才を省みずあえて挑戦を試みてみたい。

このような基本的問題意識に基づき、各章を通じてわれわれは次の四つの課題を念頭に置きつつ検討を進めた。（1）「学問の府」の設立を導いた背景・状況はどのようなものだったのか。（2）それらの設立に関わった人々の動機・目的は何だったのか。（3）「学問の府」ではどのような種類の知識が探求されたのか。（4）ある場所で探求され蓄積された知識はどのようにして他の地域に伝播・移転していったのか。以下、順次、もう少し詳しく説明しよう。

「学問の府」の設立を導いた背景・状況

高度な知識の探求と「学問の府」の設立を導いた背景・状況については、まず文明それ自体の性格を考慮する必要があろう。約七千年前、地球上の各地でほぼ時を同じくして一部の人類は狩猟採取の遊牧生活から定住農耕生活へと移行し、最初は小さな村そしてやがて都市を形成するようになった。農耕の始まりが都市の誕生を導いたのである。この過程で、家畜の飼育、穀物の栽培、文字の成立、識字文化の誕生、交易の開始が見られるようになったが、知識の探求という観点からとくに重要なのは専門分化の発生であった。すなわち、定住農耕生活を営む中で、一部の人々は狩猟採取の生活に必要な知識・技能全般を身につけるのではなく、ある特定の分野に特化してその知識・技能を発展させるようになった。当初、それらの分野は牧畜、農耕、ものづくり、加工などであったが、やがて住民を監督し統治する業務の増大に伴い識字能力の活用がこれに加わった。労働の専門分化は、農業が高度な発展をとげ、日常生活の必要物資を得るための労働に住民全員が従事する必要がなくなった状況において初めて生じる。諸集落・諸都市の中で、より豊かで強大な力をもつものはやがて近隣の地域を支配下に治めて国家を形成するに至るが、国家の統治においては何らかの行政機構が組織され、その任に当たる識字能力と高度な専門知識を身につけた人材が必要とされることとなった。

都市の発展およびそれに伴う専門知識を必要とする職務の増加がもたらした一つの興味深い結果は、世界各地でさまざまな形態の「聖職者」が誕生したことであった。人間は生命の起源と本質についての説明を希求するがゆえである。すべての人間社会は何らかの宗教・信仰体系を採用した。宗教・信仰体系の採用によってより複雑になった社会制度はまた、行政に従事する官吏への需要も招来した。彼らの職務は社会の秩序を維持しその円滑な運用をはかることにあった。聖職者と官吏という二つの職務は当然ながら、その職務へ向けての準備をなす一定の教育・訓練期間を要請した。その期間に若者――通常は男子――は職務に必要な知識・技能を身につけるのである。こうした教育・訓練は、当初はおそらく年長の先達の下での徒弟訓練というかたちで行われた。

さて、何らかのかたちでの学問の発展を導いた背景・状況について、より具体的にみてみよう。第一に、都市や国家や帝国の統治は明らかに、遠く離れた広範に及ぶ地域に居住する住民との間の通信・連絡手段の確保に依存するものであった。かくして、種々の方言や言語体系が混在する中で、全統治領域を通じて理解される支配言語が定められていく。サンスクリット語、漢字、ギリシア語、アラビア語、ラテン語などがそうした支配言語の代表的なものであり、学問が探求され伝達され理解される主要媒体となった。支配言語は大帝国の産物であった。しかし、帝国支配によってもたらされた相対的な秩序の安定が、ある特定言語が発展・拡大する刺激となったのみならず、学問繁栄の必要前提条件でもあったかどうか検討する必要があろう。

同様に重要な問題は文字文化の技術的側面すなわち文字を記録する筆記用具に関するそれである。ある時代のある時期にどのような筆記用具が用いられたのか。粘土板からパピルス、子羊皮や小牛皮から紙へ、あるいは竹簡・木簡から紙への移行は顔料やインクや墨の製造技術の発展と併せ、各地域の状況によって異なった。ある記録材にどれほどの量の情報がどれほどの速度で記録されるかは文字文化のあり様を決定づけたのであり、それは知識の保存・伝達ひいては学問のスタイルにも多大な影響を及ぼした。たとえば、七世紀から八世紀後半におけるラテン語書体への小文字やカロリング小字体の導入は、一文書に含まれる情報量の飛躍的増大を可能にして、来るべき中世におけるヨーロッパの学問の「離陸」に寄与したであろう。写本の作成に代わる印刷術が知識の普及・拡大に多大な影響を及ぼしたことはあらためて言うまでもない。

文字文化の発展・拡大は図書館の設立を導くこととなった。私的蔵書の収集・保管から始まり、やがて公共に開かれたものへと拡がっていく図書館は、学問発展のもう一つの重要な前提条件であった。各古代・中世文明圏においていつ、どこに、どのような性格の図書館が誰によって設けられたのか。蔵書はどのようにして収集され、その中味はいかなるものであったのか。われわれの考察はこれらの課題にも向けられよう。

蔵書の中味に関わって、科学・技術に関する書物の取り扱いは、国家や帝国による支配・統治の基盤整備というまた別個の問題に連動する。広範な領土を確保し維持するにあたって科学・技術知識は必要不可欠であった。道路、橋梁、水道、城砦その他広大な領土を統治するためのインフラストラクチャーの建設は、特定の種類の高度な技術を要請する一要因であったろう。道路や橋梁の整備なしに、大軍団を長距離にわたって素早く動かしたり、官吏を領土全域に派遣したりすることはできなかった。これらの知識や技術がどこで、どのようにして探求され教えられたのか。注視しなければならない問題である。

知識の探求と「学問の府」設立の意図・動機

高度な知識を探求し「学問の府」の成立を導く基本的前提条件は以上にみたとおりだが、では、知識の探求に従事し、「学問の府」を設立した側の意図・動機はどのようなものだったのだろうか。まず考えられるのは、宗教・信仰上の関心である。卜占から始まった天体の運行と地上の出来事との関係についての関心はやがて占星術の成立を導き、ひいては天文学へと発展していった。第二に、学問は国家・社会で統治や行政の任にあたる官吏を養成する必要から発展したといえよう。そして第三に、学問は人類が喫緊の現実の課題に直面して、それへの体系的な対応を迫られたということがある。医学がその典型例であろう。病気への対応は経験知に基づく対症療法から、病気の原因、人体の構造と生理、医療に関するより体系的かつ科学的な理解に基づくものへと発展していった。

探求された知識

ある「学問の府」でどのような知識が探求されたのか。それらはどのような方法で学ばれ教えられたのか。体系的な知識探求のひとかたまりとしてのカリキュラムはどのようなものだったのか。試験のようなものはあったのかなかったのか。あった場合、それはどのようなものだったのか。そして、試験合格者に与えられる資格・学位の有無やそれらの社会的効用、さらに開業資格との関係は……。われわれはこれらの点にも留意していくことになろう。

カリキュラムについて検討する際に見落としてはならない点は、いわゆる「実学」と「虚学」の問題である。再生産理論を初めて教育に適用したF・リンガー（Flitz Ringer）は、直接には社会の発展と関係しないような知識（たとえば古典学）を中心に組まれたカリキュラムを通して、そこでの教育は実際の現実的機能として統治エリートの再生産を担うと指摘した。われわれが考察の対象とする古代・中世文明圏においても、そのような事象がみられるのかどうか。

高度な知識の探求は普遍的な営みだとしても、世界各国・各地域で発展した学問にはそれぞれ固有の性格・スタイルも見られる。この点について科学史家中山茂は、ヨーロッパの学問を「論争する学問」、中国・漢字文化圏の学問を「記録する学問」と特徴づけ、その相違の由来をギリシアの学術スタイルと儒学の性格、紙の文化の有無等に求めた。学問のスタイルの相違は「口頭試問」と「筆記試験」という試験のあり方にも反映されよう。

知識の伝播・移転

今日、ある知識や情報はインターネット等を通じて瞬時に世界を駆け巡る。ＩＴ社会やグローバリゼーションを実感させる現象である。その量と速度において比すべくもないが、古代・中世社会においても知識・学問はある場所からある場所へと伝播・移転していった。交通手段や通信技術が未発達な中で行われたその営為は、われわれの想像を超える拡がりをもっている。数多くの学徒が多大な努力を払い辛苦をものともせず、敵対する国や文明圏も越えて知識探求の旅に出かけて行った。彼らはあちこちに学問の師を求め『学問の府』を訪ね、場合によっては長期間そこに留まって知識の習得にいそしんだ。そして、身につけた知識・学問を写本などとともに故国に持ち帰り伝えた。持ち帰られた写本類は当地の言語に翻訳されたが、その翻訳作業には多くの学徒が共同で組織的に従事した。そうした古代・中世文明圏の各地で熱心に展開された「翻訳運動」は大きな拡がりと盛り上がりをもつ歴史的事業であった。主要な翻訳センターがどこにあり、誰がその中心人物であったかは、知識・学問がどこからどこへと伝播・移転していったかと併せ、われわれの大きな関心事である。

この点に関してとくに、ギリシアの学術がまずシリア語やアラビア語に翻訳され、一二世紀にそれらがさらにアラビア語からラテン語に翻訳されてヨーロッパ世界にもたらされたこと（「一二世紀ルネサンス」）、そしてそのことが中世ヨーロッパにおける大学の誕生にいかに大きな影響を及ぼしたかについては、あらためて検証することになろう。

三つの問題

さて、以上に述べた事柄を念頭に置きつつ、われわれが本書全体を通じて明らかにしようとする課題は、端的には次の三点である。（1）中世ヨーロッパに大学が誕生するに先立って、古代・中世文明圏には各地に「学問の府」が存在していた。そこではそれぞれ独自の知識探求の営みがなされていた。いつ、どこに、どのような「学問の府」が存在したのか。その実態はいかなるものであり、どのような特徴をもっていたのか。名称、規模、施設・設備、創設者、財源、運営方法、カリキュラム、教授方法、学生生活等々、可能な範囲でそれらの実態を明らかにすること。（2）その過程で、いかに大雑把なものであるにせよ、長期間にわたる地球規模での学問の起源に関する歴史地図を描くこと。そして（3）相異なる諸文明が交易のみならず、知識の伝播・移転や交流によっても相互連関性・つながりをもっていたことを解明すること。これら三つの課題を教育史の観点のみならず、数多の優れた先達による隣接学問領域（文化史、科学史、技術史など）の豊かな蓄積に学びつつ、知のネットワークと「学問の府」の起源に関する社会史として俯瞰的・包括的素描を試みる。これが本書の意図するところである。

本書で取り扱う各古代・中世文明圏におけるさまざまな個別テーマについては、言うまでもなく専門家による詳細な研究成果の蓄積があり、本書の叙述はそれらの先行研究に大きく負っている。本書に独自な特色があるとすれば、各文明圏における「学問の府」の歴史的展開を可能な限り相互に関連づけながら総合的に通観した点であろう。それにしても、時空双方で壮大な拡がりをもつこのようなテーマに取り組むことは無謀な挑戦に違いない。そうした挑戦をあえて試みた一つの理由は、われわれもまた、D・クリスティアン（David Christian）の言う「ビッグ・ヒストリー」の試みに共感を覚えるからである。クリスティアンはその示唆に富む近著『時間の地図――ビッグ・ヒストリー入門』（*Maps of time: an introduction to big history*）において、「二〇世紀の学問に支配的であった現実に関する断片的な説明を超える必要」を強調しつつ、「歴史の本質についてのより実りある思考」を希求した。歴史家は「より統一的な歴史の見方」を提示する「包括的で統一的な物語」を探求すべきではないのかとクリスティアンは自問自答する。歴史学が二一世紀に生きる読者諸賢に対して語りかけようとするのであれば、歴史学は「大きな物語」に向き合わなければならない、というわけである。知識探求の起源と「学問の府」誕生の物語は、想像以上に時空の拡がりをもつ、相互に関連しあった歴史事象であり、紡ぐに値するテーマである。ヨーロッパ中世史研究の大家P・ヴォルフ（Philippe Wolf）がいみじくも述べたように「究極のところ、人間の知的発展はすべてが一体となっている」からである。

われわれが本書で描くことができたのは大まかな素描にすぎない。この大まかな見取り図が、二一世紀のグローバル社会に生きる若き歴史家たちに今後の研究課題を示唆するものとなるよう願っている。同時にまた、今日、科学者の社会的責任や研究者のモラル、大学改革のゆくえや研究・教育環境をめぐってさまざまな問題が生じている中、知の探求に従事する人々や知のあり方・大学のあり方に関心を抱く幅広い読者諸賢に、これらの問題についで考える一つの手がかりを提供することができればこれに優る喜びはない。

第1章　ティグリス川からティベル川へ
——知のネットワークと「学問の府」の始まり——

砂に埋もれた痕跡

我が名はオジマンディアス、〈王〉の〈王〉
我が偉勲を見よ、汝ら強き諸侯よ、そして絶望せよ！
他は跡形なし。その巨大な〈遺骸〉の
廃祉の周りには、極みなく、草木なく
寂寞たる平らかな沙、渺茫と広がるのみ。
（アルヴィ宮本なほ子編『対訳シェリー詩集』岩波文庫、二〇一三年）

シェリーの有名な詩「オジマンディアス」は、古代の中東地域に登場した強大な帝国とともに、その文明の束の間の繁栄を思い起こさせる。この地域にかつて生起した学問の起源を通観するに際し、冒頭に引くにふさわしい文言であろう。

古代メソポタミアは「文明の揺りかご」だとされてきた。メソポタミアは今日のイラク全土およびシリア、イ

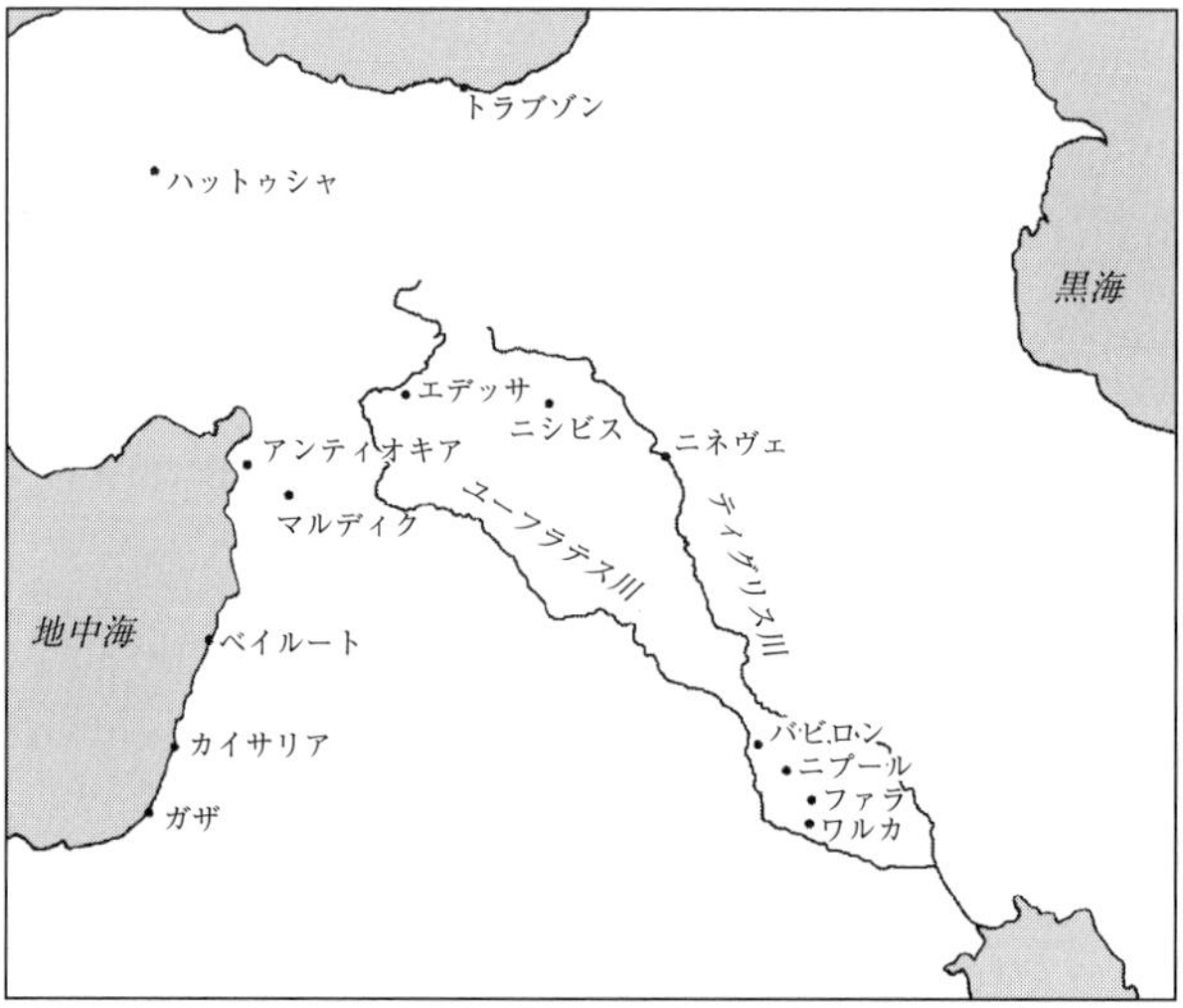

図1.1　古代メソポタミアと地中海東沿岸

ラン、トルコの大部分を含む広大な地域をいう。世界で最初の帝国が興り、そして消滅していったのはこの地においてであった。メソポタミアはまずシュメール人、次いで紀元前三一〇〇年頃から紀元前五三九年のバビロン陥落まではアッカド人の支配下にあり、その後、最初のペルシア帝国であるアケメネス朝の一部となった。そのアケメネス朝ペルシアは紀元前三三二年にアレクサンドロス大王（Alexsandros III, 位前三三六―前三二三年）によって征服された。以後、メソポタミアの地は紀元前一五〇年にパルティアの支配下に置かれるまで、セレウコス朝シリアの一部となっていた。やがて、その地はまずローマ帝国、ついで紀元後二二六年からはササン朝ペルシアに統合され、最終的には七世紀に急速な拡大を遂げるイスラーム世界の一部となった。

こうした有為転変を辿ったメソポタミアの歴史は、いくつかの特有の帰結をもたらした。第一に、この地域は少なからぬ少数民族の興亡を見た結果、文明の坩堝のような様相を呈するにいたった。第二にはそのことの一部として、支配者たちは自分たちの言語体系を他民族に強制したので、その結果、メソポタミアにはいくつかの支配的言語が登場することとなった。そのうち最も重要なものはシュメール語――住民の口語として用いられなくなった後も、筆記によるコミュニケーション言語として長く存続した――であり、アッカド語、シリア語、そして後にはアラビア語であった。

最古の農耕文明発祥の地であるとともに、世界最古の文書庫・図書館の発生を見たのは、ティグリス川とユーフラテス川に挟まれたこの肥沃な三日月地帯においてであった。二つの川はそれ自体、重要なコミュニケーション・ルートであったから、そこに位置した数多くの都市が商業・交易の面においてのみならず、知の交流においても重要な役割を果たすことになったのは驚くにあたらない。図書館の誕生は何であれ「学問」（higher learning）と呼ばれるような知の発展を導く前提条件である。人間の社会が複雑になるにつれ、知識や情報やアイデアを周囲にいる人々の間だけでなく、時空を超えた人々にも伝えることが必要となり重要となっていく。文字が発明され、それによって記録された知識・情報が写本・書物として残され、伝えられていく。拡大する帝国にとって、識字と記録は交易と統治の両面においてその鍵となるものであった。統治のための文書の記録・保存が、いつ楽しみや知識探求のためのものへと発展したか、特定することは難しい。この過程を知るのに必要な考古学上および文書上の資料の大半は断片的・部分的で間接的なものだからである。だが、そうした制約の中でも、図書館の起源と性格を探ってみることは可能であろう。

最古の記録文書

現存する最古の「記録文書」（archaic texts）はイラク南部のワルカ（Warka, 古代のウルク）で発見された。おおよそ紀元前三四〇〇―三〇〇〇年頃のものだとされている。もう少し時代を下るものだが、ファラ（Fara, 古代のシュルパク）とマルディク（Mardikh, 古代のエブラ）でも類似のコレクションが発見されている。同様に、アンカラ近郊のハットゥシャ（Hattusa, 前一七〇〇年頃から前一二〇〇年頃にかけて今日のトルコ東部を支配したヒッタイト王国の首都）では三万点を超える粘土板が発掘された。それらには神託などとともに実務処理に関する事柄が記録されていた。

また、ほぼ同時期のエジプトにも同様の記録文書があった。エジプトでは記録素材にパピルスを用いるのが慣行であったから、今日まで残ったものは粘土板のそれに比べてはるかに少ないであろう。だが、紀元前一一〇〇年までにエジプト人たちが繁栄するパピルス輸出産業を確立し、油煙から作ったインクと葦の茎のペンを用いて文字を記録していたことは間違いない。ナイル川流域はまとまった量のパピルスが自生する世界で唯一の地域であり、葦の葉をつなぎ合わせて、多くの情報を記録するための長い巻物にすることができた。

粘土板とパピルスという文字を記録する二つの技術はそれぞれ異なる特色を有していた。メソポタミアでは粘土板や粘土円筒に楔形文字が刻まれた。粘土板はかさばって重い一方、長期保存や火事に耐えやすく、後には建築材料などその他の目的にも転用された。対照的にパピルスは軽くて持ち運びに便利な一方、火事その他によって消失・散逸する危険が高かった。紀元前二四〇〇年末にアッカド人がシュメール人を征服した時、彼らは粘土板に楔形文字を刻む知識を獲得した。その知識はシュメール人を通してさらにバビロニア、アッシリア、シリアそして小アジアの大半に伝えられ、広範にわたる地域で筆記によるコミュニケーションの主要手段となっていった。

古代の中近東地域の文書庫・図書館に関する書物を著したD・T・ポッツ（D.T. Potts）は、メソポタミアとエジプトの双方において、文書記録を分類し見出しを付す初歩的なシステムが採用されていたことを明らかにした。紀元前三〇〇〇年の両地域では早くも、識字の拡がりを可能にする条件が整っていた。大都市や連担都市、確立された交易ルート、人口の移動などにより、人々は何らかのかたちでの筆記によるコミュニケーションの必要に駆られていた。紀元前二四〇〇年後半以降、テクストの筆写が広く行われるようになり、写本の作成が普及したことも知られている。このことは本書の叙述にとって重要な意味をもつ。というのも、行政文書の筆写に対する大きな需要というのはほとんどありそうにないからである。すなわち、いくつかの証拠も示すように、筆写された写本のコレクションの内容は日常生活の必要以外の事柄に及び、予言や病気占いとともに神話や伝説、天文占いを含んでいた。要するに、紀元前三〇〇〇年頃までに人類は、いかに少数であれ、余暇に読書し蔵書を収集するという営みを行っていたと考えられる。

最初の図書館

最初の文書庫・図書館が支配者・権力者の個人蔵書だったことは疑問の余地がない。彼らは自分が支配する世界について知りたいと望んで書物を収集した。シリアのエブラ（Ebla）で発見された、火事を免れて残った紀元前二三〇〇年頃の二千を超す粘土板には生物の種や職業や地理についてのリストが含まれていた。ニプール（Nippur）の紀元前二〇〇〇年頃のものとされる同様のコレクションは注意深く分類されていた。ハットゥシャで発見された紀元前一七世紀から一三世紀までの大規模コレクションには、シュメールとバビロンに関係する多くの叙事詩や英雄譚が含まれており、それらはすべてヒッタイト語に翻訳されていた。ある特定の個人の所有に帰せられる最古の文書庫・図書館はバビロンにあった。紀元前一七九二年から一七五〇年にかけてアッシリアを支配したハンムラビ王（Hammurabi）は自分用の個人蔵書を持っていた。その一部は後に歴代のアッシリア王によって受け継がれていった。アシュル（Ashur）の寺院で発見された別の文書庫は紀元前一一一五年から一〇七七年の間にアッシリア王ティルガト・ピルセル一世（Tilgath-Pilser I）のものであった。ラメセス二世（Ramses II, 本章冒頭に掲げたシェリーの詩の主人公オジマンディアスとして知られる）もまた、宮殿内に「聖なる文書庫」を備えていたという。実際、紀元前一世紀までに、自分用の個人蔵書を所有した人物のリストは相当長いものになる。そのリストの中にはペイシストラトス（Pisistratus of Athens, アテネの貴族・僭主）、ポリクラテス（Polycrates of Samos, サモス島の僭主）、エウクレイデス（Eucleides, アテネのアルコン）、キプロスのニコクラテス（Nicocrates of Cyprus）、歴代のペルガモンの王、エウリピデス（Euripides, 悲劇詩人）、アリストテレス（Aristoteles）、テオプラストス（Theophrastus, 博物学者、アリストテレスの同僚・友人）、ネレウス（Neleus of Scepsis, アリストテレスとテオプラストスの弟子）なども含まれていた。

その中で歴史家たちの興味・関心を引き起こした人物の筆頭は、「古代近東世界において組織的に書物を収集した最初の文書庫・図書館」の創設者とされるアッシュル＝バニパル王（Assur-banipal, 位前六六八―前六二七年）である。ニネヴェ（Nineveh）を拠点にバビロニアからシリアにかけてのオリエントの主要地域を支配した彼は、アッシリアの王たちの先例を踏襲して書物の収集にあたったのだが、充実した自らの蔵書を自慢し、またそれが「王の観想・熟考」のためのものであることを誇った。アッシュル＝バニパルが収集したテクストの多くは戦利品であり、粘土板のかなりの部分は紀元前六四七年の軍事侵攻直後にバビロンから略奪したものであった。最も低く見積もって一五〇〇、おそらくは五千にも及んだ彼の蔵書には予言、宗教、魔術と儀礼、学問的著作、辞書（とりわけシュメール語からアッカド語への翻訳に役立つもの）、文学作品（『ギルガメシュ英雄譚』はその最も有名もの）

などが含まれていた。

この初期の時代における知識の保存と進歩について、上述したコレクションからいくつかの結論が導かれよう。第一には明らかに、中東世界においては非常に初期の時代から、文書庫・図書館の保有は権力の証の一つであった、ということである。アッシュル＝バニパルの粘土板の集め方は軍事侵攻を契機としたもので、それは当時の慣行にしたがったものであった。そのやり方は近年においても踏襲されている。独裁君主のある者たちが戦時に絵画作品を収奪することはよく見られる行為であろう。第二に言えるのは、権力者たちが自分の周囲に学者たちを集めようとしたことであり、多くの学者たちが権力者の提供するパトロネジを求めて遠路はるばる旅した。アッシュル＝バニパルの「学者・専門家」(scholar experts) たちも有名になり、予言や格言を求める人々の要望に応えた。だが、これらの初期の時代の文書庫をめぐっては、永遠に未解明となるかもしれない大きな疑問が残されている。これらの文書庫・図書館は遊歴する学者や一般大衆など、より広範な読者層に開かれていたのかどうか。それらはどの程度、権力者の自分用の趣味の所有物から、学問へ向けての最初のステップを可能にする「知識の貯蔵庫」へと発展していったのか。それらはいつ――もしそうであったとして――共同の学び (corporate study) や協同の探求 (shared activity) の場となったのか。これらの疑問に対する回答を得ることは不可能かもしれない。事実は砂の中の痕跡に埋もれたままなのである。

古代ギリシア世界における知の探求

しかしながら、紀元前一千年の間に東地中海世界に勃興した古代ギリシアおよびギリシアの都市国家での状

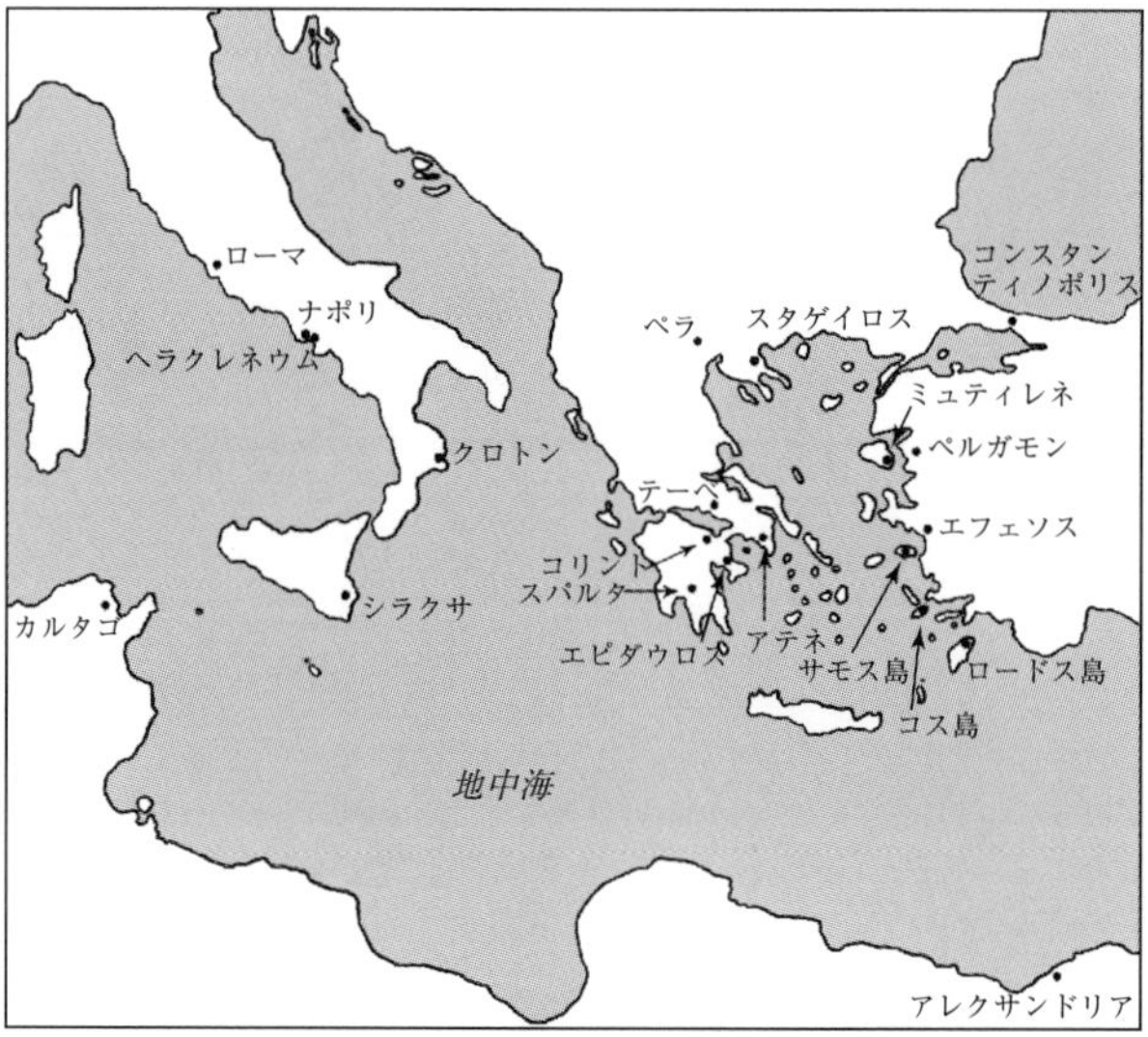

図1.2　古代ギリシア・ローマ

況についてはより詳細に知ることができる。言うまでもなく、ギリシア人たちはこの時期の中東と地中海世界において共存し、覇権と政治的影響力を競合しあった諸民族の一つにすぎない。エジプト人やペルシア人やフェニキア人はみんな主要な登場人物であった。実際、東地中海沿岸地帯を本拠としたフェニキア人は貿易による富の力を基に、ギリシア都市国家よりも多くの植民市を建設した。だが、文化や学問の面で最も広く知られているのはギリシア人の活動であり、それには当然ながら理由があった。

紀元前八世紀のある時点でギリシア人たちはフェニキア文字を知りそれに母音を加える過程で、アルファベットに基づく今日のあらゆる言語の前身となったギリシア語を創出した。彼らは種々の筆記技術を試みた後、ギリシア語の筆記用具にはパピルスが適合していることを知り、パピルスの主要な輸入元となった。パピルスに書く新しいギリシア語アルファベットという方式は、粘土板に楔形文字で記すそれよりもはるかに速く、ずっと効率的であった。パピルスの取引が発展する中で、エジプトとギリシアとの間には密接な交易上のつながりが確立されていった。

ギリシアの社会は山がちな地形ゆえに、アテネ、スパルタ、コリント、テーベなど自治都市国家の建設というかたちで発展していった。スパルタとアテネなど主要都市国家間で、時に戦争することからは免れなかったけれども、その住民たちは共通の言語を用い、自分たちをギリシア人だとみなしていた。紀元前八世紀中葉以降、地中海沿岸地域にギリシア植民市が誕生し始め、やがてそれらもギリシア文化の主要な拠点となっていく。シラクサ、マルセイユ、ナポリ、ビザンティオン、そして北アフリカのアレクサンドリアなどがそれである。これらの植民市において、メソポタミアに誕生したものと類似の図書館があったかどうか定かではないがその可能性はありうる。地中海沿岸地域を通じて広範な交易上のつながりがあったのであるから、意欲と能力・手段を持つ多くの人々がさまざまな目的を抱いて遠距離に及ぶ旅に出かけたであろうことは想像に難くない。そして、そうした旅は必然的に文化相互間の接触・伝播をもたらしたに違いない。知識・情報や図書館もその産物の一つである。

学問（higher learning）誕生の前提条件の一つとして、広範な地域にわたり多くの人々によって用いられる筆記言語（支配言語）の存在が挙げられようが、古代ギリシア世界の状況もそうした条件を満たしていた。以下にみるように、ギリシアの学問の発展に大きな役割を果たすことになる少なからぬ人々が、知識を求めてギリシアの国内外を問わず地中海の沿岸各地およびその域外に出かけて行った。彼らはやがて各地に学校や私塾をひらき、そこでギリシア語を媒介にして知識の探求と伝達に携わることになる。図書館や「学問の府」の誕生である。

ピタゴラスの哲学学校

ピタゴラス（Pythagoras, 前五八二頃―前四九七年）が南イタリアのクロトン（Crotona）に哲学学校ないし宗教結社を設立するのを可能にした一つの要因はこの旅の経験であった。ピタゴラスは紀元前五八二年頃小アジア、エーゲ海沿岸に位置するイオニアのサモス島（Samos）に生まれた。ギリシアの植民市ミレトス（Miletos）を中心とするイオニアでは紀元前六世紀初頭から、「最初の哲学者」と呼ばれるタレス（Thales）をはじめ、自然の本質と根源を探求する一群の自然哲学者・思想家たち（ミレトス学派）が現れていた。ピタゴラスもまた独自の探求の道を辿っていった。彼は若き日に広く各地を旅しており、エジプトで二二年間を過ごす以前には小アジアのタイア（Tyre）、シドン（Sidon）、ブブロス（Bublos）で学んだという。バビロン（Babylon）でしばらくの間、捕虜になったこともある。さまざまな旅を通じバビロンやエジプトで数学的思考を身につけたピタゴラスが、イタリアに赴いて後に多くの信奉者を惹きつけ多大な影響を及ぼすことになる「ピタゴラス教団」を開設したのは圧政のサモス島を脱出した五六歳の時であった。バビロンやエジプトでも哲学者・思想家たちは自然の探求に立ち向かっていたが、中でも正三角形の属性はとくに彼らの関心の的であった。今日、ピタゴラスの定理として彼の名を冠して知られる定理は、バビロニアやエジプトではすでに以前から知られていたとされる。だが、それを証明したのはピタゴラスであった。

H・I・マルー（H.I. Marrou）によれば、「ピタゴラス教団」は宗教結社のかたちをとった「人間を全人的に受け入れて、かれにある生活の型を課すほんとうの学校」であり、「自己の教場や規約や定期の会合をもつ、組織された教育機関」であった。「ピタゴラス教団」は哲学学校と宗教教団の性格を併せ持っていたが、われわれにとってとくに重要なことは、それが最初に出現した「ギリシアの哲学学校の典型となる特有の教育機関」であって、プラトンのアカデメイア、アリストテレスのリュケイオン、エピクロスの学校の範型となったということである。その実態はほとんど知られていないが、そこではピタゴラスを中心に、同胞たちが生活をともにしながら哲学や自然科学などさまざまな知識・学問を探求したという。ピタゴラスはほとんどすべての知的活動のパイオニアたちと同様、博識家（polymath）であった。その後世への影響は大きく、プラトン、アリストテレスを通してヨーロッパの哲学全般に及んだ。

アテネの知的活動

しかしながら、後の学問の発展に大きく永続的な影響を及ぼすことになったのは紀元前五―四世紀の都市国家アテネの知的活動であった。アテネにおいて、ほとんどあらゆる領域における知識・学問の探求が飛躍的な発展を遂げたのである。後にみるような明確な形態をもつ「学問の府」の創設が見られたのもアテネにおいてであった。アテネには年少の子どもを対象にした三つの学校ないし私塾が市壁のすぐ外側に設けられていて、授業料の見返りにそれぞれ初歩的な宗教教育や軍事教練や身体教育を施していた。基礎的な読み書きも教えられていた。女性を含め市民の間での識字能力はかなり高かったという。写本の制作が普及するに伴い、書店やそれに付設の写字室（scriptoria）も紀元前五世紀には誕生し始めていた。

同じ頃、アテネにおける民主政の進展とそれに伴う民会や法廷での修辞弁論の発展は新たなより高度な知識への需要を生み、この需要に応えるべく多くの職業弁論家・法廷弁論代作人が出現し非常な人気を博していた。いわゆるソフィスト（Sophist）である。プロタゴラス（Protagoras, 前四八五頃―前四一五年頃）に代表されるソフィストたちは顧客・弟子を求めて町から町へと渡り歩きつつ、前納の高額の謝礼の見返りに弁論術、修辞学、哲学などの知識を三年から四年かけて教授した。彼らの主たる関心が知識の内容・本質よりもその技術的側面にあったこともあり、一般にソフィストたちは詭弁家・扇動家として低く評価されがちだが、マルーによれば、ソフィストは「偉大な先駆者、高等教育の最初のプロフェッサー」であった。彼らは「学校」は開かなかった。その教授方式は「集団的家庭教師方式」とも呼ぶべきもので、身の回りに集まってくる若者をひとまとめにして教えるものであった。

ソフィストと同世代に属し、その言行を批判しつつ、彼らとは異なる独自の流儀で若者の教育者を自任したのはソクラテス（Sokrates, 前四六九―前三九九年）である。彼は町の若者をつかまえては哲学的問答法によって「無知の知」の自覚を促し、真の愛知者へと導こうとした。人間の存在や真理について根源的に思索し、身をもって知徳の一致を示そうとした偉大な哲人であり教師であった。だが、ソクラテスは何も書き残さなかったし、また、見えるかたちでの「学校」や「学問の府」も持たなかった。その言行と思想は弟子のプラトンを通じて後世に伝えられ、今日に至るまで大きな影響を及ぼしていることは周知のとおりである。

イソクラテスの修辞学校

廣川洋一によれば、上述したピタゴラス教団の先例に倣うかたちで設立され、一定の場所に常設されたアテネ最初の高度な知識・学問を教授する最初の学塾・学園の一つはおそらく、イソクラテス（Isokrates, 前四三六―前三三八年）によって設立された弁論・修辞学校であった。紀元前三九〇年頃のことである。学校（私営の学塾）はアテネ市内のリュケイオン体育場近くに位置する彼の私邸の一画に設けられた。ソフィストとしての活動から身を引きソクラテスの精神を受け継いで、イソクラテスが人間に固有の能力の涵養を通じての全き人間・完全な市民の育成、「魂への配慮」による「徳をめざしての教育」すなわち「パイデイアー」(paideia, 教養)をめざす教育プログラムを開発した時、その中核に据えたのは修辞学・弁論術であった。イソクラテスは人間の固有の能力のありかを言語能力に見出し、「立派に語ること」が「立派に思慮すること」の最大のしるしだと考えたのである。そして、言語の練磨を中心とする教養理念を「ピロソピアー」と呼んだ。

学校での教育方法の中心は弁論・論説のための文章作成であった。そのためのテクストのようなものやそれらを収める文書庫・図書室があったかどうかは定かではないが、学生が作成した文章は教師イソクラテス自身によってのみならず、仲間の学生によっても批評・訂正された。教師の作品が学生によって批評されることもあったという。この「集団批評」は学校における教育の顕著な特徴の一つであった。

学校には最初に三人、ついで五人、計八人が入門して、三―四年間、イソクラテスと起居を共にしながら学んだ。イソクラテスの生涯を通じて学校に学んだ者の総数は約一〇〇人と推定されている。イソクラテスは九八歳の長寿を保ったから、活動期間を五〇年として平均年に二人ほどの学生が入門したことになる。その声望に比して決して大規模ではなく、むしろ、こじんまりした学校であった。注目すべきは、学校の名声が高まるにつれて西はシチリア、東は黒海に及ぶギリシア世界のいたるところから海を渡って学生がやってくるようになったことである。学校はプラトンのアカデメイアなどとともに、ギリシア世界における学問の中心地としてのアテネの地位の確立に少なからず寄与したことであろう。学業を終えて故国に帰郷するに際し、「苦痛と涙なしに去ることができなかった」とのある留学生の言葉は、学校での師弟間の親密な交わりを物語っている。

学校運営の経済的基盤は学生が支払う授業料と有力な支援者からの援助金にあった。イソクラテスは、学校設立当初にはアテネ市民からも授業料を要求したが、後には外国人留学生からのみそれを徴収した。その額は一千ドラクマで、平均的ソフィストたちのそれと比べかなり低額であったという。アテネ市民の中でも富裕層の一人であったイソクラテスの家計は、彼を支援する有力な支援者たちからの金品の贈与にも拠っていた。それらの援助金が学校運営にも充当されていたことは十分ありえよう。

イソクラテスの修辞学校は彼の死とともに閉校となった。一代限りの学塾であり私塾であった。今日、イソクラテスの名前と同様、彼の修辞学校のことはあまり知られていない。しかし、彼の教育理念とその実践が後世のヨーロッパの教育の歴史に与えた影響は計り知れないほど大きなものであった。ギリシア・ローマの古典の学習を中核とするそのエリート教育（中等教育と大学教育を通じて）の伝統は、まぎれもなくイソクラテスにその源流を発するのである。思想史・哲学史においては主役たりえないかもしれないが、イソクラテスの思想と実践は教育史においては本流・主流を形成することとなった。イソクラテスが相対的に無名となった大きな要因の一つは、良きライバルであったプラトンとその学園アカデメイアの存在である。プラトンはアリストテレスと並ぶヨーロッパ思想史上の巨人であり、彼が創設したアカデメイアも約九〇〇年にもわたって存続した。いわばその影に隠れて、イソクラテスと彼の学校は脚光を浴び損ねたといえよう。

プラトンのアカデメイア

ソクラテスの直弟子であったプラトン（Platon, 前四二九―前三四七年）は師の言行を対話篇というかたちで記録に残すとともに、彼独自の思想を展開してイデア論を主張しポリスの理想的なあり方を説いた。と同時にプラトンは『国家』において、哲人統治者論に基づく具体的な教育論・教育プログラムを提示した。「徳をめざしての教育こそ真の教育・教養（パイデイアー）」だとする点で、それはイソクラテスの教育理念と軌を一にするもので

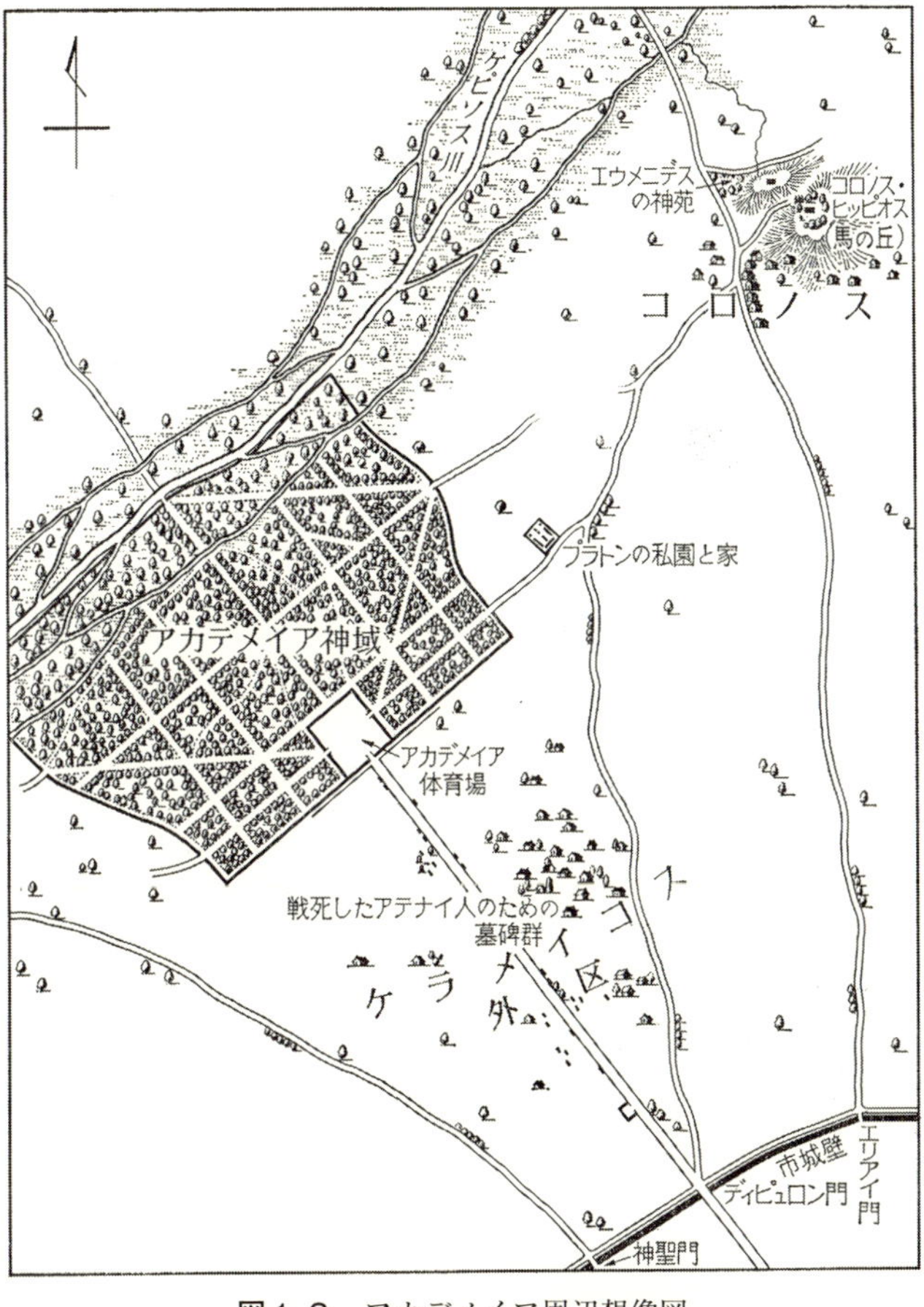

図1.3　アカデメイア周辺想像図

出典）廣川洋一『プラトンの学園 アカデメイア』21頁。

図1.4　プラトン時代のアカデメイア（モザイク画）

あったが、そのピロソピアー（教養化・教化のための方法的手段）において両者の考え方は大きく異なった。上述したように、イソクラテスが言語能力の練磨に重きを置いたのに対して、プラトンは数論、幾何学、天文学、音楽など数理的諸学問を修めた上で行う「哲学的問答法」を重視したのである。

若き日にギリシア国内は言うに及ばずエジプトや南イタリア、シチリア、シラクサなど広く各地を旅して学んだプラトンが、自らの教育プログラムの実践を企図して、アテネ郊外のアカデメイア（Akademeia）の地に土地を求めて私邸・小園を設け、そこに学園を付設したのは紀元前三八八―三八七年頃、イソクラテスが修辞学校を開いた数年後のことであった。プラトンがアカデメイアの地に学園を開いた理由の一つは、隣接して公共体育場（ギュムナシオン）があったからである。それは広場、劇場、柱廊（ストア）とともにギリシア都市国家（ポリス）の典型的特徴をなすものであった。体育場は市民の身体訓練・軍事訓練の場、入浴や語らいの場であると同時に討論の場でもあった。そこには議論のための「座席を備えた広やかな部屋」（講堂、エクセドラ）もあった。プラトンの学園に学ぶ者はこれら体育場の施設・設備も利用した。

学園には学芸詩文の女神ムゥサの社殿ムーセイオンとともに、小規模ながら図書室も設けられていた。アテネには「書籍愛好」の風潮があって蔵書家も存在していた。クセノポンは『ソクラテスの思い出』の中で、当時の読書・議論の様子を次のように記している（廣川洋一『プラトンの学園 アカデメイア』岩波書店、一九八〇年、四八—四九頁）。

昔の賢者たちが彼らの書物のなかに書き遺してくれた宝をくりひろげて、友人たちとともに読み、なにかよいことを見つければ、これを抜粋し、そしてたがいに裨益しあうことができるのを、この上ない利益と考えるのだ。

かつて、プラトンの学園アカデメイアは他のアテネの哲学学校と同様、一種の宗教結社（ティアソス）として組織されたものだとの見方が有力であったが、今日ではそうした見解は一般に採られていない。アテネでは、哲学者たちは自らの力量と声望に基づいて自由に学校を開設することができた。国家による認可・承認や庇護は必要ではなかった。学園・学校は私営の学塾というのが最も適切であろう。アカデメイアは、果樹栽培によるプラトンの個人の資産と裕福な弟子や支援者たちからの援助金によって運営されていた。授業料に類するものは、ソ

図1.5　プラトン

出典）D. C. Lindberg, *The Beginnings of Western Science*, p. 35.

クラテスの精神的伝統に則り、基本的には（少なくともプラトン在世中は）、誰からも徴収しなかった。学生・成員の生活費はおそらく自弁であったという。

アカデメイアの実態を初めて詳細に明らかにした古典学者廣川洋一によれば、アカデメイアにはほぼ一五歳から一八歳の青年が受け入れられた。修学年限はなかったが（アリストテレスは一七歳で入学し二〇年間留まった）、「幾何学を学ばざる者は入門を許さず」の言葉どおり、入学に際してはかなり高水準の資質と能力が要求された。当初のその規模はこじんまりしたものであった。プラトンが学頭であった時代を通して計四二人の学生が学んだという。「プラトンの食堂に集う者は二八人であった」との別の記録もある。これらの記述から学園のおおよその規模が推測されよう。アカデメイアでは定期的に、また折にふれて共同食事（シュンポシオン）が催されたが、食事をともにしつつ談話し議論することを可能にする知の共同体には自ずと適正規模があった。アカデメイアの門を敲《たた》いた学生はアテネ市民たちだけではなかった。それ以上の数の学生、とりわけ有力な学生はほとんど外国出身者であったという。また興味深いことに、アカデメイアには女性（ある者は男装して通ったという）や、働きながら学ぶ苦学生もいた。アカデメイアは「学の自由・思想の自由」を標榜する、開かれた「友人たちの学校」としての性格を持ち、その運営も民主的なやり方で行われていた。成員は若年学生と年長研究生から成っていたが、学頭の選出（プラトンと彼の甥のスペウシッポスに続く第三代以降の）は若年学生のみによる選挙に拠った。

イソクラテスの修辞学校が一代限りの短命に終わったのに対して、アカデメイアは紀元前三八八―三八七年頃の創設から、紀元後五二九年の東ローマ皇帝ユスティニアヌス（Justinianus I, 位五二七―五六五年）の勅令によって閉鎖されるまで、約九〇〇年間にわたって存続した。約九〇〇年の歴史というのは偶然にも、ヨーロッパ中世に誕生した最古の大学が今日まで経てきた時の経過と軌を一にする。アカデメイアがいかに長命を保ったか、想像されよう。創設者プラトン以来、連綿として続いた学頭は二九代に及び、それは後継者たちの「黄金の連鎖」と呼ばれた。この間、異民族のアテネ侵入やアカデメイア内部における対立・分裂などさまざまな出来事があって、その歩みは紆余曲折を辿ったし、そこでの知的活動にも盛衰があったであろう。しかし、ともかくも、九世紀間にもわたって命脈を保ち続けた「学問の府」・高等教育機関はそれだけでも注目に値する。

アカデメイア終焉の物語はよく知られている。それは、アカデメイアの閉鎖とモンテ・カッシノ（Monte Cassino）修道院の創設（ベネディクトゥスによる西方修道制の始まり）をみた五二九年が、古典古代とキリスト教的中世を画する象徴的な年だとされてきたからである。ユスティニアヌスの勅令は異教徒による教育活動を禁止した。キリスト教への改宗を是としないアカデメイアの七人の哲学者たちは「哲人王による統治」をホスロー一世（Khsro I, 位五三一―五七九年）の宮廷（ササン朝ペルシア）に期待し、新天地を求めてアテネを去るが、しかし、現実に失望して再びアテネに戻った、というエピソードも興味深い。

アリストテレスのリュケイオン

アカデメイアが輩出した多くの人材のうち、その最たる俊秀はアリストテレス（Aristoteles, 前三八四―前三二二年）であろう。マケドニア王国の支配下にあった植民市スタゲイロス（Stagira）に宮廷医師の息子として生まれたアリストテレスは、一七歳の時にアテネにやってきてアカデメイアに入門し、プラトンの下で二〇年間にわたって知の探求に従事した。その探求の対象は広範に及び、また独自の方法（経験的、実証的）を伴うものであった。彼は古代の知の総合的体系化を成し遂げた「知の巨人」であり、その業績は後のあらゆる学問の基礎を築くこととなった。

図1.6　アリストテレス
出典）D. C. Lindberg, *The Beginnings of Western Science*, p. 46.

プラトンが亡くなった後、アテネを去って小アジアの各地を転々としていたアリストテレスが、マケドニア王フィリッポス二世（Philippos II, 位前三五九―前三三六年）に招かれて、その息子アレクサンドロス（後のアレクサンドロス大王）の家庭教師になったのは紀元前三四二年のことであった。その後、アリストテレスは再びアテネに赴いて、自らの学塾をリュケイオン（Lykeion）の地に設立するが、その時、若きアレクサンドロスが資金を提供して彼の活動を支援したことはよく知られている。アリストテレスの学塾リュケイオンの様子について、後に学頭（前三二二―前二八六年にかけて）を務めたテオプラストスは遺言の中で、大要、次のように記していたという。いわく、そこには学芸の女神たちの像とアリストテレスの胸像を配したミューズの神殿（ムーセイオン）、小さな回廊（ストイディオン）、当時までに探検されていた国々の地図を彫り込んだプレートを飾った回廊（ストア）、祭壇、庭園、散歩道（ペリパトス）、そして住居が備わっていたと。逍遥学派と称された学塾リュケイオンの実態がどのようなものであったか。その詳細はイソクラテスの修辞学校やプラトンのアカデメイアほどには明らかにされていない。ただ、アリストテレスの後継者としての学頭が何代にもわたっていることからすれば、一定期間、存続したのであろう。H・I・マルーは名著『古代教育文化史』の中にアリストテレスと教育に関する一章を設けていないことに言及して、その理由を「教育についてのアリストテレスの仕事がプラトンやイソクラテスほどの創造的な新しさを備えているようにわたしには思えない」としている。プラトンとイソクラテスの場合もそうであったように、哲学史・思想史と教育史において、ある人や制度の歴史的評価が異なるのは当然であろう。もちろん、史家によっても評価は異なる。

だが、文庫・図書の整備ならびにそれらに基づく教授法という点におけるリュケイオンの特徴と寄与は明白である。アリストテレスは愛書家・蔵書家でリュケイオンの文庫・図書の整備・充実に努めたが、その際の彼のやり方はきわめてユニークなものであった。「アリストテレスは収集した書物をまとめてそれらを分類することをエジプトの王たちに教えた」とある同時代人は記した。それは、アリストテレスの信奉者で、おそらく弟子の一人であったファレロンのデミトリウスがアレクサンドリアのプトレマイオス一世の腹心となった時、その地に図書館を建設するよう進言したことをうけてのことであった。J・P・リンチ（J.P. Lynch）によれば、「アリストテレスは哲学学校の図書を体系的に整備する価値を認識した最初の人物」なのである。教育内容や教授法の点でもアリストテレスは、リュケイオンで探求する知の領域に自然に関するものを多く取り入れてカリキュラムを拡大したのみならず、学習コースの概要を学生に提示することもした。講義に際し図式や絵や図表を用いて例証する試みも行った。ある特定のテーマに関する書物を体系的に収集して探求することも、おそらくこの頃に始まった。「科学的散文というべき新しい表現形式」もアリストテレスの学園リュケイオンにおいて生まれたのである。

ゼノンとエピクロスの学塾

ヘレニズム時代にもアテネには、ストア派の創始者ゼノン（Zeno of Citium, 前三三五―前二六三年）やエピクロス派の始祖エピクロス（Epicurus, 前三四一―前二七〇年）など、多くの信奉者・弟子を集めて学派を形成し知的活動や教育活動を行った哲学者たちが現れた。キプロス島キティオン（Citium）のフェニキア人商人の家に生まれ、自身も商人として交易に従事していたゼノン（年少時、父親が息子のためにアテネで購入した書物を読んでいた）は、二二歳の時に難破してアテネに辿り着いた。そこのある書店で偶然手にしたクセノフォンの『ソクラテスの思い出』に感銘を受け同市でさまざまな哲学者たちから学ぶ中で、やがてゼノンは自らの思想を確立し、ストア・ポイキレ（Stoa Poikire, 彩色柱廊）と呼ばれるアテネの一画に学塾・哲学学校を設け講義を開始した。それがどのようなものであったのかは定かではないが、マケドニア王アンティゴノス二世ゴナタス（Antigonus II, Gonatas）やキオスのアリスト（Aristo of Chios）、第二代学頭となったクレアンテース（Cleanthes）をはじめ多くの信奉者がそこに集ったという。

ゼノンと同時代に生きたエピクロスの学園「エピクロスの園」も多くの信奉者を集めたアテネの有名な学塾・哲学学校であった。サモス島の貧しい教師の家に生まれたエピクロスは、郷里でプラトン哲学を学んだ後、一八歳の時に兵役のためアテネに赴き、アカデメイアでクセノクラテス（Xenocrates, アカデメイア第三代学頭）の、リュケイオンでテオプラストスの講義などを聴いたという。その後、小アジアの各地を転々とした後、紀元前三〇七年か三〇六年頃アテネに移り、郊外の地に庭園付きの小さな家を購入して弟子・友人たちとともに知的探求のための共同生活を始めた。ゼノンの学塾と同様、「エピクロスの園」と呼ばれたこの学園の実態も定かではないが、女性や奴隷にも門戸を開いていたこと、経験・観察や論理的思考を重視しより厳密な科学的アプローチを志向したことがその特色として挙げられている。エピクロスの死後も学園は継承され、ユリウス・カエサルの時代の学頭は第一四代目だったというから、学園が長期間にわたってその命脈を保ったことが窺われる。

アスクラピア

ギリシアの初期の学術は哲学を中心に発展し、自然科学的要素はその一部に留まるか初歩的な段階にあった。その一方で、医学の領域では観察と臨床を重んじる方向が打ち出され、基礎知識と臨床の両面で顕著な業績が生み出された。その背景には医療の神アスクレピオスに捧げられた「アスクラピア」(asclepeion)の誕生があった。アスクラピアというのは治療室、健康回復のための諸施設(劇場や運動場を含む)、入院病棟を付設した大規模医療施設兼神殿である。紀元前五世紀にエピダウロス(Epidaurus)に設けられたものがその最初にして最も有名なものだが、これに続いてコス島(Cos)やペルガモン(Pergamum)など各地に続々と設立された。考古学的発掘調査の結果、外科器具が発見されて、これらの遺跡ではかなり高度な医療行為が為されていたことが明らかとなった。エピダウロスで発掘されたある大理石の板(ほぼ前三五〇年のもの)には、治療を施し患者を阿片により落ち着かせたとの記録がある。また、夢解釈による治療など患者の心理状態への強い関心もみられた。「医聖」、「医学の父」と称されるヒッポクラテス(Hippokrates, 前四六〇頃—前三七五年頃)は各地を遍歴しながら学んだが、出身地のコス島のアスクラピアでも医療の訓練を受けたであろう。ローマ帝国時代にペルガモンで生まれたガレノス(Galenos, 一三一—二〇一年)もアレクサンドリアなど各地を渡り歩いた後、ペルガモンを拠点に活動した。これらの地のアスクラピアで医学教育を受けるために、数多くの学生がはるばる遠方から旅してきたが、両者はそのうちの最も有名で影響力の大きな人物であった。

図1.7　ファレロンのディミトリウス

出典）M. エル＝アバディ著，松本慎二訳『古代アレクサンドリア図書館』66 頁。

図1.8　プトレマイオス二世フィラデルフス

出典）M. エル＝アバディ著，松本慎二訳『古代アレクサンドリア図書館』67 頁。

「学問のコスモポリス」アレクサンドリア

ヘレニズム時代のギリシア世界において、最も有名な学術の中心地となったのはプトレマイオス朝下のアレクサンドリアであった。紀元前三二三年にアレクサンドロス大王が死去した後、大王が支配下に置いた大帝国の覇権をめぐって部下の将軍たちの間で権力闘争が生じた。その結果、大帝国はアンティゴノス朝マケドニア（ギリシアを含む）、セレウコス朝シリア（小アジアの過半とシリア、メソポタミアを領有）、そしてプトレマイオス朝エジプトの三つに分割された。そのうちとくに優勢を保ったのはエジプトであった。エジプトは立地条件に恵まれていたのみならず、豊かな穀物やパピルスや塩などを産出した。エジプトは地中海世界とその近隣諸地域にわたって幅広く交易を行い、これらの物産の独占取引によって経済的繁栄を謳歌した。それとともに、首都アレクサンドリアの政治・文化の中心地としての重要性も増していった。

アレクサンドロスは生前、エジプト支配の拠点として自分の名前を冠した都市アレクサンドリアの建設を命じた。その遺志を受け継ぎプトレマイオス朝の首都としての街づくりを推し進めたのはプトレマイオス一世ソーテール（Ptolemaios I Soter, 位前三〇五―前二八二年）であった。港湾整備や「世界の七不思議」の一つとして有名なファロス島の灯台の建設もその一環として行われた。プトレマイオス一世は幼い頃ペラの宮廷でアレクサンドロスとともにアリストテレスから個人指導を受けており、逍遥学派に対して崇敬の念を抱いていた。アレクサンドリアを強大な王国の首都のみならず文化・文明の中心地とすることを望んでいた彼に、国王顧問で同じくアリストテレスの弟子（アテネのリュケイオンで学ぶ）であったファレロンのディミトリウス（Demetrius of Phalrum）が、大図書館を付設した、ムーセイオンという名称の学術研究センターの設立を示唆した時、プトレマイオス一世はわが意を得たりと同意したのである。かくしてこの壮大な事業はプトレマイオス一世の治世下、ディミトリウスの監督の下で着手され、続く二代の後継者プトレマイオス二世フィラデルフス（Ptolemaios II Philadelphus）とプトレマイオス三世（エウエルゲテス）の下でも引き継がれていった。

ムーセイオン

フィラデルフスが即位した時（前二八三年）までに、ムーセイオンは一応の完成をみていた。それは明らかにアリストテレスのリュケイオンをモデルとしていた。その施設・設備や組織がどのようなものであったかについては、後のローマ時代にストラボン（Strabon, 前六四頃―後二一年頃）が次のように記している（モスタファ・エル＝アバディ著、松本慎二訳『古代アレクサンドリア図書館――よみがえる知の宝庫』中公新書、一九九一年、七二頁）。

それは王宮の一部であり、散歩道（ペリパトス）、アーケード（エクセデラ）、会員用食堂を備えた大きな建物から成る。会員たちはすべてを共有する協同社会を構成し、代々の国王（ローマ帝国領となった今は皇帝）によって任命されるムーゼイオンの責任者である神官が一人いる。

三〇人から五〇人の会員はすべて男性で、食事を無償で提供され（共同食事・会食の場が設けられていた）、かつ税を免除されていた上に市当局から高額の俸給を受けていた。学頭も置かれていた。ストラボンはムーセイオンを「共同信託基金を持つ自治団体」、「財産を共有し、活動にあたってある程度の自治権を認められた共同体」だと呼んでいるが、それは実際には、中世ヨーロッパの「大学」のような「学徒の組合・団体」などではなかった。「国王をパトロンとする学問の研究センター」というのがムーセイオンの実態であったように思われる。実際、国王の意や好みに合致すればよいが、それに反するような研究活動や言動をして国外に追放された亡命学者たちも少なくなかったという。ヘレニズム時代、ポリスの衰退に伴い権力者や富者が芸術や文化の保護者・庇護者として立ち現れるが、プトレマイオス朝の下でのムーセイオンや図書館の建設はそうした動向を反映したものであった。なお、プトレマイオス二世は動物学にとくに強い関心を抱き、動物園まで設立したという。

プラトンのアカデメイアでは、成員は若年学生と年長研究生の二つのカテゴリーに分けられていたが、ムーセイオンでも成員間にそうした区別があったかどうかははっきりしない。ムーセイオンは第一義的には学問研究のセンターであり、そこでは組織的な教育活動は行われていなかったとしても、師と弟子、シニアとジュニアのような関係はおそらく見られたであろう。ムーセイオンはそれとは別の独立した施設ではあるが、図書館と表裏一体の関係にあった。両者は相互に補完しあいながらアレクサンドリアの「学問のコスモポリス」としての発展に寄与したのである。

図書館

図書館もディミトリウスを介しアリストテレスの影響を受けて設立された。ストラボンによれば、アリストテレスがエジプトの王たちに「どうやって図書館を設立するかを教えた」のである。当初、図書館は王宮内のムーセイオンに隣接して建てられていた。後に蔵書の増大に伴って第二の図書館が王宮外のセラペウム内に建設されたが、両者は一人の図書館長の下に置かれた姉妹図書館という性格を持っていた。併せて「古代最大にして最高の図書館」とされるに至るアレクサンドリアの図書館は、プトレマイオス朝の歴代の国王の篤い庇護の下、巨額の予算を投じて現存する世界中のすべての書物を収集する（最終的にはギリシア語に翻訳して所蔵する）ことを目的としていた。あらゆる手段を用いて書物（パピルスの巻子）の収集に努め、最盛期には混合書物（二つ以上の作品が同一資料の中に含まれる）四〇万巻、非混合書物（単一の作品で一資料が構成される）九万巻の蔵書を誇ったとされる。

書物収集の一つの方法は、アレクサンドリアに入港したすべての船舶の荷物を検査するというものである。書物があればそれらを図書館に運んで精査し、必要なものだと判断すれば写本を作成し所蔵した。所有者に書物を返還する際に原本ではなく写本を渡して補償金を支払うこともあったという（こうして収集した書物は「船舶版」と呼ばれた）。もっと強引な方法が採られたこともあった。プトレマイオス三世は、アテネの図書館に禁帯出で保管されていたアイスキュロス、ソフォクレス、エウリピデスらの自筆原稿を、銀一五タレントという巨額の供託金を支払って借り出すことを認めさせた。そして、それを筆写させた後、原本ではなく写本を返却したが、違約を咎められた時、喜んでその供託金の没収に応じた。このよく知られたエピソードは、愛書マニアの性・心性をよく物語るものであろう。ただし、アレクサンドリアの図書館が原本にこだわったのには、単なるマニアの心

図1.9　アレクサンドリア図書館の内部（想像画）

性に留まらない現実的な理由があった。図書館は多数の写字生を抱えており、パピルスを用いて組織的に写本の作成を行っていた。筆写人・写字生の給与は、出来上がった仕事の質と行数によって定められていたにもかかわらず、筆写の過程で誤記や省略などがしばしば生じた。それゆえ、原本は唯一の権威あるものとして特別な意味を持ったのである。写本の作成のみならず、異国の地の未知の言語で著された書物についてはギリシア語への翻訳がなされた。それはおそらく、多数の翻訳者たちを動員して組織的に行われた翻訳運動と呼ぶべき活動であった。

　図書館運営の責任を担った図書館長のポストは重要な名誉あるものであった。初代館長はエフェソス出身のゼノドトス（Zenodotus of Ephesos）であり、彼の下でキュレネのカリマルコス（Callimarchus of Cyrene）は、その後の図書分類法関連出版物の基礎となる『ピナケス』の編纂事業に携わったのである。それは、主題ごとに「学問のすべての分野の優れた人々と、彼らの著作（一二万巻以上）についての一覧表を一二〇冊の本に著した」もの（おそらくは世界最初の図書分類システム）であった。ゼノドトスの後、ロードスのアポロニウス（Appolonius of Rhodes, 詩人・学者）、キュレネのエラトステネス（地理学者で数学者）、ビザンティウムのアリストファネス（Aristophanes of Byzantium, 文献学の基礎を確立し、大辞典『レクシス』を編纂）、ペルガのアポロニウス（Appolonius of Perga, 数学者・天文学者）、サモトラケのアリスタルコス（Aristarchus of Samothrace, 偉大なホメロス学者）、キダス（槍兵の一人）と続く七代までの歴代館長と最後の館長オナサンデル（最後の図書館長は優れた女性科学者ヒュパティアの父テオンだとの説もある）の名前が明らかにされている。

アレクサンドリアの学者たち

世界中から書物を集めた図書館には、それに惹き寄せられて各地から学者たちが集まってきた。その数は毎年一〇〇人に及んだという。歴代図書館長を含むヘレニズム時代を代表する偉大な学者たちがアレクサンドリアに集い、そこを拠点に活発な知的活動を展開した。中でも最も著名な人物はエウクレイドス（Eukleides, ユークリッド、前三〇〇年頃）であろう。プトレマイオス一世の家庭教師を務めていた時に言ったとされる「幾何学に王道なし」という言葉はよく知られている。彼の弟子のペルガのアポロニウスは後に、自身も「偉大な幾何学者」として知られることになるが、その八冊の著作のうち五冊をギリシア語で、三冊をアラビア語で書いた。当時のアレクサンドリアの国際的雰囲気の一端が窺われよう。シチリア島シラクサ出身のアルキメデス（Archimedes, 前二八七頃―前二一二年）も広く知られている。古代ギリシア世界を代表する博識家の一人であった。彼は排水の問題に取り組んでナイル川の高低さを測り、浮体原理を応用して攻城のためのシージ・エンジンを考案し、流体静力学や微積分学の基礎を築いた。シラクサに攻め込んだローマ軍の兵士によって刺殺される前に言った最後の言葉「私の図形をこわさないでくれ」や、入浴中に浮力の原理がひらめいた時に叫んだという「ヘウレーカ（分かったぞ）！」のエピソードは広く知られている。

アルキメデスの親しい友人であり、彼がその著書『方法』を献呈したキュレネのエラトステネス（Eratosthenes of Cyrene, 前二七五頃―前一九四年）もまた偉大な博識家であり、「第二のプラトン」とか「β（ベータ）」（第二の物知りという意味で）と綽名されたという。彼の知的活動は哲学、詩学、文芸批評から年代学など広範にわたったが、とくに大きな業績を残したのは数学、天文学、地理学の分野においてであった。素数の判定法（「エラトステネスの篩《ふるい》」）を発明し、地球の表面の距離を初めて測定し、また『地理学』を著して「これまでの地図をすべて書き換える」必要を証明した。彼は第三代の図書館長でもあった。また、天文学の分野ではサモスのアリスタルコス（Aristarchus of Samos, 前三一〇頃―前二三〇年頃）がコペルニクスに先駆けること一八〇〇年も前に太陽中心説を唱えた。同じ頃、ヒッパルカス（Hipparchus）は四六星座を決定して恒星を一等星から六等星までの六段階に分けた。また、春分点歳差を発見し、三角法による測量を行った。

医学の分野でのアレクサンドリアの学者たちの貢献も顕著であった。紀元前三世紀初頭に活躍したカルケドンのヘロフィロス（Herophilus of Chalcedon）とケオスのエラシストラトス（Erasistratus of Ceos）は、ヘレニズム時代の「新しい医学」を代表する学者であった。両者はともに罪人の死体の解剖や生体解剖を行って解剖学の祖とされ、「科学的」医療への道を切り開いた。ヘロフィロスは神経システムを発見し、神経が心臓ではなく脳によって統括されていることを解明した。また、エラシストラトスは血液循環に関するハーヴィの業績に先んずること二千年も前に血管の仕組みを明らかにした。かつてはコスが医学・医療の中心地であり、そこではヒッポクラテスの影響の下に症状の診断には経験的アプローチが採られていた。若き医者たちは、ある特定の症状にどのような治療や薬が有効に作用するかに着目していた。一方、アレクサンドリアでは今や初めて、病気の原因の分析に力点が置かれることになった。

かくしてアレクサンドリアはギリシア医学の新たな拠点となり、各地にあった旧来のアスクラピアに代わる教育・訓練の地として多くの若き医者たちを惹き寄せることとなった。古代世界最後の偉大な医師ガレノス（Galenos, 一三一―二〇一年）もその一人である。アレクサンドリアの医学がガレノスに与えた影響は衝撃的であった。彼は紀元後二世紀のローマ時代にアレクサンドリアを訪れて、そこで学んだ医学知識を膨大な著作に書き遺して後世に伝えた。四世紀の歴史家アミアヌス・マルセリヌスもやがて次のように記すこととなる。「医学は日進月歩で進歩しており、医師の職業で確固とした立場を築きたいと思うなら、アレクサンドリアで医学を学んだというだけで十分で、ほかに何の証明もいらないほどだ」と。ちなみに、ヘレニズムの時代、医師になるための訓練は一種の徒弟奉公によって行われており、その期間は六年であった。徒弟訓練の内容等は定かではないが、試験のようなものはあったという。

アレクサンドリアの栄光と凋落

ガレノスの例にも見られるように、学者たちを各地から惹きつける学問の中心地としてのアレクサンドリアの光芒は、ローマ帝国の時代になってもその輝きを失わなかった。プトレマイオス（Ptolemaios）はその地で『天文学集成』を著してギリシアの天文学・数学の集大成を行い、地動説を唱えてコペルニクスに先んじた。哲学・宗教の分野では、オリゲネス（Origenes Adamantinus 一八五―二五二年）が原典批評による新旧約聖書の研究を行うとともに、急速に勢力を伸ばしたキリスト教の学校の校長となって大きな影響を与えた。オリゲネスとほぼ同様の方法で、ユダヤ教の思想をギリシア哲学によって解釈したのはフィロン（Philo Judaeus）であった（アレクサンドリアは大きなユダヤ人居住地であった）。また、オリゲネスより少し年少のプロティノス（Plotinos, 二〇年頃—二七〇年）は、神秘的な絶対神を想定する思想を展開してキリスト教に接近し、新プラトン主義を大成した。その思想形成の背景には国際色豊かなアレクサンドリアでの経験とともに、ローマ軍のペルシア遠征に同道して接したペルシアとインドの叡知があったとされる。プロティノスが後にローマに戻って設立したというキリスト教学校やオリゲネスの学校の実態がどのようなものであったか。その詳細は残念ながら明らかではない。

アレクサンドリアの学問の特徴の一つは原典批評・文献学にあった。そして、学問研究の中心地としてのアレクサンドリアの顕著な特色はその国際性にあった。紀元前三世紀の初め以来、地中海、小アジア、エジプトなどの各地から、ギリシア語を話す学者・文人たちがアレクサンドリアに絶えずやってきて、ムーセイオンや図書館などで知の探求に従事した。地元出身の学者たちも多くいたし、その中には知識を求めて外国に赴く者もいた。アレクサンドリアにおいて活発な国際的学術交流が展開され、その結果「学問の開花」が見られたことは疑いようもない。学問の地としてのアレクサンドリアのライバルは長い間アテネであった。だが、「アテネはかつては叡知の宿るところであった。しかし今ではその名を有名にしているのは養蜂業者ばかり」と言われたように、四—五世紀頃には状況は一変していた。

ムーセイオンと図書館は数世紀間にわたって存続し、学問の中心地として繁栄した。この間、アレクサンドリアを襲ったいくつかの戦火や略奪、そして政治的事件や異教徒による迫害に巻き込まれ、危機的状況に置かれたこともあった。紀元前一四五年にはプトレマイオス八世とクレオパトラ二世の争いの中で、プトレマイオス八世に逆らった学者や知識人たちがその意趣返しに追放や粛清を受け、その結果、ムーセイオンの活動が停止状態に陥ったこともあった。文献学者、哲学者、幾何学者、音楽家、画家、学校教師、医師などの亡命者の中にはサモトラケのアリスタルコスやアテネのアポロドルス（Appolodoros）もいた。

アレクサンドリアのムーセイオンと図書館が辿った歴史とくにその謎に満ちた最期・終焉ついては一八世紀以来、多くの学者・研究者たちが解明に取り組んできた。図書館の貴重かつ膨大な蔵書はどうなったのか。それはいつ、どのようにして失われたのか。これが主たる論点であった。モスタファ・エル＝アバディによる近年の研究は、図書館消失に関わる三つの契機として紀元前四八年のアレクサンドリア戦役、紀元後三九一年のセラペウムの破壊、そして六四二年のアラブによるエジプト征服を挙げ、綿密な検討を加えている。その詳細は同書に譲るが、彼は結論として、図書館はアラブによるエジプト征服のときまで存続していなかったとする。そして、三九一年のテオドシウス帝（Theodosius, 位三七九―三九五年）の勅令（町中の異教の神殿を破壊せよとの）によるセラペウムの破壊がムーセイオンと図書館の最期であったとしている。

なお付言すれば、この失われた知の宝庫、古代アレクサンドリア図書館の復興プロジェクトがエジプト政府や国連開発計画（UNDP）の協力・支援の下ユネスコによって進められ、二〇〇二年に新アレクサンドリア図書館が完成をみた。それは「国際学術研究所兼附属図書館・博物館」の機能を有するものであった。新図書館は「人類の文化史における比類ない記念碑」、「普遍的図書館」の再生として企図された。上記のエル＝アバディの書物はそのプロジェクトの一環として刊行されたものだが、彼は古代アレクサンドリア図書館の歴史的意義を次のように認識して同書の執筆に取り組んだのであった。いわく、「アレクサンドリア期以前、知には地域的限界があった。しかし、人類の歴史の中で初めての普遍的図書館としてアレクサンドリア図書館が登場するとともに、知もまた普遍的なものになったのだ」。

古代ローマの学芸と図書館

イタリア半島中部の小さな王国から始まって、貴族共和制を経て帝政となり、やがて広大な領土を支配下に置いて一時「ローマの平和」と呼ばれる繁栄を誇ったローマ帝国は、学問や高等教育の面では必ずしも独自の顕著な貢献を為さなかったと言われる。地中海世界におけるギリシアの学術の支配力・影響力があまりにも強大だったので、ローマ人たちはそれと直接対決しそれに取って代わるというより、それを摂取し受容することによって自らの学問・文化を発展させていくことを選択した。「征服されしギリシアは、その猛々しき征服者を捕え、粗野なるラティウムへ学芸をもたらせり」と謳ったホラティウス（Horatius, 前六五—前八年）の詩はあまりに有名である。

ローマの学芸がその発展過程において、ギリシア文化の影響を大きく受けたことは自然なことであった。紀元前八世紀以来、シチリアや南イタリアはギリシアの全面的な影響下にあったのであり、ナポリやタラントやシラクサはすべてギリシアの植民市として建設された都市であった。言葉についても、ラテン語自体、古代ギリシア語に由来するものであった。先住のエトルリア人たちは自分たちの言葉にギリシア文字アルファベットを取り入れたが、そのエトルリア語がローマ人の言葉の基礎になったのである。紀元前三世紀に書かれたとされる最初のラテン文学作品は、ギリシア人リヴィウス・アンドロニクス（Lucius Livius Andronicus, 前二八〇／前二六〇頃—前二〇〇年頃、ホメロスの『オデュッセイア』を翻訳）の手になるギリシア演劇の翻訳から成っていた。現存する最古のラテン語作品を著した劇作家プラウトゥス（Titus Maccius Plautus, 前二五四—前一八四年）は、ギリシアの文学作品とりわけメナンドロス（Menandros）のそれを範としていた。プラウトゥスが彼の作品の中で用いた二七〇の固有名詞のうち二五〇語はギリシア語であった。彼の聴衆がその作品を十分に理解するにはかなりのギリシア語の知識を必要としたが、実際、彼らはそれを身につけていた。文芸の世界だけではない。地中海世界の外交や交易においても、ギリシア語は依然、国際語として認められていたし、ローマはラテン語とギリシア語の両方を公用語として用いた。二か国語併用である。

ローマの学問の実際的性格と公権力の関与

ギリシアの学術・文化の影響を大きく受ける一方で、ローマ人たちは自分たちの持ち味である実際的・行動的性格を反映した独自の学問を発展させた。彼らの知的関心が主として向かったのは抽象的・観念的な分野ではなく、現実の生活に有用な知識・技能の領域であった。それはとくに法学や土木建築において豊かな開花をみた。その成果は『ローマ法大全』、アッピア街道や円形闘技場コロッセウムなどの遺産・遺跡として今日まで伝えられている。

また、ローマでは哲学や科学はあまり重視されなかったが、ギリシアのソフィスト以来の流れを組む弁論術・修辞学は政治の術として尊重された。それらの知識は当初、ローマの教育の伝統である「父祖の道」に則り家庭で教授された。しかし、やがて、戦利品として持ち帰られたギリシア人などの捕虜・奴隷（その中にはしばしば一群の知識人がいた）を介して、知識の伝授を中心とする学校教育の形態が導入され徐々に家庭教育に取って代わっていった。共和制後期から帝政初期の時代にかけて、奴隷たちの中には塾を設けてギリシア語の読み書きを教える者が出てきたし、教師としてローマにやってくる一般のギリシア人も増えていった。そうした状況の中でローマにも修辞学校が誕生していく。最初に誕生したのはギリシア語の修辞学校であり、次いでラテン語の修辞学校も現れた。その最初の学校は紀元前一世紀頃にプロティウス・ガルス（Plotius Gallus）が開いたものだとされている。

ローマの政治的・文化的地位が向上するとともに、高等教育の場としての修辞学校の役割も増大し、やがてイタリア半島のみならず属領を含む各地からローマに留学する学生が増えていった。かつて紀元前一世紀前には、高度な知識の探求をめざすローマの若者は、家庭等で初歩的な教育を受けた後、アテネ、ロードス、ペルガモン、アレクサンドリアといったギリシアの諸都市に赴いた。「多くの野心を抱く若者はアテネかアンティオキアで学ぶためにはどのような犠牲でも払う」用意があった。文人・哲学者にして政治家のキケロ（Marcus Tulius Cicero, 前一〇六―前四三年）をはじめカエサル（Gaius Julius Caesar, 前一〇〇―前四四年）、アウグストゥス帝（Gaius Julius Caesar Octavianus Augustus, 位前二七―後一四年）、ホラティウスなど共和制時代のローマを代表する政治家や雄弁家や文人の多くはギリシア諸都市への留学生であった。それが、紀元前後にはローマへの留学が新たな流れとなっていった。

帝政期ローマを代表する弁論家・文人で教育者でもあったイスパニア出身のクインティリアヌス（Quintilianus, 三五頃―九五年頃）も、そうしたローマ留学生の一人である。彼は修辞学教師や法廷弁論人を経て、ウェスパシアヌス帝（Vespasianus, 位六九―七九年）が設けたラテン語修辞学欽定講座の初代担当者となり、文人・政治家の小プリニウス（Gaius Plinius, 六一―一一二年）や歴史家タキトゥス（Tacitus, 五六頃―一二〇年頃）など多くの優れた後進を育てて、「さまよう青年たちの指導者、ローマ文芸の華」と謳われた。その著書『弁論家の教育』はその後のヨーロッパの教育史に大きな影響を及ぼすことになる。

帝政期ローマでは、学問や教育にとってきわめて重要な、ある革新的な出来事が生じた。公権力（皇帝）による助成・庇護と干渉・統制である。先例はヘレニズム期アレクサンドリアのムーセイオンや図書館にあった。そうした先例をうけてローマの歴代皇帝たちは、教師や医師や学生など学問や教育に従事する人々に対して、税を免除したり給与を提供したり、あるいはまた特権を付与するようになった。ウェスパシアヌス帝によるラテン語修辞学欽定講座の設置もそうした施策の一つであった。後にマルクス・アウレリウス帝（Marcus Aurelius Antonius, 位一二一―一八〇年）も、アテネに修辞学と哲学の分野に五講座を設置したという。皇帝だけではない。都市も公費による学校を設立したのであり、それらは帝国各地にわたって見られた。個人篤志家の遺贈による学校設立の慣行も同じ頃すでに生じていた。援助と統制との関係には微妙なものがあるが、当初、学問や教育の庇護者・啓蒙的パトロンとしての性格が強かった皇帝による助成はやがて干渉・統制を伴うものとなっていく。そして四二五年にはついに、西ローマ皇帝ヴァレンティニアヌス（Valentinianus, 位四二五―四五五年）は勅令を発布して、皇帝の許可を得ることなく学校を設置することを禁じた。志ある者が自由に学校や塾を設立することができた時代からの大きな変化であった。

ローマの図書館

最後に、図書館についてみておこう。紀元前二世紀から前一世紀にかけての時代、ローマの勢力が増大していくにつれて、有力者たちの間で個人の蔵書・文庫を所有することが次第に流行していった。ペルガモンの王や詩人エウリピデスと並ぶ名だたる蔵書家であったアリストテレスの文庫の運命として知られている話だが、紀元後八六年、ローマの将軍スッラはアテネを攻略した際に書物を略奪した。その中にはアリストテレスと彼の後継者（リュケイオンの第二代学頭）で「植物学の祖」と呼ばれるテオプラストス（Theophrastos, 前三七一—前二八七年、彼も有名な蔵書家）の蔵書——それはすでに何人もの所有者の手を経ていた——が含まれていた。ギリシアとの戦争の戦利品として書物や美術品そして捕虜がローマに持ち帰られ、それらは一種の高級趣味のように珍重された。捕虜の中には高い教養を身につけた一群の知識人たちも含まれており、彼らはローマ人有力者たちの「文人奴隷」として書物の分類・整理を任され、また書物の筆写や翻訳に従事した。時には朗読や会話などの知的活動にも参加した。その過程でローマ人は高度なギリシア文化に魅了されその虜になっていった。先に引用したホラティウスの詩「征服されしギリシア……」云々はたんなる比喩ではなく、実際にもそうした場面が現出することもあったであろう。

ローマに出現した最初の図書館は、おそらく戦利品を基にした有力者の私設文庫であった。共和制ローマ期の軍人・政治家スッラ（Lucius Cornelius Sulla Felix, 前一三八—前七八年）やその部下にして支援者のルクルス（Lucullus, 前一一八—前五六年）はローマから離れた各地に別荘を建て、そこに私設文庫を設けた。政務の合間あるいは引退後に、ギリシア風にしつらえ美術品に囲まれた豪壮な別荘で、読書し詩や散文を作るなどの知的活動を楽しんだ。通常、ギリシア語文庫とラテン語文庫の二つあった彼らの文庫は友人たちにも開かれていた。その友人の一人として両者の文庫に出入りした人物の中にはキケロもいた。戦利品を私設文庫の基にすることができなかったキケロは、友人たちの文庫に出入りしつつ、苦労しながら自前で書物の収集に努め自らの文庫をつくっていった。共和制ローマ屈指の文人・知識人でキケロの終生の友アッティクス（Titus Pomponius Atticus, 前一一〇—前三二年）や、クインティリアヌスをして「ローマ人で最も教養がある人」と言わしめたウァロ（Marcus Terentius Varro, 前一一六—前二七年）も蔵書家として知られていた。

だが、古代ローマの私設文庫の中で最も有名なそれはヘラクレネウムの「パピルスの館」であろう。それは紀元後七九年のベスビオス火山の噴火によって長い間厚い灰の下に埋もれていたが、一八世紀半ばに行われた発掘調査によってその存在が明らかにされ、調査の結果、その建物はカエサルの義父カルプルニウス・ピソ（Caius Calpurnius Piso）の、文庫を備えた夏の別荘であったらしいことが判明した。と同時に、数多くの美術品とともに一八〇〇巻を越すパピルス文書が炭化したままのかたちで発見された。文書の解読は困難を極めたが、一九六九年以降、薬品を用いた新しい方法によって解読が進められ、別荘に設けられた文庫の内容や建物の図面などが明らかにされている。その結果、文庫の蔵書（その大半はギリシア語の著作）はピソの友人でエピクロス派の哲学者にして詩人のフィロデムス（Philodemus, 前一一〇頃—前四〇／三五年）によって収集されたものであり、その中にはフィロデムス自身の著作も含まれることが明らかとなった。

ローマには公共図書館も建設された。その最初の計画はカエサルが暗殺（前四四年）される前に公表したもので、限られた学者・文人だけではなく多くの人々に開かれた図書館を目指していた。ギリシア語文庫とラテン語文庫の二つからなり、できるだけ広範囲の書物を集めるという方針の下、紀元前四七年、初代の図書館長にウァロが任命されたが、この計画はカエサルの死によって頓挫した。その計画を再び取り上げて実現させたのはカエサルの側近であった執政官ポッリオ（Gaius Asinius Pollio, 前七五—後四年）である。紀元前三九年に、戦利品を基に設立された図書館には美術館も付設されており、ともに一般市民に開かれていた。ポッリオは軍人・政治家であると同時に教養豊かな文人・知識人であり、ウェルギリウス（Velgilius, 前七〇—前一九年、ローマを代表する詩人）のパトロン、ホラティウスの友人でもあった。ちなみに、アウグストゥス時代には文芸が大いに栄えたが、才能ある若き詩人や文学者たちを支援する人々も出現した。後に「文人・芸術家のパトロン」の代名詞となるガイウス・マエケナス（Gaius Cilnius Maecenas, 前七〇—前八年、アウグストゥス帝の政治・外交・文化顧問）はその代表である。彼はホラティウスやウェルギリウスなどの庇護者となり、文芸の振興に多大な貢献を為した。今日、「裕福な支援者」を意味する「メセナ」という言葉がマエケナスの名前に由来することはよく知られている。ポッリオによる図書館の設立に続いて、その数年後、首都ローマに第二の図書館がアウグストゥス帝によってパラティヌスの丘に建設された。同様の公共図書館はローマ帝国が拡大するにつれ、その征服地にも次々と設立されていった。紀元後二世紀の間にはアテネとエフェソスにも設けられている。

ビザンティン世界の動向

その最盛期（トラヤヌス帝の治世）には、北はブリタニアから南はサハラ砂漠北端、東はメソポタミアから西は大西洋岸までに達し、地中海を「われらの海」とする広大な領土を支配下においたローマ帝国（総人口は五千万人から六千万人）だが、やがてゲルマン人などの異民族の侵入、疫病の流行、財政の窮乏化、都市の衰退、奴隷制に基づく農業の不振などさまざまな要因によって衰亡への道を辿っていく。そうした流れに抗すべく、効率的な四分統治制を採用し、キリスト教を公認（紀元後三一三年のミラノ勅令）して帝国統治の国家イデオロギーとなし、また首都をローマからビザンティオンに移す（三三〇年）など歴代皇帝はさまざまな措置を講じた。だが大勢はもはや変わらなかった。コンスタンティヌス帝（Constantinus, 三一〇—三三七年）によるビザンティオン（コンスタンティノポリスと改称）への遷都とともに、帝国の中心の東方ギリシア世界への移動と帝国の東西分離の傾向はますます強まり、ついに三九五年には帝国は西ローマと東ローマに分裂する。そして西ローマはその約八〇年後の四七六年に滅亡した。そして、それとともに「ローマの平和」の中で反映したローマの学芸や学校も衰退していった。

一方、東ローマ（ビザンティン帝国、法理学上はローマ帝国）は、キリスト教を国教とする専制君主国家として、一四五三年にオスマン帝国によって滅ぼされるまでの約一千年間、紆余曲折を経ながらもよくその命脈を保った。ビザンティン帝国においては、ヨーロッパとアジアにまたがる「文明の十字路」に位置するコンスタンティノポリス（コンスタンティノープル）を中心に、ギリシア・ローマの古典文化とオリエント（西アジア）の文化を融合した独自の文化（ビザンティン文化）が形成されたが、学術・教育の面でのその歴史的意義はとくに注目に値する。中世の西ヨーロッパでギリシアの古典文献が失われていく中、それらの遺産を継承・保存したのはビザンティン世界であった。それはまた、ギリシアの古典がイスラーム世界に伝えられ、またイスラームを通して西ヨーロッパにもたらされる（「一二世紀ルネサンス」）経由地ともなったし、さらに後のイタリア・ルネサンスにおけるギリシア語とギリシア精神の復興・再生においても重要な役割を演じることとなった。「ギリシア語を用いる東方の」「古代の学校が決して消滅したことのない地方」、それがビザンティン世界であった。マルーの言うように「ビザンツの教育は、古代の教育を連綿として受け継ぎ、存続させた」のである。

コンスタンティノポリスはローマ帝国の新しい首都として急速に発展するとともに、ギリシア人修辞学者リバニオス（Libanius, 三一四頃—三九二年頃）や哲学者・修辞学者にして政治家のテミスティオス（Themistius, 三一七—三九〇年頃）をはじめとする多くの優れた学者を惹きよせるようになり、コンスタンティヌス二世（Constantius, 位三三七—三六一年）の治世には学都としての名声を確立した。コンスタンティヌス二世はテミスティオスを元老院議員に指名するに際して、彼のおかげでコンスタンティノポリスは文化の中心地となった、と強調していた。

テミストティオスもまた「交易と輸出の機は熟した。だが、皇帝のおかげで、その商品は紫染料やワインや穀物ではなく、徳と智慧なのだ」と記している。また、コンスタンティヌス帝がコンスタンティノポリスに建設した図書館は聖書、教義解釈書、礼拝用テクスト、祈禱書などキリスト教関係の書物を中心に多くの蔵書を誇っていた。ニコメディア、ペルガモン、エフェソス、アテネなど各地に遊学し自身、異教の古典著作に通じた文人でもあったユリアヌス帝（Julianus, 位三六一—三六三年、「背教者」と呼ばれた）の時代には、一二万巻を超す書物を蔵していたという。その広大な写字室で、筆写生たちはギリシア語古典文献をパピルス巻子本から羊皮紙の冊子本に転写し作り直す作業にいそしんだのである。

コンスタンティノポリスには新たな「学問の府」も設けられた。テオドシウス二世（Theodosius II, 位四〇八—四五〇年）が編纂した『テオドシウス法典』によって四二五年に設立された、「パンディダクテリオン」（Pandakterion、あらゆる学問という意味）と通称される「マグナウラの宮廷学校」（School of Magnura）である。法典は教授活動がいつ、どこで、誰によって行われるべきかを規定し、首都コンスタンティノポリスでの私的な教授活動を禁止した。その一方でパンディダクテリオンに計三一の欽定講座を設置して各担当者に個室を与え、学問の探求と教授活動に従事させることとした。その内訳は文法一〇（ギリシア語とラテン語文法）、ギリシア語修辞学五、ラテン語修辞学三、法学二、哲学一、それに医学、算術、幾何学、音楽などとなっていた。言語別にみればギリシア語関係一六講座、ラテン語関係一五講座という内訳であった。パンディダクテリオンがどのような施設・設備を持った組織で、どのような活動を展開したのかについては定かではない。しかし、それが、他にもおそらくあったであろう「学問の府」とともに、コンスタンティノポリスの学都としての発展に大きく寄与したことは疑いのないところであろう。とりわけ、五二九年のアテネのアカデメイアの閉鎖以降はそうであったとされている。

ビザンティン帝国における知の探求と伝達は、古くから東地中海沿岸の諸都市でも展開されていた。そこには各地から著名な学者が集まり、彼らはまた遠方から学徒を引き寄せた。探求された学問は都市によってさまざまで、それぞれの都市はある特定の専門分野によって名声を馳せた。リバニオスの故郷アンティオキアはコンスタンティノポリスに次ぐ修辞学の拠点であった。アンティオキア（Antioch）で生まれアテネで学び、一時期コンスタンティノポリスで教えたリバニオスは、コンスタンティヌス二世からアテネでギリシア修辞学講座を担当するようにとの命を受けた（三四八年）が、それを断ってアンティオキアに帰り（三五四年に修辞学講座を担当）、そこを終生の活動の拠点とした。彼自身は「異教徒」の教師であったが、キリスト教の指導者となる数多くの人材を育てた。ユリアヌス帝とも親交を結んだ。アンティオキアはシルクロードの出発点となった地であるとともに、パウロによる異邦人への布教拠点にしてローマ、コンスタンティノポリス、アレクサンドリア、エルサレムと並ぶ五大主教座の一つであり、キリスト教がギリシア文化の影響を受けて発展した地であった。

カイサリア（Caesarea Maritima）の学都としての名声は、アレクサンドリア学派として知られる初期キリスト教教父（ギリシア教父）たちの活動によるところが大きかった。その代表的人物はオリゲネス（Oligenes Adamantius, 一八二頃―二五一年）である。アレクサンドリアに生まれ育ち、ローマ、アラビアなどを旅した後、カイサリアを本拠に新プラトン主義に基づいて聖書の比喩的解釈を試みた。ベイルート出身でオリゲネスの後継者パンフィルス（Pamphlus, 三世紀後半―三〇九年）はオリゲネスの遺贈図書を基に三万冊を超す蔵書を備えた図書館を設立したが、それはまもなくキリスト教学の基礎となった。コンスタンティヌス二世が、コンスタンティノポリスで使用するための聖書五〇冊の写本の作成を命じたのはこの図書館に対してであった。また、パンフィルスの弟子エウセビオス（Eusebios, 二六三頃―三三九年）はニカイア公会議に出席した重要人物の一人であった。四世紀から五世紀にかけての時代、キリスト教聖書のテクストはカイサリアで編纂されたのであり、新約聖書もこの地でその最終的なかたちをとったのであった。

法学の分野ではベイルート（Barytus）がコンスタンティノポリス、ローマと並ぶ名声を博した。二世紀末にパーピニアーヌス（Aemilius Papinianus, 一四二頃―二一二年）が教え、またその弟子ウルピアーヌス（Gnaes Domitius Ulpianus, 一七〇頃―二二八年）の著作が広められた土地であった。五二八年、ユスティニアヌス一世は法務長官トリボニアヌス（Tribonianus）を長とする一〇人の法学者たちに、共和政以来のローマ法を『ローマ法大全』として集大成させるよう命じたが、その一環をなす『法学提要』の編纂に携わった一人ドロテウス（Drotheus）はガザ（Gaza,「アジアのアテネ」と呼ばれ、修辞学で有名）の法学校の教師であった。これらの諸都市以外にも黒海沿岸のトラブゾン（Trebizond）などが学都として知られた。その中で、シリアのエデッサ（Edessa）とニシビス（Nisibis）は、ギリシア学術の東方移転に関わってとくに重要な都市として注目に値する。

ビザンティン帝国とササン朝ペルシア領との国境地帯に位置するニシビスにキリスト教の学校が建てられたのは三五〇年頃のことである。学校はシリアのエフェレム（Ephraem Syrus, 三〇六頃―三七三年、修道士、神学者、聖歌作家、聖人）の指導下、初期シリア正教会の拠点として活発な布教・教育活動を行っていた。だが、三六三年のササン朝ペルシアによるニシビス侵攻をうけて、学校は退去・移動を余儀なくされる。シリアのエフェレムに率いられた一群の教師や学生たちはニシビスを去ってエデッサに赴き、二世紀以来存続していたその地の学校を拠点に布教と教育活動を再開した。エフェレムはシリア語で多くの聖歌を書いたことで知られるが、他にもアパメアのジョン（John of Apamea）、ラシャイナのセルギオス（Selgios Rashaina）、エデッサのヤコブ（Jacob of

Edessa)、バロードのアタナシウス（Athanasius of Baloadh）などが、そこでギリシア語文献をシリア語に翻訳する活動に従事した。セルギオスはガレノスの著作の大半を翻訳し、アタナシウスはアリストテレスの著作の翻訳と注釈を行った。アラム語の一方言であったシリア語は一世紀以降急速に、肥沃な三日月地帯を含む中東全域を通じての主要学術言語（文語）として発展した。四世紀からアラビア語が普及する八世紀までの間、古典ギリシア文化を保存・伝達する媒介言語となったのはシリア語であった。シリア語のテクストはインドのマルバール海岸や中国東部でも発見されているという。

エデッサとニシビスは五世紀にギリシア学術が東方に伝達される重要舞台となった。ローマ帝国でキリスト教が公認（三一三年のミラノ勅令）されて以後、キリスト教会での正統と異端をめぐる論争が続くが、四三一年に開かれたエフェソスの公会議においてキリストの両性（神的性質と人間的性質）を認めるネストリウス派が異端とされた結果、ネストリウス派の人々はビザンティン帝国を追われることとなった。彼らは当初、エジプトに逃れたがそこでは布教の足場を得ることができず、次に西アジア方面に向かってエデッサに移ったのである。ネストリウス派はエデッサにあった学校を拠点にシリア語で布教活動を行い次第にその勢力を拡大していった。その過程で彼らは、自分たちの神学上の立場をギリシア哲学で解釈し説明する必要上、ギリシアの古典文献（哲学、医学、科学を含む）をシリア語に翻訳する活動に従事することとなった。

しかし、ネストリウス派にとってエデッサは安住の地とはならなかった。四五七年、ビザンティン帝国皇帝ゼノン（Zeno, 位四二六―四九一年）の命を受けてエデッサ主教キュロス二世（Cyrus of Edessa）がその学校を閉鎖したのである。学頭バルサウマ（Barsauma）に率いられた人々は国境を越えてササン朝ペルシア領内に入り、国王ペーローズ一世（Peroz I, 位四五九―四八四年）の許可を得て（ペルシアはビザンティン帝国と敵対関係にあった）、今やペルシア領となっていたゆかりの故地ニシビスに居を定めることとなった。そしてその地に学校を設けて布教活動の拠点とした。ネストリウス派のキリスト教はここから東へ東へと拡がっていき、ついには中央アジアを経て唐代の中国にまで到達する。そのことは西安に残っている有名な「大秦景教中国流行碑」が今に伝えている。文中にいう景教とはまさしくネストリウス派キリスト教のことであった。シリアの二つの学都ニシビスとエデッサはギリシア学術の東方移転の重要舞台となった奇しき因縁の都市であった。

最後に、ビザンティン帝国時代のアレクサンドリアの状況についてみておこう。紀元前四八年のアレクサンドリア戦役で、港の近辺にあった大図書館が焼失した後も、聖域セラペウム（神殿）内にあった姉妹図書館とムーセイオンは存続し、しばらくの間アレクサンドリアは学都としての伝統を維持した。しかし、三世紀になるとキリスト教徒による異教徒迫害と軍事的侵略という大きな災厄が交互にアレクサンドリアを襲った。そして三九一年、町中のすべての異教神殿を破壊せよとのテオドシウス帝の勅令が出され、これをうけて暴徒と化したキリスト教徒たちが破壊と略奪をほしいままにする中で、ムーセイオンと図書館も大きな被害を蒙るに至ったのである。破壊と略奪はその後も繰り返された。著名な哲学者・数学者にして最後の図書館長テオン（Theon of Alexandria）の娘で、自身傑出した哲学者・数学者・天文学者であったヒュパティア（Hypatia, 三七〇頃—四一五年）が暴徒によって虐殺されたのは、そうした状況の中でのこと（四一五年）であった。アテネやイタリアで教育を受け、アレクサンドリアに戻って新プラトン主義哲学学校の学頭として、また優れた教師として広く尊敬を集めていたヒュパティアの無惨な死は、学都としてのアレクサンドリアの凋落と古典古代の終焉を象徴する出来事であった。そのほぼ一一〇年後の五二九年、ユスティニアヌス帝の勅令によって異教の学校の閉鎖が命じられ、古来の学術の中心地であったアテネでもプラトンのアカデメイアが終焉を迎えた。

第2章　インダス川からガンジス川へ
――古代インドの「学問の府」――

古代インドの文明と知の探求

北はヒマラヤ山脈とそれに連なる諸山脈、南はアラビア海、ベンガル湾、インド洋に囲まれた、インド亜大陸と呼ばれる広大な地域においても、古くから文明が発達した。高く険しい山岳と海に遮られてはいたが、大河の流域にはさまざまな人種・民族が移住し独自の高度な文化を築いた。紀元前二三〇〇―前一七〇〇年頃（青銅器時代）、インダス川流域に栄えた都市文明はインダス文明と呼ばれ、ハラッパーとモヘンジョダロの二つの遺跡からは舗装された街路や煉瓦造りの家屋、下水溝、大浴場の跡などが発見された。メソポタミア方面の遠隔地との交易がなされていたことも青銅器、金銀、宝石などの発掘品から明らかとなっている。前二〇〇〇年頃以降、数次にわたり中央アジアからヒンズークシュ山脈を越えてパンジャブ地方に移住したアーリア人は、先住民族と衝突し融合しながらこのインダス文明を継承・発展させていった。古代インドにおける知的活動はその中から生起した。

他の古代文明と同様、知的活動の端緒は神々への信仰と祭式にあった。アーリア人は自然現象を通じて顕現する多数の神々を信仰しており、さまざまな祭式を執り行って神々を崇め祭った。やがて、祭式を専門とする司祭階級が誕生し、神々への賛歌が編纂されていく。前一〇〇〇年頃までに成立した『リグ＝ヴェーダ』(*Rig Veda*)はそうした神々への賛歌一〇二八を集めたものであり、インド最古の文献だとされている。それはサンスクリット語の祖形で書かれたものであったが、当初は口承によって伝えられた(『リグ＝ヴェーダ』にうたわれた時代は前期ヴェーダ時代と呼ばれる)。

前一〇〇〇年頃からアーリア人たちの一部はガンジス川に沿って東方への移動を開始、その上流域各地に定住して村落を形成し、農耕を基盤とする生活と文化を築いていった。鉄器の使用や稲の栽培も始まる中で農耕生活は安定し、余剰生産物の増大とともに生産に直接従事しない司祭階級や王侯貴族が現れて、バラモン(司祭)、クシャトリア(王侯・貴族)、ヴァイシャ(庶民)、シュードラ(隷属者)の四ヴァルナ(種姓)制度(カースト制の原型)が成立をみる。と同時に、後期ヴェーダ時代と呼ばれる時代(前一〇〇〇頃—前六〇〇年頃)の前半には、『リグ＝ヴェーダ』に続いて『サーマ＝ヴェーダ』、『ヤジュル＝ヴェーダ』、『アタルヴァ＝ヴェーダ』が次々に編纂され、四ヴェーダあわせてバラモン教(ヒンドゥー教の前身)の根本聖典とされるに至った。

アーリア人の東方への移住はさらに進み、前六世紀頃にはガンジス川中・下流域に及んで、北インド各地に多くの小国が出現した。その主要なものは一六大国と呼ばれるが、その中でビンビサーラ(Binbisara, 位前五四六頃—前四九四年頃)とアジャータシャトル(Ajatasatru, 位前四九四頃—前四六二年頃)の治世下に強勢を誇ったのはマガダ国であった。マガダ国では肥沃な平原と豊富な鉄資源を基に経済が発達し、また遠方との交易活動も盛んに行われた。貨幣の使用も始まった。ガンジス川中・下流域の都市における経済・交易活動に従事していたのはクシャトリアやヴァイシャの階層であったが、新たな知的活動の担い手となったのも彼らであった。彼らの中にはバラモン教の祭祀至上主義や形式主義に不満を抱き、自分たちの活動を支える新たな宗教を待望するとともに、より内面的な思想を求める人々がいた。そうした需要に最初に応じたのは後期ヴェーダ時代のウパニシャッド哲学であったが、その後も種々の新思想を標榜する数多くの思想家たちが現れて、競いながらそれぞれの思想を説いて回った。「六二見」と呼ばれる彼らはまさに、春秋戦国時代の中国の諸子百家に相当する存在であった。

中でもヴァルダマーナ（Vardhamana, 前五四九頃—前四七七年頃）とガウタマ＝シッダールタ（Gautama Siddhartha, 前五六六頃—前四八六年頃）の思想は、多くの支持者を得て急速に広まっていった。戒律の厳守と苦行による解脱を説くヴァルダマーナ（尊称マハーヴィーラ）の教えはジャイナ教と呼ばれ、主として商人階級の間に普及した。一方、同じくクシャトリア出身で釈迦族の有力者の家に生まれたガウタマ＝シッダールタは苦行の末に悟りを開いた後、苦行と快楽をともに否定し中道をゆく八正道の実践を説いた。その教えである仏教は在家・出家を問わず広範な階層の人々の間に拡がっていった。マウリア朝第三代のアショーカ王（Asoka, 位前二六八頃—二三二年頃）やクシャナ朝のカニシカ王（Kanishka, 位一三〇頃—一五五年頃）などの篤い保護をうけ、仏教は種々のルートを通じて中国・朝鮮・日本や東南アジア諸国にまで伝えられた。その拠点となったのは各地に設立された数多くの僧院・寺院であったが、仏教教義のみならず世俗の学問やバラモン教をも含めて、古代インドの学問の重要拠点の一つとなったのは仏教の僧院・寺院であった。

仏教の発展は時の権力者の庇護によるところが大きかった。北インドの二つの大河ガンジス川とインダス川の流域のうち、ガンジス川では前四世紀半ば頃までにマガダ国がナンダ朝マハパドマ・ナンダ（前四五〇—前三六二年）の下で全流域を統一した。一方、インダス川流域はダレイオス一世の侵攻（前五一五年）をうけてアケメネス朝ペルシアの属州となり、さらに、短期間とはいえアレクサンドロスの帝国の最東端の前哨地点となった（前三二七—前三二六年）。これら両大河にまたがる地域を統一しマウリア帝国を初めて打ち立てたのは、マウリア朝の創始者チャンドラグプタ（Chandragupta, 位前三一七頃―前二九三年頃）であった。マウリア朝はナンダ朝と同じく首都をパータリプトラ（Pataliputra）に置き、一世紀を超えて存続し繁栄した。インダス川流域からギリシアの勢力を一掃し、シリアのセレウコス朝の進出を阻んで講和を結んだ。その全盛期は第三代アショーカ王の治世下に現出した。アショーカ王は南端部を除くインド亜大陸全域を支配下におく一方、仏教に深く帰依し熱心な庇護者となって、各地に多数の仏塔を建立し第三回仏典結集を援助するなどその伝播・普及に尽力した。その結果、仏教は辺境地スリランカにまで伝えられた。スリランカは以来、上座部と呼ばれる部派の根拠地となり、それは後にスリランカから東南アジア各地に伝播していく。

こうした仏教の普及・発展とともに、古代インドにおける知の探求と伝達は仏教の寺院・僧院を一つの重要拠点として展開していくことになる。各地に数多くの寺院・僧院が設立され、その中のいくつかが著名な学問の中心地として発展していった。他の文明世界でもそうであるように、世俗の知識・学問が宗教に関するそれらとともに探求されるようになるのはよくあることであった。こうした動きはグプタ朝（紀元後三二〇―五五〇年頃）の時代に始まり、後の時代に受け継がれていった。

もちろん、それ以前にもバラモン教を中心とした学問・教育の伝統が存在した。それらは、いわば古代インドの学問・教育の古層・基層としてその底流に常に流れ続けているものであった。インド古来の学習と教育はヴェーダを中心に行われた。元々、書き言葉が存在しなかった時代には『リグ＝ヴェーダ』は師匠から弟子へ口頭で伝えられた。文語としてサンスクリット語が誕生して後にも、この口頭での伝達（暗記）は長い間、主要な教授法であり続けた。ヴェーダのみならず哲学、論理学、数学、医学などの世俗の学問・知識も同様の方法で教えられた。制度化された教育機関のようなものはなく、教授・学習活動はバラモン教の僧房アシュラム（ashram）

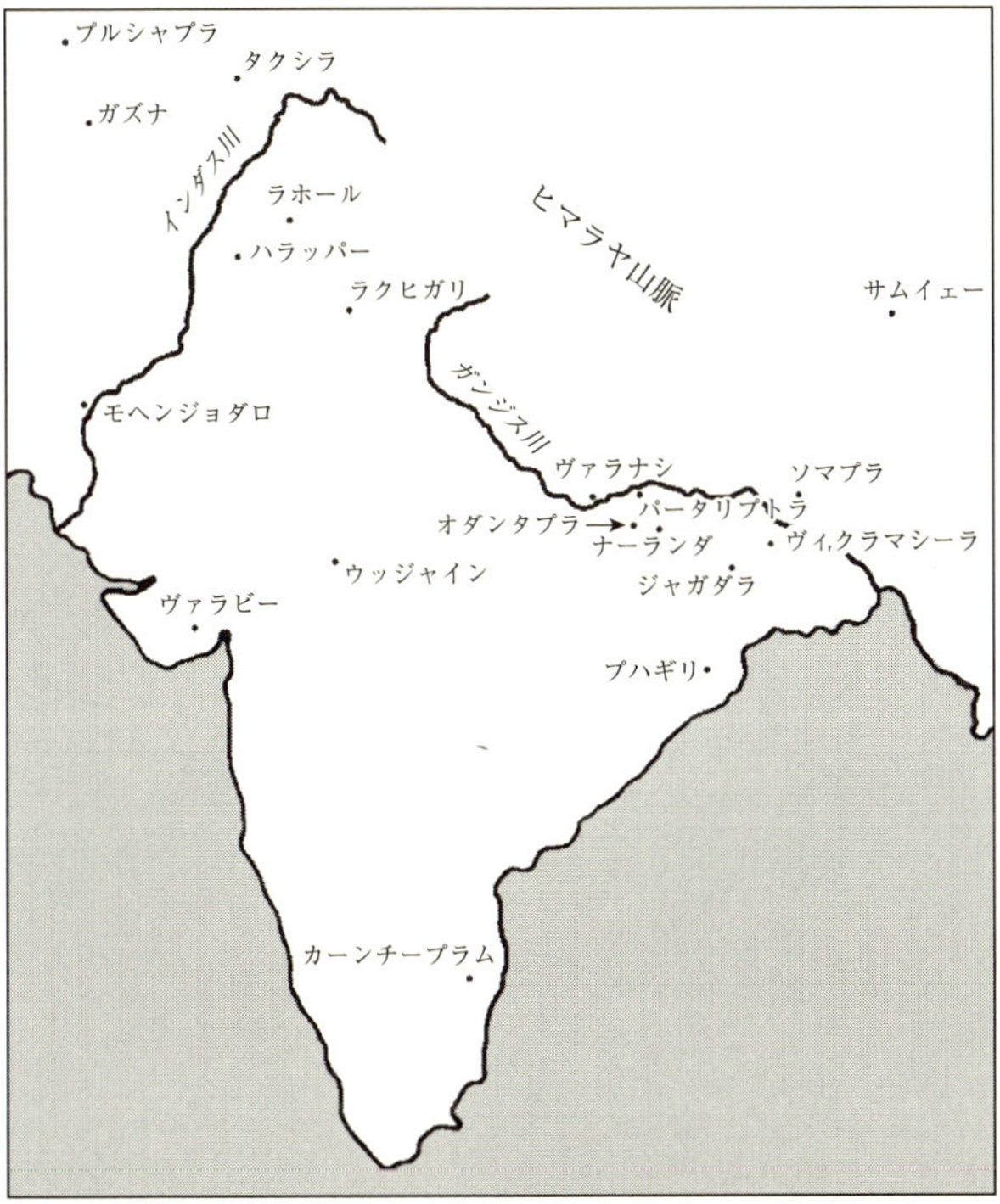

図2.1　古代インド

——鄙びた地にあることが多かった——のような場所でインフォーマルなかたちで行われた。

学都タクシラ

古代インドで古くから学都として名を馳せたのは、今日のラワルピンディ（パキスタン）の約三〇キロメートル西方に位置するタクシラ（タクシャシラ）である。三つの主要な交易ルートが交わる地点にあって、タクシラ（Taxila あるいは Takshasila）は多様な外部世界からの文化を吸収する上で理想的な場所であり、紀元前四世紀後半にアレクサンドロス大王がその地に到達した時にはすでに学都として有名であった。知識の伝達・移転の拠点としてのその重要性は、大王の到来以降、タクシラでの教授活動はサンスクリット語とギリシア語の両方で為されていたという事実が示している。また、マウリア朝の第二代の王ビンドゥサーラ（Bindusara, 位前二九七―前二七二年）はシリアのアンティオコスに対し、自分のところにギリシア人の修辞学教師（ソフィスト）を一人送る（売る）よう求めていた。ただし、この要請は拒否された。外国の影響を受けやすく、その文化を吸収し、変化する政治情勢に適応しようとするタクシラの姿勢はこれらの先例に限らない。ずっと以前の紀元前六世紀にも、タクシラはダリウス大王による侵攻の後、アケメネス朝ペルシアの一部となったし、紀元前二世紀末にはインド・ギリシア王国の首都としてギリシア人による支配下におかれた。古代ローマの地理学者ストラボンによれば、当時、ギリシア遠征軍はさらに東方のパータリプトラまでも侵攻したという。それゆえ紀元前一一三年に、タクシラのアンティアルキダス王（Antialcidas）が自分の代理として、ギリシア人大使ヘリオドルス（Heliodorus）をパータリプトラのシュンガ宮廷に派遣したというのも驚くにあたらない。ヘリオドルスは「ヘリオドルスの円柱」として知られる大きな円柱をボパール近郊に建てさせ（今も現存）、それに自らタクシラの住人と記した。以上のことからも明らかなように、タクシラはその初期の歴史を通してインド固有の都市であったとはいえないであろう。タクシラはいわば国際的学術都市であった。

タクシラの「大学」として知られるようになった「学問の府」は、本来はバラモン教のそれであったが、やがて世俗の知識・学問をも包含するようになった。後に詳しく見るように、タクシラでは絵画、彫刻、手工芸などを含む多種多様な分野の知識が教えられた。しかしながら、タクシラがとくに名声を馳せたのは医学の領域であった。古代インド医学の二人の指導的な権威の一人でアーユルヴェーダの治療者チャラカ（Charaka, 前三〇〇年頃―?）と、マガダ国のビンビサーラ王を治療した宮廷医師ジヴァカ（Jivaka）の両者は、タクシラで学んだ医者であった。ジヴァカは若き日に、著名な教師ディサパモク・アチャリア（Disapamok Achariya）の下で医学を学ぶために、大陸を横断してはるか西方のタクシラへと旅をしたという。その他の分野でも、サンスクリット語の確立に多大な貢献をした文法学者パーニニ（Panini）もタクシラで活躍した人物であったし、『アータサーストラ』（Arthashastra, 経済の知識）の著者で、マウリア朝のチャンドラグプタ王のバラモン教顧問を務めたカウティリア（Kautilya, 前三五〇—前二八三年）もそうである。タクシラは後のカニシカ王の治世下でも再び有名な学都となったが、それは仏教の中心地としてであった。

カニシカ王の治世下に、首都をプルシャプラ（Purushapura, 現在のペシャワール）に置いたクシャナ朝の版図は拡大し、北は中央アジアのタリム盆地で後漢と接した。熱心な仏教の保護者であったカニシカ王の下、仏教はこの時代以降とくに盛んに、シルクロードを経由して中国（後漢）および東アジアの国々に伝えられていった。最初、仏教はインドの僧が中国に旅して伝えた。安世高（An Shigao, 一四八頃—一八〇年頃）と支婁迦讖《しるかせん》（Lokaksema, 一四七年頃—?）はそのパイオニアであった。両名ともに西域出身で、後漢の都洛陽に長年にわたり在住して多くの仏教経典を漢訳した。彼らがタクシラで学んだかどうかは定かではないが、タクシラはおそらく、中国へ渡るインド僧の一つの拠点であったろう。

さて、ではタクシラでの学習・教授活動は一体、どのようなものだったのだろうか。五世紀頃にスリランカで書かれた『ジャータカ物語』（*Jataka tales*）は当時の仏教の状況一般について知る重要な情報源だが、タクシラでの学習・教育活動もその中にある程度詳しく記されている。R・K・ムーカージ（R.K. Mookerji）によれば、物語の一つは次のように述べて、タクシラが当時すでに、「学問の府」として有名であったことを示唆している。

かつてベナレスの王ブラマンダッタには同名の王子がいた。歴代の王は、領国内に著名な教師が住んでいたにもかかわらず、王子たちを諸国に送りその教育を完成させるのを常とした。王子たちが自負と高慢を抑え、暑さ寒さに耐え、世情に通暁するようにとの配慮からであった。ブラマンダッタ王もそうした。一六歳になった王子を呼んで王は一対のサンダルと草の葉で編んだ日よけとお金を与え、「我が息子よ、タクシラに行け、そしてそこで学べ」との指示を与えた。

タクシラの僧院には一般に、一六歳になった時、あるいは家庭を離れて学ぶ上で十分に成長したと判断された時に入学を許可された。学費は全額前納であったが、時に薪集めその他雑用というかたちでの教師への奉仕活動で代替されることも許された。さらに、最貧困層の学生の場合、バラモン教の慣行にしたがって、教育終了後に学費を後納することも認められた。学生が極端に貧しい場合には、近隣の村落共同体の協力によって設けられた慈善基金から、無償で教育が提供された。稀にだが、慈善心に富む住民がこの種の慈善を、財政状況にかかわりなくタクシラの学生一般に拡大することもあった。また、出身の王国や地方が用意した奨学金から学費を支払う学生もいた。そうした学生は多くの場合、教育のためにタクシラに派遣された王子たちの御供であった。

学費には住居費、食費その他生活費が含まれており、学生たちは同じ共通の屋根の下で、教師とともに共同生活を営んだ。タクシラでの教育はいわば全寮制（residential education）であった。ただし、共同生活への参加は義務ではなかった。通学生の中には妻帯者もいた。通常、一人の教師の下に最大で五〇〇人の学生が登録したという。学生は幅広い社会階層・カーストの出身者であったが、バラモンやクシャトリアのそれが大勢を占めた。シュードラには入学は認められていなかった。

タクシラでの生活様式は簡素な僧院のそれであった。学生はその社会的出自にかかわらず、質素で秩序ある生活にしたがうよう求められた。個々の教師にとって、五〇〇人もの学生を擁する「学校」を運営しながら教授活動を行うのは容易な仕事ではなかった。それゆえ、各教師は一人の助教を任命するのを認められていた。助教はその大多数が年長の学生から選任された。学校での生活は厳格であった。学生は早朝から勉学を始めた。そのため学校ごとにアヒルが飼われ、時を知らせる役割を担っていたという。

それぞれの時代にタクシラの僧院ないし学校で、どのような知識が探求され教えられていたのかを確定することは容易ではない。『ジャータカ物語』には「三つのヴェーダと一八のたしなみ（Silpas）」という語句が頻出する。この「一八のたしなみ」には象に関する知識、まじない、死者を蘇らせる魔法、狩猟、動物の鳴き声、弓矢、予言法、体の兆候による占い、医学などが含まれていた。これらは初歩的な学習領域であったが、学習内容にはやがて論理学、算術、法律、計算、農業、天文学などが付加された。ヴェーダは三つのヴェーダに限定された。それはおそらく、『アタルヴァ＝ヴェーダ』に書かれている儀式や呪文が、バラモン教の儀式においてしばしば除外されることが多かったからであろう。ヴェーダはもちろん暗記された。これらの伝統的な知識に加えて、仏教が普及・発展して優勢になると、仏教経典の学習が重要になった。学生はさまざまな知識のうちの一つを選択して学習した。教授法に関して注目に値するのは、それが理論面と実習面の両側面を併せ持つとともに、一種の実物教授が採られていたことである。医学でいえば、学生は教師の指導の下に植物の実地観察を行い、その成分と薬効について学んだ。『ジャータカ物語』の記すところによれば、タクシラでの学習・教育活動は以上のようなものであった。資料の性格からして、その記述をそのまま事実として受け止めることには慎重でなければならない。だが、ここから学生の入学年齢、学費の支払い、奨学金、全寮制、規模、日常生活、教授内容などタクシラの僧院・学校の様子はある程度窺うことができよう。

旅人たちの見た古代インド社会

物語類ではない、古代インドの状況や様子を知るもう一つの重要な情報源は、海路や陸路を経てインドに到達した巡礼や交易商人や探検家など外国人たちが記した記録である。言うまでもなく、東にベンガル湾、西にアラビア海、北にヒマラヤ山脈とヒンズークシュ山脈というように、自然の障壁はインドを他の文明世界と隔てていた。これらの障壁にもかかわらず、海陸ともにインドへと至る交易ルートはきわめて早い時代から開かれていた。古代ローマの政治家・軍人にして博物学者の大プリニウス（Gaius Plinius Secundus, 二三―七九年、『博物誌』を著す）によれば、季節風を利用して紅海からインド洋を経てインドへと渡る経路を初めて開拓したのは、ギリシア人の海洋探検家にして商人のヒッパルス（Hippalus）であった。紀元後一世紀のことである。これ以降、インドとの海路を利用しての交易は盛んに行われた。ストラボンは、一年という長期間をかけて定期的にインドに渡る船は一二〇を超すと記しているが、逆のルートを辿る船もほぼ同数あったであろう。香辛料や繊維製品などを取り扱うこの交易はインドに多大な金の流入をもたらし、インドとローマ帝国双方の経済に大きく貢献した。

同様に、同時期におけるインドと東南アジア世界とりわけスマトラ（「黄金の島」）ならびにジャワとの交易関係の発展は、数多くの東南アジア諸国の「インド化」と知識伝播をもたらすこととなった。その経路となったのは、アラビア半島からインド洋を横断しマレー半島のクラ地峡を経て中国南方沿岸に至る「海の道」であった。また、メコンデルタに位置する扶南は紀元後数世紀間、東南アジアのヒンドゥー王国の一つであったが、インドと密接な文化的つながりを有した。サンスクリット語を公用語として用い、多くのインド人を宮廷の官吏として雇用した。

こうした海路「海のシルクロード」とほぼ同時期あるいはそれに先立って、中国と西アジア・地中海世界を結ぶ陸の東西交渉路はもちろんシルクロードであった。「オアシスの道」（天山北路、天山南路、西域南道）、「草原の道」といくつかある陸路を辿って、多くの人や物や情報が行き交いした。このうちインドへと向かう道は西域南道（オアシスの道の中では最も古く、紀元前二世紀頃に確立）で、危険かつ過酷な道ではあったが、最短距離であるがゆえによく利用された。後に玄奘三蔵がインドからの帰途通ったのはこの道であった。

ギリシア・ローマの時代から海陸いずれかのルートを辿ってインドに赴いた人々のうち幾人かは、目の当たりにした新奇で不思議なインドという国・地域について見聞録や観察記を著しており、そこに記述された彼らの経験・観察は古代インドに関する貴重な情報源となっている。それだけではない。彼らはしばしば無意識のうちに、文明の仲介人としての役割を担い、訪れた地に新しい考えや技能・技術をもたらすとともに、その地で身につけた新知識を持って故国に帰郷した。そして文化・知識交流の先駆者となったのである。

インドに赴いた最初の旅人たちは、アレクサンドロス大王のインド遠征に随伴したギリシア人学者とその後に続いた人々であった。彼らのうち最も有名な人物はメガステネス（Megasthenes，前三五〇—前二九〇年）である。彼はセレウコス朝の大使としてマケドニアからマウリア朝チャンドラグプタ王の宮廷に派遣され、首都パータリプトラに一〇年以上にわたって滞在して、そこでの見聞を著書『インド誌』（*Indica*）に記した。同書は実際の旅の見聞に基づく最初の、外国人によるインドの記録としてディオドルス（Diodorus）、アッリアノス（Arrianos、『アレクサンドロス東征記』を著す）、ストラボン、大プリニウスなど後代の学者たちから重要視され、広く引用されることになる。彼の関心は主としてインドの地理・地誌にあったが、カースト制度の原型など社会システムなどにも言及している。ただし、メガステネスが旅したのはガンジス川以東のインド東部地域であり、その足跡がタクシラに及ぶことはなかった。

古代インドへ向かったのは西からの旅人だけではなかった。北方の中国からもシルクロードを経由しパミール高原を越え、あるいは海路を伝って仏教僧たちがインドに赴いた。その中で五世紀初頭に旅した法顕《ほっけん》（三九九—四一三年）と七世紀から八世紀にかけて旅した玄奘三蔵《げんじょうさんぞう》（六〇二—六六四年）ならびに義浄《ぎじょう》（六三五—七一三年）の三人は、その旅のスケールの大きさ、残した詳細な記録によってよく知られている。彼らの著作はとりわけ、当時のインドの仏教や僧院ひいては「学問の府」についてその状況を知る貴重な資料となっている。

三人のうちで最初にインドを訪れたのは法顕であった。彼は中央アジアからシルクロード（西域南道）に沿ってチェルチェン、ホータン、ヤルカンド、ワハーンへと向かい、そこから南下してヒマラヤ山脈を越え、ガンダーラ、プルシャプラへ至った。そしてインド各地域を巡り、さらにはセイロン島に渡りジャワ島を経て建康（南京）に帰還した。六四歳頃に旅立った彼の旅は一四年間もの長きに及んだ。その間の旅の見聞を記録した『法顕伝』は、中央アジアとインド・セイロンの歴史や文物・習慣について記した最初の包括的な見聞録となった。仏典とくに律蔵を求め、仏足跡を訪ねての僧法顕の旅は、当然ながら、仏教をめぐる諸事情に観察の目を向けた。各地域にある僧院の様子、仏僧のおおよその人数、僧院での儀式と教育活動、逸話などについてはとくに詳しく記している。法顕は『ジャータカ物語』の中で述べられていた有名な学都タクシラにも立ち寄っている。だがしかし、タクシラについては大塔に触れているのみで僧院には言及していない。かつて繁栄を誇ったタクシラの僧院も、法顕が訪れた時には衰退していて見る影もなかったのであろう。

法顕がインドを旅した五世紀初頭以降、仏教はガンジス川中流域に興って北インドを統一したグプタ朝（三二〇—五五〇年頃）歴代の王の下でなお隆盛を保ち続けた。バラモン教が勢力を回復して貴族・官吏層の台頭を見、サンスクリット語が宮廷の公用語となってインド古典文化の黄金時代が現出した一方で、国王の支援・庇護の下、各地に仏教僧院が建立された。ヴィクラマシーラ（Vikramashila）、オダンタプラ（Odantapura）、スリドハニャ・カタカ（Sridhanya Kataka）、ヴァラナシ（Varanasi）、カンチ（Kanchi）、ウッジャイン（Ujjain）そしてナーランダ（Nalanda）などがその主な地である。それらの僧院では仏教のみならず世俗の知識・学問も探求された。

ナーランダの僧院

そうした仏教僧院の中で最も規模が大きく重要なものはナーランダの僧院であった。ナーランダはかつて仏祖ガウタマ＝シッダールタが訪れた地にして、彼の十大弟子の一人舎利子（シャーリプトラ）が生まれ死んだ地である。また、マウリア朝のアショーカ王はここに舎利子の遺骨を収めた大きな仏塔を建てており（現存）、それゆえに重要な巡礼の地でもあった。ジャイナ教の始祖ヴァルダマーナ（マハーヴィラ）が数年間本拠地としたこともある。これらの歴史的所縁ならびに首都パータリプトラの南の近郊という立地条件からして、グプタ朝のクマラ・グプタ王（位四一五—四五五年）がナーランダに僧院を建立したのは当然の選択であった。そしてナーランダ僧院は五世紀から一二世紀にかけて、大乗仏教の教学を中心とした「学問の府」の一大拠点として発展し繁栄していった。その名声はアジア世界に広く轟き、インドやチベットはもとより遠くは中国、朝鮮、モンゴル、インドネシアなどからも留学僧が参集した。その中の唐からの二人の留学僧、玄奘と義浄は数年間にわたってナーランダに滞在して学び、故国に数多くの仏教経典や仏像・仏具等を伝えたが、帰国後、それぞれの旅の見聞・観察を記録に残した。ナーランダの僧院についても、その庇護者・支援者や財源、運営方法、建物や僧たちの生活、教授法、教学内容等について詳細に述べている。その記録の多くは、これまでに為されてきた考古学的発掘調査によって確認され、信憑性の高いものだとされている。今なお、ナーランダ僧院について知るための最善の情報源だと言ってよい。以下、まず玄奘と義浄の旅の概略に言及した後、両者の見聞・観察からナーランダ僧院の実態についてみていこう。

　玄奘が国禁を犯して単独で長安を出発しインドへ向かったのは六二九年のことである。玉門関から天山北路をとり、高昌（トゥルファン）、サマルカンドを経、ヒンドゥークシュ山脈を越えて西北インドへ入った。その間の旅の難儀は筆舌に尽くしがたいものであったであろうが、途次に立ち寄った高昌や西突厥の王そしてヴァルダナ朝のハルシャ＝ヴァルダナ王（Harsha-Vardhana, 位六〇六―六四七年）たちから援助も得て旅を続け、インド各地の大徳を訪ねて仏教の奥義を極めた。中でも大乗仏教教学の拠点として著名であったナーランダ僧院には五年間滞在して学んだ。そして、収集した多くの経典や仏像、舎利を携え、西域南道を経由して無事長安に帰り着いた（六四五年）。玄奘二六歳の時に旅立ってから足かけ一八年の歳月が経っていた。往復約三万キロに及ぶ大旅行であった。皇帝太宗の許しを得て帰国後、玄奘は大慈恩寺を拠点に持ち帰った仏典の翻訳に取り組んだが、それは太宗の庇護・援助の下でのチームとしての一大国家事業であった。四世紀の鳩摩羅什《くまらじゅう》（三四四―四一三年）とともに二大訳聖（真諦と不空金剛を含めて四大訳経家ともいう）として令名を馳せた玄奘の漢訳仏典が、朝鮮や日本など東アジアへの大乗仏教の伝播・普及に果たした役割には計り知れないほど大きなものがある。たとえば、今日、日本人仏教徒が朝に夕に唱える般若心経は玄奘訳のものなのである。玄奘はまた、自らが体験し見聞した西域やインドの仏教事情や僧院の様子、地理、風物、人々の暮らしなどを『大唐西域記』にまとめたが（玄奘が口述して弟子の弁機が編集）、ナーランダの僧院についてもその中で言及している。また、同僧院については玄奘の弟子の慧立と彦悰の手になる『玄奘三蔵――大唐大慈恩寺三蔵法師伝』にも詳しく記されている。

玄奘が帰国した三六年後の六七一年、また別の中国人仏教僧義浄がインドへと旅立った。若い頃から法顕や玄奘の行跡を思慕していた義浄は広州から海路インドをめざした。当初は多くの同志とともに旅立つ予定であったが、結局、二人連れでの出立となったという。途中、シュリーヴィジャヤ王国（スマトラ島）のパレンバンなどに立ち寄り、サンスクリット語やマラヤ語を学びながらの旅であった。船でベンガル湾を進み東インドの海岸に到着した後、各地の仏跡を訪ねつつ、また危険に遭遇しながら目的地のナーランダを目指した。そしてようやく辿り着いたナーランダでは、玄奘も学んだかの僧院に一一年間滞在して仏教を深く学ぶとともに、多くの経典を筆写し収集したのであった。

図2.2　玄奘三蔵
出典）『週刊朝日百科 世界の歴史 33』C-211 頁。

六八五年、義浄は収集した数多くの経典等を携えて帰国の途についた。復路も往路と同じ海路をとり、シュリーヴィジャヤ王国に立ち寄ってしばらく滞在し、その地の大徳の下で学び、かつまた経典の翻訳作業や旅行の見聞録の執筆に従事した後、六九五年に広州に帰着した。義浄の

図2.3　ナーランダ仏教僧院遺跡

出典）C. Mani (ed.), *The Heritage of Nalanda*, 2008, Pl. 4.

インドへの旅も二四年の長きにわたる大旅行であった。その旅行記は『南海寄帰内法伝』としてまとめられ、当時のインドならびに東南アジアの仏教についてのみならず、その地の地理・自然・社会事情に関する貴重な情報源となった。

僧院での生活と知の探求

さて、玄奘や義浄が見聞きしたナーランダ僧院はどのようなところだったのか。以下にみていこう。それは南北六一〇メートル、東西二一〇メートルもある広大な敷地に建てられていた。玄奘はその外観の様子を次のように記している（慧立・彦悰著、長澤和俊訳『玄奘三蔵――西域・インド紀行』一五六頁）。

六人の皇帝がそれぞれ父王の遺業をついで営造し、また煉瓦でそのまわりを囲み、あわせて一つの寺にし、すべてに一つの門を建て、庭園は別々にして内部を八院に分けた。内部に入ってみると宝台は星のように並び、玉楼はあちこちにそびえ、高大な建物は煙や霞の上に立ち、風雲は戸や窓に生じ、日月は軒場に輝く。その間を緑水がゆるやかに流れ、青蓮が浮かんでいる。…（中略）…諸院・僧坊はみな四階建で…（中略）…インドの伽藍数は無数であるが、このナーランダ寺ほど壮麗崇高なものはない。

そして、そこでの僧たちの修学・修行の有り様については次のように観察していた。

ここには僧侶は客僧を入れてつねに一万人おり、ともに大乗を学び小乗一八部をも兼学している。そして俗典、ヴェーダなどの書、因明（論理）、声名（音韻）、医方（薬学）、術数（数学）にいたるまで、ともに研究している。…（中略）…寺内の講座は毎日百余ヶ所で開かれ、学僧たちは寸陰を惜しんで研学している（『玄奘三蔵――西域・インド紀行』一五六―一五七頁）。

僧徒は数千人おり、みな才能高く学殖ある人々である。徳は当代に重んぜられ名声を外国にまで馳せている人は、数百人以上もいる。…（中略）…戒行も清潔に守則作法も純粋である。僧には厳しい規制があり、人々はみな固く守っているので、印度の諸国は模範として仰いでいる。…（中略）…教義を研究するに日を尽くしてもなお足りず、朝に夕にお互いに警め合い、若いものも年長者も互いに助け合っている。もし三蔵の幽玄な趣旨を口にしないようなものがあれば、自らが自らを恥じることになる。かかる次第で異境の学者で声誉を馳せたいものは、悉くここへ来て疑義を質して始めて名声を讃えられるのである。それでここに留学したという虚偽の肩書で諸方に遊ぶとしても、何所でも丁重に礼遇されるのである。（玄奘、水谷真成訳注『大唐西域記』三、一六六頁）

その最盛期には教師一五一〇人、学生八五〇〇人を数えたという説もあるが、教師と学生をどこで区別するのかという問題もあり、総数でおおよそ一万人がナーランダ僧院で日夜、研鑽に努めていたという理解が妥当であろう。当時としては大変な規模である。玄奘の記録は、大勢の僧徒・学徒が規律正しく、秩序ある僧院生活を送っている様子を窺わせる。

ナーランダ僧院で学ぶため各地から多くの学徒が参集したが、僧院に受け入れられるには口頭試問という厳しい選抜に合格しなければならなかった。僧院を囲む壁には一か所だけ門があり、そこには入門志願者に問答を仕掛け、その資質と能力を吟味する担当の役僧が詰めていた。その吟味に合格するのは志願者のわずか二―三割だったという。入門・入学時の最低年齢は二〇歳で、入門者には大乗仏教ならびに上座仏教は言うに及ばず、ヴェーダ、ウパニシャッド哲学、数論派などのインド六派哲学の基礎知識を身につけていることが要求された。

僧院の財政基盤は歴代の国王によって下賜された基本財産や寄付にあった。それには土地や家屋、現金、家畜などさまざまな形態をとった。村落住民の労働奉仕というかたちもあった。『玄奘三蔵――西域・インド紀行』には次のように記されている（一五七―一五八頁）。

国王もこの寺を篤く尊敬し、百余の村を荘園としてその供養にあてている。荘園の二百戸から毎日米や酢乳数百石が進奉され、これによって学人は求めることなしに四事（衣食寝薬）自足し、芸業を成就させることができる。こうすることができるのも、みな荘園のおかげである。

僧院には講堂、宿坊、台所など共同生活に必要な施設・設備がすべて整えられており、加えて三つの建物からなる広壮な経蔵（図書館）もあった。ただし、沐浴のための施設は僧院内にはなかったことが、次の義浄の記述から窺える。「僧院の付近には一〇の大きな水浴び場があり、そこでは毎朝、鐘が鳴らされて僧たちに沐浴の時間を告げていた。」

僧院の運営は一人の長老が主催する、僧たちからなる定期集会によって行われた。玄奘の入門の可否を決定したのもこの集会であったし、部屋の割り当ても集会での決定によった。義浄によれば、「雨季に入る前に、各僧に部屋が割り当てられた。年長者にはより良い部屋が与えられた」。死者の持ち物の処分や、規則違反者に対する審理と処罰（追放を含む）も集会の責任事項であった。ただし、玄奘の観察するところ、ナーランダ僧院は「高徳な人びとがいる所であるから、人びとの気風はおのずから厳粛で、建立以来七〇〇余年になるが、いまだかつて一人も犯罪人の出たことがない」。そうであれば、規則違反者に関する案件が集会に持ち込まれることもなかったであろう。

玄奘や義浄が滞在した頃のナーランダ僧院は大乗仏教の本拠であったから、そこでの主たる教学内容が大乗仏教に関するものであったことは言うまでもない。しかし、玄奘も述べているように、同時に上座仏教やバラモン教やヴェーダ、それに論理学や数学や薬学など種々の世俗の知識も探求され学ばれていた。知識の教授形態・教授方法については玄奘も義浄もあまり言及していないので詳しくは分からないが、講義や討論や個別指導が重視されていたであろうと推察される。

探求された知識

ナーランダで探求された知識の内容について興味深い問題は、そこで数学や科学はどの程度学ばれ教えられたのか、それはどれほどの水準のものであったかという点である。というのも、ほぼ同時期のインドでゼロの概念や負数の重要性が検討されており、そこからイスラーム世界や中国へ伝わったとされるからである。ナーランダに限らず、僧院での知識の探求がインドの数学や科学の発展にどう関わったかは解明されるべき課題であろう。このことに関連して、ノーベル経済学賞を受賞したインド人アマルティア・セン（Amartya Sen）教授のあるコメントは注目に値する。セン教授はかつての「学問の府」ナーランダの故地に、その歴史的遺産をふまえて「国際大学院大学」を創設するプロジェクトに関わってきた。その構想に言及する中で彼は、玄奘や義浄に依拠しつつ、ナーランダ僧院において医学や建築や天文学なども探求されていたこと、天文観察を行うための天文台もあったことを指摘した後、次のように述べたのである。「悟りを開くこと、覚者となることを教説の中心に置く仏教哲学の性格からして、多くの多様な分野の知識を探求する仏教の知的伝統には、本来的に認識上ならびに倫理上の好奇心がある」と。唯一絶対神を頂かない仏教にあっては、分析的・科学的知識を含め、寛容で自由な知的探求を促進する要因があるという示唆であろう。

探求された知識を保存・伝達する上で書物、図書館が果たす役割の重要性については第一章でもみてきた。古代インドでは五世紀までには口承文化から筆記文化への移行が進展していた。紙がいつインドに伝わり広く使われるようになったかは定かではないが（イスラーム世界には七五一年のタラス河畔の戦いを契機に伝わった）、それまで、筆記用具として用いられたのはシュロの葉やキナなどの樹皮であった。九階建てのそれを含む三つの巨大な建物から成っていたというナーランダ僧院の経蔵ないし図書館に、どのような分野の知識がどのような形態でどれほどの量収蔵されていたのか。このことも明確ではない。しかし、R・K・バット（R.K. Bhatt）によれば、仏教経典は言うに及ばず文法、論理学、文学、占星術、天文学、医学を含む広範な分野の書物が数十万巻収蔵されていたという。それは質量ともに古代インド最大の図書館であった。

玄奘や義浄はそこで多くの貴重な経典等を筆写し、故国へ持ち帰ったのであった。彼らが筆写した媒体はもちろん紙であったと推察される。たとえば、義浄は海路を経由しての帰途、スマトラ島のシュリーヴィジャヤに七年間滞在し多くの経典を筆写するが、現地には墨や紙がなかったので中国本土から取り寄せたとされている。当時すでに、中国人仏教僧の間では紙は広く普及していたと考えられる。ちなみに、六四五年に玄奘が故国に帰還した時、彼は馬二二頭に積んだ五二〇夾六五七部の経典、舎利、仏像等を携えていた。また、その四〇年後に帰国した義浄は約四〇〇部五〇万頌に及ぶサンスクリット語の経典および舎利などを故国にもたらしたのであった。そして、これらのインド伝来の経典は大慈恩寺など長安の都に設けられた寺院において、それぞれ玄奘や義浄を中心とするチームにより、いわば一大国家事業として次々と漢訳されていく。一大翻訳運動であった。

ゆかりの学僧たち

仏教教学の中心地としてのナーランダ僧院の名声が拠って来る主要な要因はひとえに、そこで活動した優れた学僧にあった。彼らの学識と徳を慕ってインドのみならずアジア全域から多くの留学生が、多くの困難を乗り越えて聖地ナーランダに参集した。義浄によれば、玄奘以後の四〇年間に中国、モンゴル、朝鮮などから五六人の学徒が西域・インドを訪れたが、そのほとんどはナーランダに向かったという。また、三世紀より一一世紀の終わりまでに、約一八〇人の中国人学徒（求法僧）がナーランダなどの僧院を目指して旅立ったとか、五世紀前半のみでも約九〇人を数えたという指摘もある。ナーランダはまさに磁場としての「学問の府」であった。

玄奘は「学者にして才高く智博く、強識多能であり、かつ徳秀でた哲人ならば、光輝を放ち伝統を受け継ぐことになる」として、ナーランダで直接、間接に見聞きした個々の学僧についての印象を次のように書き記している（『大唐西域記』三、一六七―一六八頁）。

例えば護法や護月のような人は仏陀の遺教にりっぱな業績を挙げ、徳慧や堅慧のような人は名誉を当時に讃えられ、光友の清醇な論議や勝友の高雅な談論、さらに智月は見識明敏で戒賢は高徳寂静というように、このような上人たちは何れも衆人によく知悉されていて、その徳は諸先達よりも高く、その学は過去の著述に通達し、経典の論釈を著作することそれぞれ十数部で、みな世間に流通し一代に珍重されている人々である。

ここに挙げられた学僧のうち、戒賢（Silabhadra, 五二九—六四五年）は玄奘が師事し深く尊崇した人物で、『玄奘三蔵——大唐大慈恩寺三蔵法師伝』でも「唯戒賢法師のみは一切を窮覧し、徳秀で年老い衆の宗匠たり」と記されている。また、護法（Dharmapara, 五三〇—五六一年）は唯識派の大論師で、ナーランダ僧院の僧院長として戒賢の先任を務めた人物であった。その他、徳慧（Gunamati）、安慧（Sthiramati）などもナーランダに学んでいた。義浄も「ナーランダには著名な練達の学僧たちが雲集してあらゆる教義について議論しており、賢人たちの優れた見解に確証を得てさらにその名声を高めている」と玄奘の観察を追認している。

玄奘や義浄の時代以前にも、ナーランダには仏教の発展に偉大な貢献を為した多くの学僧たちがその足跡を残していた。『中論』において「空」の思想を体系化し、「大乗八宗の祖」として仰がれる龍樹（Nagarjuna, 一五〇—二五〇年頃）、インド論理学の祖の一人陳那（Dignaga, 四八〇頃—五四〇年）とその論理学の継承・大成者である法弥（Dharmakirti, 七世紀中葉）、真言密教を伝えた達磨掬多（Dharmaguputa）とその弟子善無畏（Subhakrasimha, 六三七—七三五年）などなど枚挙に暇ない。ナーランダ僧院が古代インドの「学問の府」・仏教学の聖地と呼ばれるゆえんである。

仏教僧院のネットワーク

ナーランダ僧院については玄奘や義浄の見聞記があり、また近年におけるナーランダ国際大学院大学設立のニュースもあって広く知られている。だが、言うまでもなく、当時、ナーランダ以外にも多くの仏教僧院がインド各地にあって「学問の府」の機能を担っていた。玄奘を厚遇したハルシャ＝ヴァルダナ王のヴァルダナ朝が崩壊した後、北インドではラージプート時代と呼ばれる混乱期が続き、仏教はヒンドゥー教の新展開に押されて衰亡への道を辿りつつあったが、東インドのマガダに興ったパーラ朝（七三〇―一〇三六年）の下で最後の繁栄をみせることとなった。初代のゴーパラ（Gopala, 七五〇頃―七七〇年頃）はじめパーラ朝の歴代の国王たちは仏教を信奉して僧院の建立に力を注ぎ、その普及に尽力した。第二代国王ダルマパーラ（Dharmapala）は五〇を超す仏教僧院を建立したとされるが、そうした一群の僧院の中で、多くの著名な学僧を集めてナーランダにも引けをとらないような名声を博したのはオダンタプラ（Odantapura）、ヴィクラマシーラ（Vikramashila）、ソマプラ（Somapura）、ジャガダラ（Jaggadala）であった。

ナーランダの近くに位置したオダンタプラは密教の拠点となり、そこで学んだ学僧を通じてチベットへの密教伝播を仲介した僧院として知られる。ヴィクラマシーラもまた、チベット仏教中興の祖となるアティーシャ（Atisa Dipamkara or Dipankara Sri Gnana, 九八〇―一〇五四年）が学んだ有力な僧院であった。一一世紀末に北ベンガル設立されたジャガダラの僧院も同様に密教の拠点となり、チベットへの布教の主要な仲介地となった。さらに、今日のバングラデシュに位置したソマプラの僧院（一九八五年に世界文化遺産登録）は、従来のインド亜大陸に見られたものとは異なる、中心部に中央寺院を配置する独自の建築様式を採用していることで知られるが、それはビルマ（ミャンマー）やカンボジアやジャワ島の仏教僧院の建築様式に踏襲されており、これらの地域への仏教の伝播がソマプラを経由していることの一証左となっている。

パーラ朝の下で繁栄したこれらの仏教僧院はいずれも、とくに密教を中心にした教学を発展させたこと、チベットへの布教の拠点となったことという点において共通点がみられる。だが、それにもまして興味深いのは、ナーランダを含めこれら五つの大仏教僧院（Mahavihara）が一種の「連合制」を採っていたという指摘である。S・ダット（S. Dutt）によれば、これらは国王の庇護・監督下に置かれた勅定の僧院で、一定の調整システムの下でネットワークを構成し、学僧たちは各僧院間を自由に行き来していたという。実際、たとえば、アティーシャはナーランダとオダンタプラで学んだ後ヴィクラマシーラに移ったのであったし、チベットに赴く前にはソマプラに長期滞在してチベット人の弟子ナグ・トショー（Nag-Tsho）とともに訳経作業に従事していた。ここでいう「連合制」はもちろん、現代イギリスのロンドン大学やウェールズ大学あるいはアメリカの州立大学で採用されている「連合制大学（federal university）」のそれとは異なるものである。しかし、一定の共通の目的のために相互に連携をはかるという点で、軌を一にするところがあるようにも考えられよう。

これらパーラ朝下の仏教僧院とは系譜を異にし、ずっと古くからスリランカに存在したアブハヤギリア（Abhayagiriya）の僧院も忘れてはならない。紀元前二世紀に設立され、四一二年には法顕が訪れ、また玄奘の『大唐西域記』にも言及があるそれは、三世紀には龍樹の弟子の一人アーリヤデーヴァ（Aryadeva）や、優れた学者にして詩人のアーリアスーラ（Aryasura）が活動した由緒ある僧院であった。八世紀には中国密教の祖師となる金剛智（Vajrabodhi, 六六九—七四一年、ナーランダ僧院出身）とその弟子の不空金剛（Amoghavajra, 七〇五—

七七四年、四大訳経家の一人）も足跡を残している。また、同じ頃、この僧院を経由して仏教がジャワ島に伝播したことも注目に値する。一般に、東南アジア各地に伝わったのは上座部仏教だと思われているが、ボロブドゥール遺跡に明らかなように、ジャワ島やスマトラ島に伝えられたのは大乗仏教であった。

その他、インド各地には古くから学都と呼ばれるような場所があった。三世紀から一一世紀にかけて繁栄し、玄奘がナーランダやタクシラやヴィクラマシーラなどと並ぶものと記した、インド東部オディシャ地方のプハギリ（Puphagiri）仏教僧院もその一つである。ここには九世紀に活躍したガンダーラ地方出身の般若三蔵（Prajna）が、一八年に及ぶ各地の僧院（ナーランダを含む）歴訪の後、唐に赴き訳経活動に従事する前に在住していた。ちなみに空海は長安で般若三蔵に師事し、サンスクリット語学習の手ほどきを受けたり、新訳経典を贈られたりしたと言われる。またインド南部に位置しパッラヴァ朝の都であったカーンチープラム（Kanchipuram）は古くからヒンドゥー教、ジャイナ教、仏教の学都・拠点として知られた。六四〇年には玄奘も訪れている。一世紀から五世紀にかけて栄えたその仏教僧院ゆかりの人物にはアーリヤデーヴァ、陳那（ディグナーガ、世親 Vasubandhu の弟子でインド論理学の祖の一人）、そしてパーリ語経典の注釈家として知られる仏音（Buddhaghosa）とダンマパーラ（Dhammapala）などがいる。なお一説によれば、禅宗の祖達磨はパッラヴァ朝の王子の出であったとされる。インド西部では、玄奘も訪れ六―七世紀にかけて徳慧（グナマティ、唯識派の学僧で後にナーランダ僧院に在住）や安慧（スティラマティ、一時期ナーランダに滞在）などを輩出したヴァラビー（Vallahabi）やヴァラナシ（Varanasi）が有名な学都であったとされるが、その実態は明らかではない。

アジア諸国との知の交流

中国からインドにやってきた仏教僧たちは両地域の文化交流の発展に大きな役割を果たした。彼らはインド各地を旅して仏教僧院や聖地を訪れ、著名な高僧がいる僧院には長期間滞在して学び仏典や仏具を収集した。こうして彼らは新たな仏教と経典を中国に持ち帰って伝えたわけだが、やがてそれは中国の文化のみならず朝鮮、日本を含む東アジア全域の文化に計り知れない影響を与えることとなった。東アジアだけではない。K・K・ベリ（Kailash K. Beri）が詳述しているように、仏教を中心としたインド文化の伝播と影響はさらに東南アジア地域にも及んだ。この地域における中国の影響が絶えざる軍事侵攻の脅威による、主に政治的なものであったとすれば、インドのそれは貿易、人口移動、平和的共存に由来するものであったといえよう。今日の近代国家ミャンマー、タイ、カンボジア、インドネシアなどはすべて「インド文化圏」を構成する地域だったのであり、インドから到来した仏教僧たちの影響を大きく受けていた。これらの地域は中国文化の影響を強く受けた、より東方に位置するベトナム、朝鮮、日本とは自ずと様相を異にした。東アジアにおける「学問の府」については第四章で検討するように、おおよその事情は明らかだが、古代・中世の東南アジア地域に、インドのそれをモデルにした「学問の府」がどのようなかたちで存在したのかどうか。このことについてはまだほとんど知られていない。ただし、扶南やチャンパー国やアンコール朝にはその存在を示唆する若干の手がかりが残されているし、また、スマトラ島シュリーヴィジャヤ王国への仏教の伝播・普及については義浄などの記録によってある程度窺い知ることができる。義浄は中国からインドへの旅の往復ともに、ボーガ（今日のパレンバン）に立ち寄って二年間滞在し、そこでの見聞として、たとえば、次のように記している。「ボーガには一〇〇〇人を超す仏僧がおり、学問と修行に専念している。彼らはインドにあるのと同じあらゆる学科を探究し学んでいる。」

中国を含むアジア諸国・諸地域とインドとの文化交流は、決してインドへと向かう一方通行的なものではなかった。このことは強調しておかねばならない。インド人たち自身、仏陀の教えを諸外国に伝えるのに熱心であった。伝承によれば、西暦六七年に迦葉摩騰（Kasyapa Matanga）と竺法蘭（Dharmaratna）の二人の仏教僧が白馬に乗り『四二章経』を携えて後漢の都洛陽を訪れたのが中国への仏教伝来の始まりだとされる。そして翌六八年に明帝が最初の仏教寺院白馬寺を建立したという。その真偽はともかく、実際、後漢の時代より安世高（西域パルティアの王族出身の訳経僧）は一四八年に洛陽に来訪し二〇年にわたって滞在、少し遅れて支婁迦讖（ガンダーラ出身の訳経僧でタクシラの僧院で学ぶ）は一五〇年頃洛陽に来訪していた。

仏教が社会一般に普及したのは四世紀後半からだとされるが、それは西域出身の渡来僧たちの活動によるところが大きかった。仏図澄（Fotudeng, 二三二頃―三四八年、亀慈国出身）は三一〇年に洛陽に到来してそこで布教に努め、訳経僧の竺法護（Dharmaraksa, 二三九―三一六年、月氏の出身）は敦煌、長安、洛陽など各地を遊歴しながら約四〇年間にわたって多数の経典を漢訳した。最初の三蔵法師にして後の玄奘とともに二大訳聖と呼ばれる鳩摩羅什（三四四―四一三年、一説に三五〇―四〇九年、亀慈国出身）は代表的な訳経僧で、長安でその活動を展開した。時の権力者から「国師」の称号を与えられ厚遇されたという。漢訳仏教経典は鳩摩羅什以前のものを古訳（その中心は竺法護によるもの）、鳩摩羅什から唐の玄奘三蔵までのものを旧訳、玄奘による訳経を新訳と呼ぶが、鳩摩羅什の訳経は旧訳の中心をなすものであった。

西域やインドからの仏教僧の中国来訪はその後も続いた。五世紀には南インドないしペルシア出身とされる達磨（Bodhidharma）が広州に渡海し、やがて洛陽郊外の嵩山少林寺において禅を伝えその祖師となった。仏図澄と同様、彼は訳経僧ではなく、面壁坐禅という修行の実践を通じて仏教の普及に努めた。学問仏教とはまた趣をことにする実践的色彩の濃い仏教として、禅宗は浄土宗とともに唐代後半以降大きな勢力となっていく。続いて真諦（Paramartha, 四九九―五六九年、西インドのウッジャイン出身）が、扶南に滞在中、梁の武帝に招かれて中国に赴き、動乱のさなか、広州の建康（今日の南京）はじめ蘇州や杭州の各地を流浪しながら訳経事業に従事した。真諦を中心とする、武帝の下で発足した二〇名以上から成る訳経チームは、困難な状況にあって『大乗起信論』はじめ多数の経典を漢訳したのであり、真諦は鳩摩羅什、玄奘、不空金剛（Amoghavajra, 七〇五―七七四年）とともに、四大訳経家と呼ばれている。

唐の時代、玄宗統治下の長安に赴いて訳経と布教に従事したのは善無畏（Subhakrasimha, 六三七―七三五年）である。摩迦陀国の王位を捨てて僧となり、ナーランダ僧院で達磨掬多に師事した善無畏は、達磨掬多の勧めで中国への布教に出立した。中国に到来したのは七一六年、齢すでに八〇歳であった。真言宗の祖となった彼の門下の系譜は一行禅師、恵果《けいか》そして空海へと続いていく。その後、政治情勢の混乱により、インドと中国との間の交流は一時途絶えたが、一〇世紀には再び復活した。九七三年、ナーランダ僧院の僧であった法天（Dharmadeva, ?―一〇一一年）は漉州の蒲津に赴き、そこで訳経に従事した。やがて彼は北宋（九六〇―一一二七年）の皇帝（太宗）によって首都開封に召喚され、その肝いりで設立された仏典翻訳局で訳経作業を継続した。

チベットへの仏教伝播もインドとの文化交流を通じてであった。ナーランダやヴィクラマシーラの僧院にはチベット人留学生も学んだが、一方、インド僧もチベットに赴いて布教に努めた。チベットを統一した吐蕃に初めて仏教が伝えられたのはソンツェン・ガンポ王（?―六四九年）治世下の七世紀前半のことであった。次いでティソン・デツェン王（位七四二―七九七年）の代に仏教は国教と定められ、インドからナーランダ僧院の長を務めたシャーンタラクシタ（Santaraksita, 寂護、七二五―七八八年）が招聘された（七六二年）。そして、オダンタプラの僧院をモデルにサムイェー（Samye）大寺院の建立にあたった。また、同じ頃パドマサンヴァ（Padmasambhava, 蓮華生）も招かれ、密教を伝えてチベット仏教の基礎を築いた。シャーンタラクシタとパドマサンヴァたちは協力してサンスクリット語経典のチベット語訳に取り組み、やがて膨大なチベット大蔵経を完成させることとなった。

その後、一時衰退していたチベット仏教を復興させ、その中興の祖となったのはアティーシャ（Atisa, 月蔵、九八二―一〇五四年）であった。ナーランダをはじめ各地の僧院で学び、後にヴィクラマシーラの僧院長になった彼は、スマトラ島のシュリーヴィジャヤ王国にも一三か月間滞在して法護にも師事していた。アティーシャは一〇四二年にチベットに赴き、以後死去するまでその地に留まって布教活動に従事した。サンスクリット語経典の発見と筆写、翻訳、著作の他、医療や科学についての著述も残した。

世俗学問への貢献

インド全域にわたって設立された仏教僧院のネットワークは、仏教の発展・普及に大きく寄与したが、仏教のみならず医学、数学、天文学など世俗の学問・知識の発展にも多大な貢献を行った。たとえば、上述のアティーシャの著作には医療や科学に関するものが含まれていたように、多くの僧院で世俗の学問・知識も同時に探求されていた。僧院生活において医療の知識が不可欠であることは言うまでもないが、古代インド医学は仏教僧院の誕生以前に、ヴェーダの伝統の中からすでに発達をとげていた。先述したように、いにしえの学都タクシラは何よりも医学の中心地として令名を馳せたのであった。

インドにおける医学の発達は古く、すでに紀元前六世紀頃から医学知識の体系化が始まっていた。「外科学の父」、「最初の整形外科医」と呼ばれるスシュルタ（Sushruta）がヴァラナシで活躍し、古代インド医学（アーユルヴェーダ）の書物『スシュルタ・サンヒター』（*The Sushruta Samhita*）の著述に取り組んでいたという。それは、その後多くの医者たちの手によって紀元後一世紀頃までに完成され、同じ頃にまとめられた『チャカラ・サンヒター』（*The Chakara Samhita*）、ならびにグプタ朝の時代（四―六世紀）に成った『バウアー写本』（*Bower Manuscript*）とともにアーユルヴェーダの三大古典医学書となる。ちなみに『スシュルタ・サンヒター』は八世紀にはイブン＝アルビサイビアル（Ibn Abillsaibial）によってアラビア語に翻訳され、イスラーム世界でも知られることとなった。さらに、アラビア語からラテン語への翻訳により、中世にはヨーロッパ世界にも伝えられた。こうしたアーユルヴェーダの知識は仏教思想の中にも取り入れられ、各地の仏教僧院において探求され実践されていたのである。チベット大蔵経（*The Tanjur*）の中にインド医学に関する二二の著作が含まれていることはその一つの証である。

インドでは数学も古くから発達を見た。紀元前八世紀頃に、バラモン教の司祭だったとされるバウダヤナ（Baudhayana）によって編纂された『スルバ・スートラ』（*Sulba Sutra*）は、ヴェーダの神々を祭る儀式について述べているのだが、その中で円周率や後にピタゴラスの定理として知られることになる原理への言及が見られるのである。祭壇の設計・建設の必要からだったとされている。同様に、紀元前三世紀にサンスクリット語の文法学者カチャヤラ（Katyayara）が作成した同名の『スルバ・スートラ』（*Sulba Sutra*）では、祭壇の建設に関わって長方形、正三角形、菱形の属性が論じられている。

だが、インド数学の本格的な発展は紀元後五世紀からの七〇〇年間にわたって見られた。そのパイオニアはおそらくアーリヤバータ（Aryabhata, 四七六―五五〇年）であった。四九九年頃に書かれたその数学、天文学に関する著作『アーリヤバティーヤ』（*Arayabhatiya*）は円周率、三角関数、地動説に立つ宇宙モデルなどについて述べており、その後の研究の基礎となった。同書は八二〇年にアル＝フワーリズミーによってアラビア語に翻訳され（『インドの数字計算について』）、アラビア人学者たちにも大きな影響を与えた。アーリヤバータはパータリプトラで学び、またその近くに位置したナーランダ僧院にゆかりがあったという伝承もあるが、確証は得られていない。アーリヤバータとほぼ同時代の数学者にはヤティヴルサーバ（Yativrsabha）とヴァラニヒラ（Varanihira）がいた。前者は無限という概念を最初に推論したとされる。また、後者はアーリヤバータの著作を改訂したほか、*The Treatise on the five astronomical cannons*（五七五年）を著して初期インド数学の体系化をはかった。

古代インド数学の発展は、一時期ウッジャインの天文台長を務めたブラーマグプタ（Brahmagupta, 五九八―六七〇年）においてその頂点に達した。彼は総合的な数理天文書である主著『ブラーマ・スプタ・シッダーンタ』（*The Brahmasphutasiddantha*）の中でさまざまなテーマを取り扱ったが、とくにゼロの概念を計算に用いる方法を初めて見出して、後世に計り知れない影響を及ぼした。八世紀にアル＝ファザーリ（al Fazari）とヤークブ・イブン・タリクによってアラビア語に翻訳された同書（『シンディンド』*The Sindhind* として知られる）はおそらく最初に、ゼロの概念をアラブ世界に伝えるものであった。ブラーマグプタ以後もバースカラ一世（Bahskara I, 六〇〇頃―六八〇年頃）など一群の優れた数学者・天文学者が輩出し、インド亜大陸は続く四世紀間にわたってこの分野の知識の最前線となった。彼らの著作の一部はアラビア語に翻訳され、さらにはアラビア語からラテン語への翻訳を通じて中世ヨーロッパ世界にも伝えられた。

　このように、インドのバラモン教や仏教の僧院で探求された知識は、必ずしも宗教に限定されたものではなく、医学や数学や天文学など幅広い世俗学問をも包含していた。ただし、上記で取り上げた個々の人物の生涯や経歴、活動した場所や施設などについての詳細はまだ明らかにされてはいない。

仏教の衰退と新時代の始まり

　玄奘がインドを訪れたのはハルシャ＝ヴァルダナ王（Harsha Vardhana, 位六〇六—六四七年）の治世下であった。王の下、ヴァルダナ朝は短期間ではあったが、人々は平和と繁栄の日々を享受した。王はヒンドゥー教、仏教両者の熱心な信奉者であり、自らもサンスクリット語の戯曲や詩を書く学問・文芸の保護者であった。玄奘の後に義浄がインドを旅した時、仏教はなおパーラ朝（八—一二世紀）の下で一定の繁栄を保っていた。だが、それがインドにおける仏教の最後の輝きであった。仏教は統治階級と民衆双方からの支援を徐々に失って衰亡の一途を辿っていき、代わってヒンドゥー教やジャイナ教が次第に復活し勢力を伸ばしていった。仏教衰退の理由として、僧院中心の宗教であったため民衆から離れたこと、支援者であった商工業階級が没落したこと、王侯貴族たちがヒンドゥー教に傾斜していったこと、などが挙げられている。

　そして、その動きにとどめを刺したのがイスラーム軍の侵攻による仏教僧院の破壊であった。一一九三年、バキティタール・キジ（Bakhtitar Khiji）率いるトルコのイスラーム軍はナーランダ僧院を攻撃した。僧院は壊滅的打撃を受け、その図書館所蔵の文書は数か月間燃え続けたという。その四二年後の一二三五年にチベットの訳経僧チャン・ロツワ（Chang Lotswa）が僧院を訪れた時、それは破壊され略奪されてはいたが、なお少数の僧がいて機能していた。以後、かつて大乗仏教のインド最大の拠点として令名を馳せたナーランダの僧院は、一八六一年にイギリスの考古学者アレクサンダー・カニンガム卿によって再発見されるまで、人々の記憶から忘れ去られ歴史の闇に埋もれていった。

ナーランダ僧院の衰退・破壊は、古代インドの仏教と学術の歴史において一時代の終わりを画する象徴的な出来事であった。だが、それは同時に、インドの学術が旅する学徒たちによって西方イスラーム世界へ伝えられる新時代の幕開けでもあった。インドと中国との間の豊かな文化交流については、上述したようによく知られている。しかしながら、インドと西方イスラーム世界との間の交流に関してはあまり知られてはいない。この問題は本書の重要テーマの一つであり、後の章で詳しく論じることになるが、ここで少し言及しておこう。

かつて玄奘が訪れて「種々の神を祀るが、〔仏法僧〕の三宝をも信仰している」とした都市ガズナ（Ghazni, 今日のアフガニスタン領）は、七世紀のイスラーム軍による征圧以降、パンジャブ地方を経て北インドに侵攻する軍事拠点となった。ガズナはカーブルとカンダハルを結ぶ幹線上の要地で、いくつものイスラーム軍をはじめ、多くの旅人や商人や学徒たちがそこを経由して北インドへ向かった。彼らの中にはその社会と文化に魅かれ、強い好奇心を抱く人々も少なくなかった。学徒たちがとくに関心を抱いたのは数学と天文学である。それらのインドの学問・知識を理解し、西方イスラーム世界へ伝達する上でとりわけ大きな貢献を為した人物として、アル＝マスウーディー（al-Masudi, 八九六—九五〇年）とアル＝ビールーニー（al-Biruni, 九七三—一〇四八年）の二人が挙げられよう。

バグダードに生まれカイロで没したアル＝マスウーディーは「アラブのヘロドトゥス」として知られる歴史

家・地理学者で、生涯を通じ世界各地を旅して回った。インド方面ではインダス川流域や西海岸を踏破して情報を収集し見聞を広めた。九四七年に出版されたその成果『黄金の牧場と宝石の鉱山』は百科全書的な世界史といった性格の大著で、インドを含む世界各地の諸事情についてイスラーム世界の人々に知らせる貴重な情報源となった。彼は「アラブの哲学者」の敬称をもつアル＝キンディー（al-Kindi）やペルシアの哲学者・科学者アル＝ラーズィー（al-Razi）やアル＝ファーラービー（al-Farabi, アリストテレス研究で有名）の著作に親しみ、それらを通じてギリシア哲学にも精通していた。また、詩人にして言語学者のイブン＝ドゥライド（Ibn Duraid）やニフタヴァヤー（Niftawayh）など同時代の著名な知識人たちとの交流を楽しんだ博識家であった。

サーマーン朝下ホラズム出身のアル＝ビールーニーもまた博識家で、中世イスラーム世界を代表する知識人であった。彼はトルコ語、ペルシア語、サンスクリット語、ヘブライ語、シリア語、アラビア語に堪能で、その知識は広く天文学、数学、物理学、医学、鉱物学、歴史学に及んだ。イブン＝シーナー（Ibn Sina, 九八〇―一〇三七年、ラテン名アヴィケンナ Avicenna）とも交流があった。インドに関する彼の知識はガズナ朝の宮廷に占星術師として仕え、スルタンであるマフムード（Mahmud）のインド遠征にたびたび随行したことによって得られた。数年間にわたる滞在中に彼は『ヴェーダ』、『バガヴァッド・ギーター』、ウパニシャッド哲学そして龍樹やアーリヤバータの著作などから学んだ。そして、そこで得た情報や現地での見聞を基にインドの諸事情に関する多くの著作や翻訳を行った。アラビア語で書かれ一〇三〇年に出版された百科全書的な大著『インド誌』は彼の主著である。その功績ゆえにアル＝ビールーニーは「インド学の祖」、「最初の人類学者」と呼ばれている。

古代ギリシアやメソポタミアでの知識・学問の発展についてほとんど知らなかったけれども、インドはきわめて早い時代から高度な知識を探求し独自の文化を発展させた。その元の原動力は宗教に由来するものであったが、同時に、宇宙や自然界や人体の健康についての知的好奇心は必然的に世俗的知識の探求へも向かった。インドでの学問の発展に仏教が中心的な役割を果たしたことは疑いない。各地に設けられた仏教僧院に在住する数多くの僧が、知識探求の主要な担い手であった。その結果、いくつかの大きな仏教僧院はインドにおける「学問の府」の原型となった。また、インド亜大陸を越えて仏教を伝えようとする動きの中で、世俗的知識も各地に伝播していった。

さらに、イスラーム軍の侵攻によるインドとイスラーム世界との接触・交流は、征服や支配の一方で豊かな知的受粉作用をもたらすこととともなった。インドは確かに、中国・東南アジアとイスラーム世界を結ぶ知識の十字路にあった。だが、インドとイスラームとの接触・交流は皮肉な結果も将来した。インドにおける知識探求の拠点であった多くの仏教僧院は、仏教の衰退とヒンドゥー教やジャイナ教の復活・台頭とともにかつての繁栄の輝きを喪失し廃墟となっていったのである。ナーランダ僧院が辿った運命はその象徴である。それはイスラーム軍による破壊の後一八六一年に再発見されるまで長く忘れ去られたままとなった。以後、広大なその遺跡の発掘作業と考古学的調査が続けられており、その結果やがて、より明確な全体像が浮き彫りにされることが期待されている。また二〇〇六年以来、この由緒ある「学問の府」の跡地近郊に国際大学院大学を創設する国際共同プロジェクトが進められていたが、二〇一〇年にナーランダ大学（the University of Nalanda）が発足したことも記憶に新しい。人類の知識探求の歴史における、ナーランダをはじめとする古代インドの仏教僧院の意義はあらためて検討すべき重要な課題であろう。

第3章　黄河に沿って
——古代中国の「学問の府」——

周王朝の社会と文化

中国文明はもともと、黄河に沿った肥沃な平原に興り発展していった。黄河は、数千キロ西方のティグリス・ユーフラテス川がメソポタミア文明にとってそうであったのと同様、東方に興った黄河文明の揺りかごであった。中国は満州、内モンゴル、ティベット、華南の亜熱帯地方を含む、ユーラシア大陸の広大な東方地域へと拡大・発展していった。この広大な地理上の拡がりは、中国が最初から、多くの少数民族が入り混じった社会であったことを意味した。それはまた中国の長い歴史を通じて、困難な政治的統一という課題を生んだ。にもかかわらず、その自然の障壁（果てしなく拡がる草原、峩々たる山脈、広大な砂漠、海）は、中国が何世紀にもわたって他の文明からほとんど完全に隔離されていたことも意味した。それは中国文明の偉大な独創性を物語る一つの要因でもある。と同時に、大河が造り出した多くの渓谷は他のどの文明よりも、広大な地域への同一文化の普及を促進し、単一言語による統治を可能にした。それゆえに、西部や南部の国境地帯の一部で用いられた西夏文字や、モンゴルの契丹文字と女真文字などはあったけれども、やがて漢文（literary Chinese）が広く普及してその共有化が進み、外交上ならびに学問上の国際共通言語（lingua franca）となっていった。朝鮮、日本、ベトナムを含む東アジア文化圏を通じて統治階級や知識人階層に用いられることになるのはこの漢文であった。

紀元前二〇七〇年頃から前一〇四六年にかけて存在した夏や殷の王朝が高度な文化を発展させたこと、そしてこの時代に最初の漢字の書体が生み出されたことは考古学上の発掘が明らかにしているところである。発掘によって数多くの青銅器、陶器、玉器そして亀の甲（腹甲）や牛の肩胛骨などに刻まれた文字（甲骨文字）が発見されており、それらは考古学者や歴史家たちが中国古代の発達した都市文明の像を描くことを可能にした。歴史家の中には、当時すでに何らかのかたちの「学問の府」が存在したと主張する者もいるが、その根拠は十分とはいえない。殷王朝の占い師たちが火星や彗星の観察を行っていたことを示唆する碑文もいくつかある。ただし、これまた十分な根拠に基づくものではない。

確実な史料によってその存在を確認しうる「学問の府」は周（前一〇四六頃―前二五六年）とりわけ東周（前七七〇―前二五六年）時代の後半に登場する。出土した青銅器金文にはその存在に言及した文言があり、また、『礼記』王制には「天子命之教然後為學。小學在公宮南之左、大學在郊。天子曰辟雍、諸侯曰頖宮」とあって、辟雍《へきよう》が天子の命によって設けられた学校であることが知られる。前漢時代に編まれた『大載記・礼象篇』にも西周時代の学府に関わって「辟雍は中にあり、その南を成均、北を上痒、東を東序、西を瞽宗となす」と記されている。後代の学者たちも、「辟雍とは水を周りにめぐらした土地の中央にあった学校」であり、その東西南北に設けられた四つの学校を含めた五学（太学）のうちの最高学府だとしている。ちなみに辟雍という名称は四方に水を雍《たくわ》え、全体の形が辟《かべ》のようであることに由来するという。

周知のように、周王朝はほぼ八〇〇年間にわたって存続した、中国の悠久の歴史を通じての最長の王朝で、西周と東周の二つの時期に分けられる。殷王朝を滅ぼした周は渭水盆地の鎬京（現在の西安付近）に都をおき、各地に割拠する諸邑（集落から発展した城郭都市）の盟主として華北一帯に君臨したが、前七七〇年、犬戎（ティベット系の異民族だとされる）に鎬京を攻略されて都を東方の洛邑（現在の洛陽）に移した（周の東遷）。以後の周が東周であり、それまでの周は西周と呼ばれる。東周の時代には周王の権威が次第に弱まり、代わって有力諸侯が台頭してその勢力を競い合うこととなった。春秋時代（前七七〇―前四〇三年）と戦国時代（前四〇三―前二二一年）の二つの時期に分けられる（あわせて春秋戦国時代）東周の時代は、尊王攘夷（周王室を尊び、侵入する異民族を打ち払う）のスローガンや下克上の風潮の下に春秋の五覇や戦国の七雄が抗争に明け暮れる戦乱の世であった。

周は統治システムとして封建制を採用した。それは周王の一族や功臣たちに封土（領地）を与えて統治させるというものであった。これら周王の臣下は諸侯と呼ばれ、世襲を認められて封土の統治にあたった。諸侯は封土と爵位を授けられた見返りに、周王に対して臣従と貢納と軍役の義務を負うというのがその構造であった。また、王や諸侯の下には卿・太夫・士といった世襲の家臣たちがいて、それぞれ王や諸侯との間に同様の封建的主従関係を結んだ。

中国では殷王朝以来、宇宙は神である帝の意志によって統べられていると考えられ、神意を占い、それにしたがう政治が行われた。祭政一致の神権政治である。周の時代になると、政治は天命を受けた有徳の天子が行うべきものとされ、天子は天命と地上世界（人間社会）との間の媒介者として位置づけられた。血縁を政治支配の原理とし、姓を同じくする父系の親族集団（宗族）のまとまりと秩序を重視した周の社会では、宗族内の人間関係は宗法によって細かく規定されていたが、この宗法に基づき個々の人間が守るべき道徳的規範として掲げられたのが礼であった。宗法と礼は周（西周）の封建制を支える二大支柱として、礼政一致と呼ばれるその政治体制を支えた。

礼は諸侯や卿・太夫・士などとくに統治にあたる人士が身につけるべきもので、礼を基礎としてさらに学ぶべき具体的な知識・技能は六芸として体系化された。上述の辟雍で教えられ学ばれたのもこの六芸であった。すなわち礼（礼儀作法）、楽（音楽）、射（弓矢の技術）、御（馬車を御する技術）、書（書道・文学）、数（計算法・数学）である。宮廷の官吏になるためには六芸を体得しておくことが不可欠の要件として求められていた。辟雍のあり様の詳細についてはまだほとんど明らかになっていない。西周の時代の都鎬京に、天子が設けた辟雍という名の最高学府があって、そこでは六芸が教授・学習されていた、という以上のことは今後の研究に俟つほかない。

諸子百家の出現

春秋戦国時代が下るにつれて、周王と世襲諸侯との血縁関係が希薄化し、土地の私有化とともに諸侯が自立化する傾向がますます顕著となっていった。周王の権威は名のみとなり、割拠する各国は弱肉強食の抗争を繰り返した。その過程で戦国の七雄と呼ばれる斉、楚、秦、燕、韓、魏、趙の七国が勝ち残ったが、さらなる生き残り合戦の結果、最後に中国を統一したのは秦であった。この時代は戦乱が打ち続き、夥しい血が流されたが、その一方で、牛耕や鉄製農具の使用により農業生産力が飛躍的に進歩した一面もあった。製塩や製鉄などの商工業も発達し、青銅の貨幣が使用されるようになって、斉の都臨淄に代表される豊かな都市生活が現出した。混乱の時代には有能な人材への需要が高まる。封建体制化での世襲身分が崩れ、氏族的統制がゆるんで社会的秩序が乱れる中、実力主義による人材登用が広く行われるようになっていった。

こうした状況の下で、現状を憂え社会の新たな統一原理を模索する一群の思想家たちが出現した。いわゆる諸子百家である。すでに文字の使用は広く普及・拡大しており、自らが標榜する思想を口頭と文書（木簡や竹簡に記録された）によって主張しつつ、彼らは競って各国の王侯たちにその採用を訴えていった。それぞれの思想家の周りにはその主張を信奉する仲間や弟子たちが集まり、自ずと学派が形成されていく。彼らは特定の場所に留まることなく一団となって、庇護者と地位を求め国から国へと各地を遊説・遍歴していった。いわば旅する学徒集団であり、移動する私的学塾（私塾）であった。彼らの多くはおそらく、混乱の中で職や地位を失った統治階級の若き知識人であったと思われる。

春秋戦国時代に一挙に現れた綺羅星のような優れた思想家や学者の一群は、まさに百家争鳴のとおり論戦を展開した。彼らの思想の中には、中国の伝統的思想として今日まで各方面に多大な影響を及ぼすことになる孔子や孟子や荀子の儒家、老子や荘子の道家、商鞅や韓非や李斯の法家などがあり、また、後世への影響はそれほどでもないが当時は有力であった陰陽家、墨家、名家、兵家、農家などもあった。これらの中で歴史的に最も重要な役割を果たし広く知られる思想は、言うまでもなく儒家であった。

孔子と儒家の思想

儒家の始祖、孔子（前五五一―前四七九年）は前五五一年、魯の国の曲阜（山東省）に身分のそれほど高くない軍人・官吏の家の次男として生まれた。インドの釈迦やペルシアのゾロアスターや初期ギリシアの哲学者たちとほぼ同時代の人である。幼少時に苦学して礼学を修め、成人してからは洛陽にも遊学したという。各地で師に就いたり学校のような場に学んだりしたとも言われるが、基本的には独学であった。魯に仕官して官吏としての生活を送った後、紀元前四九七年に官を辞して、すでに入門していた弟子たちとともに諸国巡遊の旅に出、以後一三年間、各地を転々とした。魯に帰国して弟子の育成と文筆の生活に専念するのは六九歳の時のことであった。

孔子の基本的関心・問題意識は当時の混乱した社会を立て直し、礼制が良く保たれた周公（周公丹）の治世を模範として、そこに回帰することを理想とした。そのための方法・手段として孔子は、天命を尊びつつも、人と人との間に自然に備わる道徳的心情としての仁（人間愛）と、人間関係や社会秩序の基礎となる礼（規範）を強調し、それらを実践することによる人格の完成と天下泰平の世の実現を期待した。彼はまた、有徳の天子や諸侯による政治（徳治主義）を説いて、政治と倫理・道徳を関連づけた。そのことは「君子は義に喩り、小人は利に喩る。」、「政を為すに徳を以ってすれば、譬えば北辰の其の所に居て、衆星の之に共うが如し。」、「君君たり、臣臣たり、父父たり、子子たり。」などの孔子の言葉によく示されている。

孔子の周りに集まった弟子・門下生は約三千人を数えたという。その中で六芸に通じた優秀な者は「七十子」、徳行、言語（弁舌の才）、政事、文学（学問の才）のいずれかにおいてとくに優秀な者は「孔門十哲」（顔回、仲弓、子貢、子路、子夏など）と称された。孔子の死後、中心となってその言行を記録する作業に従事したのは彼らであった。そうして編集された『論語』は漢の時代に最終的なかたちでまとめられた。孔子とその一門は伝説の聖人である堯、舜を尊崇し、その古の時代の治世を理想として、彼らの言行や治世の出来事を書物に編纂する事業にも取り組んだ。後に儒家の基本書とされるにいたる『易経』、『書経』、『詩経』、『礼記』、『春秋』（孔子自身による編纂ともいう）の五経がこうして成立した。ずっと後の宋の時代のことだが、朱子は『礼記』から『大学』と『中庸』を独立させ、『論語』、『孟子』と合わせて四書とする。これら四書は五経に先立って読むべき儒学の入門書と位置づけられ、四書五経として以後、儒学の最重要テクストとなっていく。

斉の稷下学宮

孔子と儒家などの諸子百家は自ずと学派を形成した。それは教育機能を併せ持つ、移動する私塾のようなものでもあった。その一方で、戦国時代の斉の国では、歴代の国王の庇護と支援の下、一定の制度的基盤を有する「学問の府」が設けられていた。稷下学宮である。稷下学宮《しょっかがっきゅう》は紀元前三一八年頃、斉の宣王の治世下に誕生したとされるが、それ以前の威王（位前三五六—前三二〇年）や桓公の時代からすでに何らかのかたちで存在していたともいう。斉の国の首都臨淄《りんし》にあった一三の城門の一つ「稷門の付近に設けられた学問の府」を意味する稷下学宮は、その設置形態、財政基盤、そこに集まった学者たちの顔ぶれ、果たした機能などの点において注目すべきものであり、以下、具体的にみていくことにしよう。

戦国時代、戦国の七雄の一つとして強勢を誇った斉の都臨淄は、当時、世界でも有数の大都市の一つとして繁栄を享受した。一五平方キロに及ぶ都城（市域）は周囲一四キロ（二一キロとの説もある）の城壁によって守られ、司馬遷の『史記』によれば、最盛時の前四—三世紀には七万世帯、二一万人を超す成人男性が居住していたという。

優れた学者や賢人に「上大夫」の名称を与え称揚する慣行は、すでに桓公（位前三七四—前三五七年）の治世に始まっていた。その後を継いだ威王は、積極的な人材の登用を勧める淳于髠や宰相鄒忌の献策を入れてこの慣行をさらに発展させ、広く全土から優秀な学者を臨淄に呼び寄せて顕彰に努めた。こうした先例を承けて、その制度化をさらに推し進めたのは威王の後継者宣王（位前三一九—前三〇一年）であった。宣王は前三一八年頃、稷門の付近に学者用の邸宅を建設し、集まった諸子百家の人士に称号と地位を与えてそこに住まわせた。彼らは「稷門の学士」と呼ばれ、そこで自由に自らが信奉する思想を主張し、かつまた他者と論争することを旨とした。稷下学宮の始まりであった。

彼らの思想や献策が時に王や宰相によって取り上げられることはあったけれども、彼らの立場は基本的に学者・顧問のそれであり、政治や日常の行政事務に直接関与することからは免除されていた。諮問に応えて助言をしたり、宮廷儀式に参列したりする他は、知の探求（論争や著述活動など）や弟子の育成に従事すること。これが「稷門の学士」の職務であった。その職務の見返りとして彼らには、通りと門付きの広壮な邸宅と高給があてがわれた。まさに厚遇といってよい。稷下の学士について『史記』は次のように記している（司馬遷著、小竹文夫・小竹武夫訳『史記』四、世家下、ちくま学芸文庫、一九九五年、六五頁）。いわく、

宣王は文学・遊説の士を喜んだ。騶衍・淳于髠・田駢・接予・慎倒・環淵などの人たちはじめ、七六人のものに、みな並んだ邸宅を賜い、上大夫とした。彼らは政治にあずからないで、議論を事とした。ここで斉の稷下…（中略）…の学士はまた盛大となり、その数は数百千に達するほどであった。

稷下学宮には鄒衍《すうえん》（前三〇五—前二四〇年）や淳于髠《じゅんうぜん》などをはじめ錚々たる諸子七六人が上大夫に任ぜられ、その盛名がさらに拡がりつつある様子が見てとれる。

この稷門の学士という魅力ある地位を得るために必要なのは、思想家・学者としての能力とそれを売り込む才

覚であった。門閥などは問われず、まさに実力主義による競争であった。それぞれ弟子を引きつれた諸子は斉の宮廷に仕える高官に近づき、その縁故を通じて採用されるというのがその仕組みであったろう。弟子たちとともに稷下学宮の邸宅に移り住んだ諸子の下には、その名声を慕ってさらに多くの人士が参集した。かくして稷下学宮は紀元前四世紀後半から前三世紀における中国の知の拠点・「学問の府」となっていく。実際、稷下学宮に参集した思想家・学者は、それぞれ多様な思想を代表する綺羅星のような人材であった。道家の田駢や慎到、儒家の孟子（前三七二頃―前二八九年頃）や荀子（前二九八頃―前二三五年頃）、法家の李斯《りし》（?―前二一〇年、後に秦の宰相）、陰陽家の鄒衍、「白馬非馬論」で有名な兒説、兵家の孫臏等々はすべて稷門の学士であり、荀子と同様、淳于髡自身も学士たちの長のような立場にあった。このことから明らかなように、稷下学宮は相異なる多様な思想に開かれた、きわめて寛大な知の広場であった。当時にあって、何であれ特定の宗教や思想・イデオロギーへの忠誠が求められることはなく、一定の知的探求の自由がみられたことは特筆に値しよう。

なお、知的活動の拡がりという点に関してここで注目しておきたいのは鄒衍に代表される陰陽家である。諸子百家の多くがその主要な関心を人間や社会のあり方に向けたのに対して陰陽家は、人間生活との関係においてであったが、天体の運行や自然現象に着目して宇宙・万物のあり様を分析する陰陽五行説を説いた。古代中国の科学・技術については後にあらためてみていくが、イギリスの著名な中国科学史家J・ニーダム（J. Needham）は鄒衍を「中国のあらゆる科学思想の真の創設者」だとした。

以上、稷下学宮についてその概要をみてきたが、その施設や設備（図書館や講堂や食堂など）はどのようなものだったのか、そこでの学士たちの日常生活の様子はいかなるものだったのか、論争はどのように行われたのか。教育活動はどのように展開されたのか。また、稷下学宮が王によって設けられ維持されたいわば官立の学府であったとして、諮問機関・御用学問所であったのか、官吏養成機関であったのかどうか、その性格には曖昧な点が残る。近年、「稷下学宮は世界最初のシンクタンクか」というトピックをめぐって活発な議論が展開されているが、「アカデミー」、「シンクタンク」など稷下学宮をどう位置づけるべきかは、その活動の実態が明らかになって初めて可能になることであろう。

稷下学宮は泯王（位前三〇〇—前二八三年）の時代まで繁栄し存続した。しかし紀元前二八四年、燕・秦などの諸国連合軍の侵攻によって臨淄は陥落し、それとともに稷下学宮の学士たちの多くも逃亡を余儀なくされた。さらに、その後、台頭著しい秦の侵略を受けて斉は紀元前二二一年に滅亡し、稷下学宮はその終焉を迎えた。戦乱の打ち続く戦国時代の一時期、斉の都臨淄に一六〇年間にわたって存続した「学問の府」であった。

歴代の国王の厚い庇護と支援の下、それぞれ多様な思想を奉じる諸子百家が一堂に会して日夜、自由な環境の中で主張し論争しあう（百家争鳴）というのは、学者や「学問の府」のあり方の理想としてはきわめて魅力的である。そうした「学問の府」が二千数百年も前の中国に存在していたことは驚くべきことだといってよい。しかしながら、稷下学宮がその後の中国の教育や学問の歴史に大きな影響を及ぼすことはなかった。ただし、稷下学宮の場合の知の探求における自由と寛容は、国のより良い統治・行政を目的とした官による学問の振興という観点から現出したものであり、この点で稷下学宮は中国の学問・教育の顕著な特質となる官学の先駆であった、ということもできよう。それは学識豊かな学者・専門家を重視して地位や官職を与え、国の統治に与らせるという実用主義的な学問観と結びついていた。

ちなみに、稷下学宮の特徴的性格は、たとえば、初期のヨーロッパ中世大学が学徒の自主的組合・団体であったことと対比すればより明確になる。ハートネット（R.A.Hartnett）とボッシュ（Zhang Boshu）は近著（*The*

Jixia Academy and the Birth of Higher Learning in China）において、稷下学宮を古代ギリシアのアカデメイアと比較検討し興味深い考察を行っている。遠く隔たって相互に行き来がなく相手についての知識を持たない二つの異なる社会が、二千年以上も昔に、学問や知の探求に関して類似の道行きを辿ったという。両者の比較考察は今後さらに深められるべき課題であろう。

秦による中国統一と法家の思想

東周および東方の六国を次々に滅ぼして戦国時代に終止符を打ち、中国を統一したのは秦王の政であった。秦は孝公（位前三六一—前三三八年）の治世の時に都を咸陽に置き、法家の商鞅を重用して富国強兵をはかり、中央集権化を進めていた。その成果を摘み取ったのが若干一三歳の若き王、政であった。政は諸王の王として初めて「皇帝」（「煌々たる上帝」）の称号を採用し（秦の始皇帝、位前二二一—前二一〇年）、法家の李斯を宰相に登用して中央集権的統一政策を次々に実施していった。秦は、北はモンゴル高原の南、南はベトナム北部に及ぶ広大な領土を支配下におく大帝国を築き、以後の中国発展の基礎を固めた（その威名からシナ China という言葉が生まれた）。そのわずか一五年間の短い秦の時代に、道路の整備や運河の掘削などが行われて交通手段は大きく発展し、また治水工事の結果、農業の生産性も向上した。万里の長城の大修復もこの時代に着手されたものである。度量衡や文字の統一（小篆《しょうてん》）により、情報や思想の交流が大いに促進されたが、これは学問・教育の歴史にとって画期的な出来事であった。

しかしながら、秦の学術・高等教育政策は、自由、寛容、開放を旨とした斉のそれとはまったく対照的なものであった。始皇帝とその宰相李斯は統治の根幹を法家の思想においたのである。戦国時代に商鞅（？—前三三八年）や韓非（？—前二三三年）が説いた法家の思想は、法による強制をもって民衆を統制し社会秩序を維持しようとするもの（法治主義）で、厳格で妥協のない法の執行を是とした。法家による言論・思想の統制は当然ながら、他の諸子百家の無視・抑圧へと向かった。とくに厳しい弾圧の対象となったのは儒家と墨家であった。周の封建制復活をはかる儒家の動きへの対抗策として始皇帝はまず紀元前二一三年に挟書律の令を発して、医薬・占い・農業技術書以外の民間にあった書物をすべて焼かせた（焚書）。続いて翌年、皇帝を謗ったとして咸陽在住の儒者ら四百六十数人を捕らえて生き埋めにした（坑儒）。徹底した思想・イデオロギー統制であった（隋の時代の牛弘は、歴代王朝の時代に書物が被った災厄として五件挙げているが（「書の五厄」）、焚書をその筆頭としている。焚書はまた、政策上の観点から行われた唯一の災厄である）。

当時、儒家と並ぶ大勢力であった墨家も迫害を受けたが、その理由の一つとして、墨家の信奉者の中には傭兵を志願する優れた攻城技術者がいたことが指摘されている。墨家には科学・技術に長じた人材が少なくなかったことから、その衰退は後の中国の科学・技術の発展に打撃となったとも言われる。かくして秦の時代に、知的探求の自由や異なる思想への寛容の精神は損なわれ失われていった。

漢における儒学の国教化と五経博士の設置

二世皇帝胡亥の時に起こった陳勝・呉広の乱を契機に各地で反乱が勃発し、それら反乱勢力のなかから劉邦と項羽が勝ち残って秦を滅ぼした後、さらに両者の決戦を経て中国を統一し皇帝の位に就いたのは劉邦（前二四七

—前一九五年）であった。劉邦は高祖（位前二〇二—一九五年）として咸陽の近くに新都長安を建設し、秦に代わる新王朝漢を打ち立てた。以後約四〇〇年の長きにわたって続く漢王朝は、長安に都をおいた前漢（前二〇二—後八年）と洛陽を都とした後漢（後二三—二二〇年）の二つの時代に分けられるが、その支配期間の長さから漢は漢族、漢字など中国を表わす言葉として用いられるようになる（ちなみに漢の名称は長江の支流漢江に由来する）。

高祖は秦が施行した郡県制と古来の封建制を併用した郡国制を採用して国内の統一をはかり、民衆の生活の安定と社会秩序の維持に努めた。黄老思想の拡がりの下、秦の時代の急激な中央集権化と法治主義による厳しい政治に対する反省を踏まえて、漢初の時代には、文教の領域においても自由で寛容な施策が採られた。挟書律も紀元前一九一年に廃止されて、儒家のそれをはじめ周王朝時代の書物が復権した。思想家や学者が生き生きと活動し、豊かな知の探求が展開される時代が再び到来するかに見えた。しかし、状況は武帝（位前一四一—前八七年）の即位によって一変した。武帝は皇帝の権力を強化して中央集権体制を確立するとともに、度重なる外征を行って領土を拡大し、漢帝国の最盛期を現出させた。

武帝が国家の統治理念としたのは儒家の思想（儒学）であった。武帝は儒学の国教化をはかるという方針の下で古来の六芸を廃し、新たに「五経博士《ごきょうはかせ》」を設け「太学《たいがく》」を創設した。儒学の国教化は儒学者董仲舒《とうちゅうじょ》（前一七六頃—前一〇四年頃）の献策「天人三策」（前一四〇年）によるものであった。三策のうちの一つ「独尊儒術」（百家を罷黜《はいちゅつ》し、独り儒術のみを尊ぶ）は、礼と徳を重んじる儒学を国家の唯一の正統イデオロギーとし、その他の思想を排斥することを標榜していた。この献策を受けて武帝は四年後の紀元前一三六年に初めて「五経博士」を設け、彼ら七人（その主席者は僕射と呼ばれた。後に祭酒）を太常（九卿の一人で礼儀・祭祀を司る官職）の管轄下に置いた。各「五経博士」は、儒学の基本書である『易経』、『書経』、『詩経』、『礼記』、『春秋』の五つの経書のうちの一書

（注釈書を含む）を専門に担当することとされた。彼らの講義・注釈などを通して、儒学の普及・浸透と優秀で忠良（賢良）な官吏の養成を企図したのである。五経博士の人数は後に一四人、一五人となるなど時代によって変動した。

「博士」それ自体は「師吏」（吏を以って師となす）制度とともに、秦の時代にすでに設けられていたという。すなわち、『漢書』の百官表に「博士は秦朝の官職で古今の史実に通暁することを職務とする。禄高は六百石で、人員は多く数十人に達していた」とあり、その存在が認められるのである。漢の五経博士はそれらの先例を踏まえ、国教となった儒教の分野に新たに設けたものといえよう。秦と漢の場合のいずれにせよ、博士は官職であった。

太学の創設

これも董仲舒による献策である「太学」の創設は、紀元前一二四年になってようやく武帝の容れるところとなり、丞相の公孫弘や太常の孔臧らにより具体的設置計画が検討された結果、実現をみるに至った。太学の学生である博士弟子の人数は五〇人と定められ、都長安には講堂や宿舎など立派な建物や施設が整備された。学生はすべて太学内の宿舎に居住することとされ、妻帯者用の宿舎もあったという。また、「市あり獄あり」との記録もあるように、太学には市場や学生牢（かつて一部のドイツの大学にもあった）や射弓場も設けられていた。太学は後漢の都洛陽にも設立された。

太学で教えられ学ばれたのは五経をはじめとする儒学の経書であった。上述したように、五経博士はそれぞれ、経書のうちの一書を専門として担当した。前漢の時代、五経博士が一五人いたとされる時期に取り上げられた一五の経書は『魯詩』、『斉詩』、『韓詩』、『欧陽書』、『大夏侯書』、『小夏侯書』、『大載礼』、『小載礼』、『施氏易』、『孟氏易』、『梁丘氏易』、『京氏易』、『厳氏公羊』、『顔氏公羊』、『穀梁春秋』であった。学生はこれらの中から選択して学んだのであるが、『論語』と『孝経』は全員に必修であった。教授・学習の方法は主に暗誦・暗記とそれに基づく注釈（解釈）によった。とくに定められた修学年限はなく、学生は年に一、二回実施される試験（筆記と口述の二種類あった）に合格すれば太学を後にして官吏への道を進んだ。学位・資格の類は太学では授与されなかった。授業や試験の実態など不明な点は多々あるが、太学が皇帝によって設立され維持された漢王朝の最高学府で、儒学の教授・学習を中心とした官吏養成機関であったことは確かであろう。

図３.１　国子監の大成門と孔子像（北京）

撮影）著者

なお、最高学府という言

図3.2　国子監の壁雍（北京）

撮影）著者

葉は他の教育機関の存在を前提にしているが、漢代（前漢）には学校制度の整備が見られたことを付言しておきたい。学校は官学と私学（私塾）の二種類があり、また官学には中央直轄のものと地方管轄のものがあった。中央直轄の官学としては太学の他に「鴻都門学」（芸術分野）と「四姓小侯学」（皇族を対象）の二校が設けられていた。一方、地方管轄の学校には「郡国学」、「校」、「庠」、「序」があった。このうち高等教育レベルのものは「郡国学」である。私学については「書館」と「経師の講学」があり、後者が上級レベルのものであった。

漢代に整備された太学を最高学府とする教育制度は、その後の各王朝においても基本的に受け継がれていく。魏・蜀・呉が割拠する三国時代を経て再び全国を統一した晋には太学に相当する「国子学」が設けられ、魏晋南北朝後の隋でも中央直轄の官学が教育制度の頂点に位置づけられた。「国子寺」、「国子学」、「太学」、「国子学」とその名称はたびたび変わったが、それは唐代になって「国子監」として落ち着いた。その過程で「国子学」や「国子監」には中央教育行政機関としての機能も加わった。これらの学府は、名称は異なれ、各王朝における皇帝直轄の、儒学を中心とした賢良なるエリート官吏（士大夫）の養成機関だという点で共通の性格を有しており、それは紆余曲折を経ながらその後もずっと清末まで続く。漢代に創設された太学はその嚆矢となるものであった。巨大国家・帝国となった漢は、儒学と官僚制を支柱として広大な領土を統治するが、太学はその支柱の具体的な制度的顕現であった。

他文化圏との知的交流

漢の時代における積極的な対外政策・軍事侵攻は、それに付随する交易の発展とともに、異民族・異文化との接触・交流の拡がりをもたらし、それはやがて中国に新たな知的状況を生むことになった。とりわけ、西域やインドからの仏教流入の影響は大きかった。

中国の西域への進出は、紀元前一三九年頃に前漢の武帝が張騫を大月氏に派遣したことに始まる。匈奴を挟撃しようとしての企てであった。その目的は達成されなかったが、以後、西域とその西方世界への関心が高まり、使者の派遣や軍事遠征がたびたび行われることとなった。前五九年には亀茲に西域都護府が置かれた。西域経営には後漢も力を注ぎ、西域都護に任命した班超の活躍により、カスピ海以東の五十余りのオアシス都市国家を服属させた。こうした状況の中で、長安とアンティオキアを結ぶ「絹の道」（シルクロード）が生まれ、東西の交易と文物・情報交流の主要なルートとなっていく。多くの人やモノが行き交った中で、紀元後九七年に班超が部下の甘英を大秦国（ローマ帝国）に派遣したことはよく知られている。逆にまた一六六年には、ローマ皇帝マルクス・アウレリウス・アントニヌス（大秦王安敦）の使節（と称する者）が長安を目指したが、これは海路（後に「海のシルクロード」と呼ばれるようになる）によった。両者はいずれも目的地には到達しなかったとはいえ、それぞれ、当時、西と東へ向かった最長の旅の経験者たちであったろう。

シルクロードの東の起点である前漢の都長安そして後漢の都洛陽は国際都市としての繁栄に伴って学問の中心地ともなった。そこに流れ込んださまざまな思想や情報の中で、その後の中国社会に最も大きな影響を及ぼすことになるのは仏教であった。西域やインドからの中国への仏教伝来もシルクロードを経由した。仏教が中国に伝わったのは紀元後一世紀頃のことだと言われるが、後漢の時代以降、仏教僧たちが相次いで中国を訪れ布教に努めた。安世高《あんせいこう》はその最初の一人である。安息国（パルティア）の太子を伯父に譲って出家し、一四八年に渡来して、洛陽で約二〇年間にわたって訳経作業に従事したという。ガンダーラ出身の支婁迦讖《しるかせん》は少し遅れて洛陽に到来した。彼も約二〇年間洛陽に滞在して仏典の漢訳を行った。西域からの仏教僧の渡来はさらに続く。西晋の時代になると、月氏の家系に生まれた竺法護が敦煌、酒泉、長安、洛陽など各地を遊歴しながら、約四〇年間（二六六―三〇八年）にわたって訳経活動を展開した。渡来僧の多くは訳経僧であったが、訳経を行わず、持戒や禅などの実践を通じて布教する僧もいた。亀茲国の出身で洛陽を拠点に活動した仏図澄《ぶっとちょう》（二三二？―三四八年）はその代表的な人物であった。

北方や西方の諸民族が各国を建てて入れ替わり中国を支配した五胡十六国時代（三〇四―四三九年）には、伝統思想のしばりが少なかったこともあって、仏教や道教などの新思想が台頭・興隆した。後の玄奘とともに二大訳聖と称せられることになる鳩摩羅什の渡来はこの時期のことであった。インドの名門貴族を父とし亀茲国王の妹を母として亀茲に生まれた鳩摩羅什（三四四―四一三年）は、亀茲国を攻略した後涼の捕虜として華北に連れてこられ、涼州で一七年間の幽閉生活を送ったが、その後、後秦の王姚興に国師として迎えられ（四〇一年）、長安で数多くの仏典を漢訳した。玄奘の訳経が新訳と呼ばれるのに対して、鳩摩羅什から新訳までの訳経は旧訳と呼ばれ、ともに中国仏教の発展に多大な影響を及ぼした。ちなみに、鳩摩羅什以前の竺法護のそれを中心とした訳経は古訳と呼ばれる。

陸路のシルクロードではなく海路を経由して中国に渡ったインド人仏教僧もいた。西インドのウッジャインに生まれたパラマールタ（真諦、四九九―五六九年）は布教のため扶南国に滞在中、その名声を聞いた梁の武帝に招かれ広州を経て建康に到着した。動乱の政治情勢の下、真諦は蘇州や杭州の地に難を避けながら訳経に取り組み、『大乗起信論』をはじめ多くの仏典を漢訳した。

すでに五胡十六国時代に、敦煌、雲崗、竜門などに巨大な石窟寺院が建て始められていたが、七―八世紀にかけて仏教が広く普及するとともに各地に寺院や仏像が造られるようになっていく。その中で訳経・布教の一大拠点となったのは、繁栄を謳歌する国際色豊かな世界都市（最盛期には人口一〇〇万人を数えた）長安に建立された大慈恩寺と西明寺であった。両寺院は玄奘ゆかりの寺である。玄奘の足かけ一六年、全行程三万キロにわたる西域・インドへの大旅行については第二章で述べたが、六四五年に玄奘が太宗の許しを得て長安に帰国し、熱烈な歓迎を受ける中、最初に止宿したのは弘福寺であった。そこの翻経院（訳場）で玄奘はまず『大唐西域記』全一二巻の執筆（翌年にこれを完成させて太宗に献上した）と『大菩薩蔵経』の漢訳に着手した。次いで玄奘は新たに建立された大慈恩寺に上座として入り、ここの翻経院で一一年間にわたって仏典の漢訳作業に従事した。翻訳作業は皇帝の支援の下、いわば一大国家プロジェクトとして行われ、数人あるいは数十人からなる一チームが分業体制で作業にあたった。訳主の監督下に筆受（書記あるいは翻訳）、証文・証義（原語の意味が間違っていないか

図3.3　大慈恩寺の大雁塔

出典）『週刊朝日百科 世界の歴史 33』C-211 頁。

確認）、潤文（訳文の潤色、脚色を行う）、綴文（中国語として意味のとおる文章に）などの役割を担う担当者がいてチーム挙げて取り組んだのである。

この間、玄奘は西域・インドから持ち帰った舎利や経典や仏像を収蔵するための仏塔の建設を高宗に願い出るなど、事業の推進に必要な基盤整備にも邁進した。高さ約一五〇メートル、五層煉瓦造りの仏塔（後の大雁塔）は六五二年に完成した。平安時代に長安を訪れた日本僧円仁もこの塔に登っている。玄奘たちの訳経場はその後、大慈恩寺から六五六年に創建なった西明寺に移り、作業はそこで継続された。未曽有の壮大な規模を誇った西明寺はインドの祇園精舎をモデルにしたとされ、玄奘の後に続いてインドへの大旅行を行った義浄も後にこの寺にやってきて訳経活動に従事している。

大慈恩寺と西明寺は中国における玄奘の仏教普及（訳経）活動の拠点として、さらには東アジア全域にわたる知のネットワークの中心として重要な役割を果たすことになるが、同時に中国とインドとくにナーランダ僧院との交流の結節点となった。玄奘とナーランダ僧院との縁を媒介にして、ナーランダにゆかりのあるインド僧が少なからず中国に渡来するのである。シュバカラシンハ（善無畏、六三七―七三五年）はその一人であった。中部インドの貴族の家に生まれ摩伽陀国の王となるが、その身分を捨てて出家の身となり、ナーランダ僧院においてダルマキールティ（法称）に師事、その後、師の助言にしたがって長安に赴いた（七一六年）。八〇歳の高齢であったが、長安では西明寺などに住し、玄宗皇帝の信任を得てその庇護と支援の下に『虚空蔵求聞持法』や『大毘盧遮那教（大日経）』などの経典を漢訳した。

シュバカラシンハより少し若いヴァジュラボディ（金剛智、六六九―七四一年）も幼い頃からナーランダ僧院で学び、経典や師を求め仏跡を訪ねて南インドやスリランカを遊歴した後、スマトラ島などを経て洛陽・長安に到来したインド僧であった。彼はインドから海路をとり、三年に及ぶ艱難辛苦の果て、七一九年に広州に到着した。善無畏とともに中国密教の祖師とされ、大慈恩寺などを拠点に幅広い活動を展開した。その金剛智の長安における弟子の一人がアモーガヴァルジャ（不空金剛、七〇五―七七四年）である。インド人バラモン出身の父と康国（サマルカンド）人の母との間に生まれた不空金剛は、金剛智に師事して密教を学び、師の入寂後は遺命を受けて長安と南インドやセイロンとの間を行き来しながら密教経典の収集と漢訳に尽力した。多数の経典を漢訳し、鳩摩羅什、真諦、玄奘とともに四大訳経家と呼ばれている。ちなみに、不空の弟子の一人の恵果は、長安の青龍寺で空海に密教を伝えた僧であり、金剛智の法統は日本の真言宗へと連なっていく。唐の時代、中国から西域・インドへと向かった玄奘や義浄の一方で、西域・インドから中国へ渡来した仏教僧も少なからずいて、両国間の知的交流には顕著なものがあった。

科挙の始まりとその影響

唐代には上述したように仏教が流入して隆盛をみ、道教も民衆の間に広く普及したほか、唐代三夷教と呼ばれる祆教・景教・マニ教そしてイスラーム教など外来の宗教も伝来して国際色豊かな文化が花開いた。一方、伝統的な儒学は全般的に停滞し、それとともに儒学を中心とした中央直轄の官吏養成機関（官学）である国子監は、その「学問の府」としての地位を低下させた。漢代に創設された太学のいわば後裔にあたる、隋や唐の時代の国子学や国子監は「学問の府」・教育機関としてどのようなものだったのか。その詳細については今後の課題とせざるをえないが、国子監など学校の衰退は隋の時代に始まった科挙制度の勃興と表裏一体の関係にあったことは間違いない。古代（に限らないが）中国の学問・教育の歴史は、科挙の歴史とあわせてみていくことが肝要となる。

中国の歴代の王朝はその広大な帝国を統治するのに必要な人材の確保に腐心した。前漢の時代の任子制や郷挙里選、魏の九品官人法に代わり、隋の文帝の時代の五八七年に新たな官吏登用法として始まったのが科挙である。それは貴族や有力者などの門閥や家柄などではなく、個々人の資質や能力を試す試験によって人材を登用するものであった。選挙とは官吏への登用を意味し、「科目を設けて、士人を試験した上で、これを選挙した」（「科目による選挙」）ことから科挙と呼ばれた。科目には秀才、明経、明法、明算、明書、進士の六つがあり、そのうち進士科が最難関コースとされた。科挙の受験は広く一般の人士にも開放され、男子成人であればその社会的身分や富の如何に関わらず挑戦することができるとされた（建前上は）。科挙は唐、宋の時代に確固とした制度として社会に定着し（唐代の正式名称は貢挙）、清末の一九〇五年までの約一三〇〇年以上もの長きにわたって存続する。皇帝の専制支配を支える中国特有の人材選抜装置であった。

それぞれの時代における試験の内容・方法・手順などその複雑な仕組みについては宮崎市定の名著『科挙——中国の試験地獄』その他に譲るとして、ここでは科挙が中国および東アジア諸国の学問・教育の歴史に及ぼした影響についてマクロな観点から若干の点を指摘しておこう。第一に科挙は人材の養成システムではなく人材の選抜システムであり、選抜が養成・教育に優先した点である。その結果、システムとしての学校教育は発展せず、それまで学校体系の頂点に位置づけられていた国子監や太学は衰退し、とくに明、清の時代には有名無実となっていった。第二の点はその試験内容が圧倒的に儒学中心のものであったことから、儒学偏重と科学・技術軽視の傾向を生んだことである。そして第三は近隣の東アジア諸国への影響である。第四章でみるように、漢の時代以降、中国は中華思想に基づく冊封体制の下に政治・経済・文化のあらゆる領域において多大な影響を及ぼしたが、科挙や太学なども例外ではなかった。ただし、その受容の仕方は朝鮮、日本、ベトナムなど東アジア文化圏を構成する各国によって異なり、たとえば、日本では科挙の制度は導入されはしたが、結局、定着するにはいたらなかった。

さらに、科挙の影響は近代ヨーロッパ世界にも及ぶ。明代にはマテオ・リッチなど多くのイエズス会宣教師が中国に来訪し、彼らを通じて中国の思想や文物がヨーロッパ世界に伝えられ紹介される。科挙もそうであった。筆記試験と競争試験というそれまでのヨーロッパ世界が知らなかった要素を持つ科挙は、パトロネジ（血縁、地縁などの縁故）に代わる能力本位（メリトクラシー）の人材選抜システム、さまざまな社会問題を解決する「万能薬」として盛んに喧伝された。そして実際に、たとえば一八世紀中葉から一九世紀にかけて、イギリスの大学

（オックスフォードとケンブリッジ）の優等学位試験やインドおよびイギリス本国の高等文官試験に影響を与えたとされている。科学史家中山茂が指摘したように、紙やパピルスや羊皮紙など記録媒体の相違とも相まって、科挙の影響の下、東アジアでは「記録する学問」が、一方、ヨーロッパでは古代ギリシア以来の論理学や修辞学を重視した「論争する学問」が主流となって、二つの対照的な学問の伝統が形成されることとなった。これらの点は今後さらに具体的に解明していく必要のある興味深い課題であろう。

科学・技術の発展

これまで一千年以上の長きにわたって、中国の科学者・技術者は数学、科学、天文学、工学などの分野において、他文明とは別個の独立したかたちで、多くの重要な貢献を為してきた。たとえば医療では、道教に由来する古来の漢方医学や鍼灸や薬草を用いての医療は広く行われてきた。建築分野での中国文明の最高到達点の象徴は、秦の始皇帝治世下に建設・修復された万里の長城であろう。それは当時の建築技術の粋を集めた最先端の建造物であった。このような建造物は、巨大な帝国に散らばって存在する資源や技能を集約する度量衡の標準化や貨幣の統一なしには不可能であった。

古代中国にはそれぞれの分野に優れたパイオニアたちが輩出しており、彼らの業績自体、中国に知識の探求とその応用を尊び重視する社会があったことの何よりの証となっている。数多のパイオニアたちの中でおそらく、最も傑出した人物は張衡《ちょうこう》（七八―一三九年）であろう。後漢の時代に生きた河南南陽出身の数学者・天文学者・地理学者・製図家・発明家にして詩人・文学者・文人政治家である。彼は没落した地方官吏の家に生まれ、長安と洛陽の太学に学んだ後、郷里に帰って下級官吏となったのを皮切りに、官吏・政治家としての経歴を歩んだ。いくたびか地方と中央を行き来し、宮廷では太史令（九卿の一つ太常の属官で、天文・暦法、祭祀、史書の編纂を司る役職）に就いたこともある。最後は尚書（皇帝への上奏を取り扱う高位の役職）に昇進した。

官吏としての生活の一方で張衡はまた、独自の天体観測をはじめ水時計の発明、数学の研究などに取り組み、顕著な業績を挙げた。水力渾天儀（一一七年）、地動儀（地震感知器、一三二年）の発明は世界最初だとされる。その他、二五〇〇の星々を記録し、月と太陽の関係を説明して、月が球形であり月の輝きは太陽の反射だとした。張衡はまた、円周率の計算をより正確なものにした。地図にも興味を示して直交座標系（格子状に位置を示す方法）を初めて開発し、中国における地図作製法の父とされる裴秀にその基礎を提供した。古代中国の多くの思想家・学者と同様、張衡は真の博識家であった。

医学の分野では医聖と称えられる張仲景《ちょうちゅうけい》（張機、一五〇頃―二一九年）が出た。彼は後漢の時代に荊州の南陽に生まれ、青年時代に同郷の張伯祖から医術を学んだ。官吏となったが、後に官を辞して医学の研鑽に努め、古より伝わる医書の知識と自らの経験を基に『傷寒雑病論』を著して漢方医学の礎石を置いた。薬草や鍼灸を用いての、患者個々人の症状に対応した柔軟かつ体系的な治療法は今日まで根強い影響力を持ち続けている。

南北朝時代の祖沖之（四二九―五〇〇年）と並び古代中国の最も偉大な数学者として挙げられるのは劉徽《りゅうき》（二二〇頃―二八〇年頃）である。三国時代魏の人で、古くから伝わる有名な数学書『九章算術』の注釈本を著して数学の発展に多大な寄与を為した。ピタゴラスの定理と同一の事実を独自に発見し、また、アルキメデスのそれよりも正確な円周率を算出した。劉徽は実用的な幾何学問題にも取り組み、『海島算経』の中で仏塔の高さ、川幅、峡谷の深さなどを測定する方法についても言及している。

機械技術の分野でも魏の時代に馬鈞《ばきん》（二〇〇―二六五年頃）が数々の独創的な発明を行った。指南車（機械式羅針盤車で、現代の自動車がすべて装備しているメカニズム）の発明はその最たるものである。その他、彼は機械式チェーンポンプによる給水方式を設計して宮廷庭園に水を引き、水転百戯（水車を動力にした人形芝居）を考案して皇帝に献上している。凧と天灯（熱気球の原型）を用いた飛行機器により航空の領域に初めて挑んだのも、この時代の中国の科学・技術文明であった。

一般に火薬と羅針盤と活版印刷術を「ルネサンスの三大発明」と言い、文明の歴史に多大な影響を及ぼしたこれらの発明はヨーロッパのものだとされている。しかし同時に、これら先進技術の発明はいずれも古代中国にその起源を有し、それらが西方に伝えられそこで改良・発展をとげたものであることもよく知られている。このうち、活版印刷術についてはグーテンベルクによる金属活字による印刷こそその起源であるとの見解もあるが、「版を捺す」という点で木版も金属活字も原理的には同じだということからすれば、印刷術は古代中国に始まったと言ってよい。木版印刷の始まりは後漢の時代にあり、現存する最古の染色プリント布地（二二〇年以前）がその証拠として挙げられる。その技術は唐代の終わり頃には紙面への文字印刷に応用されて急速に普及・拡大していった（現存する木版印刷の最古の例は七七〇年頃に完成したとされる法隆寺収蔵の『百万塔陀羅尼』）。宋代には畢昇《ひっしょう》（九九〇―一〇五一年）が膠泥《こうでい》活字を用いて組版による印刷を行った。

羅針盤の原型となる、方位磁針を木片に埋め込んだ「指南魚」も後漢の時代にすでに用いられていた。ただし、その用途は航海ではなく土占い（地朴）や運勢占いなどであった。航海用に指南魚が改良されて広く普及するのはずっと後の宋代になってからのことである。その最古の記述は、王安石のブレーンであった政治家にして学者・文人の沈括（一〇三〇―九四年）による随筆集『夢渓筆談』（科学・技術関係の記事を多く含む）にあるとされている。一方、火薬については晋（二六五―四二〇年）の時代に発明されたという。道教や神仙思想に傾倒し、不老不死の薬を求めて煉丹術にも従事した葛洪《かっこう》（二八三―三四三年）は、その書『抱朴子《ほうぼくし》』の中で、硝石・松脂・木炭を一緒に加熱した時の化学反応を記録しており、火薬がこの頃偶発的に発見されたことを示唆している。

古代中国における上述の三つの発明・発見は、一七世紀イギリスの思想家・哲学者にしてヨーロッパの科学革命を牽引した主要人物の一人フランシス・ベーコンが『ノヴム・オルガヌム』で述べたように、人類の科学・技術文明の発展に比類のない影響を及ぼすことになる。

印刷術・火薬・羅針盤。これら三点は全世界のすべての表層と深層とを変えてしまった。印刷術は文学を、火薬は戦争を、羅針盤は航海を、である。大きな変化が起こってしまうと、それはかつていかなる帝国も、いかなる社会勢力も、いかなる星も発揮したことがない強い影響力を人間社会に及ぼしたことがわかった。

不思議なことに、上記引用の中でベーコンは紙の発明には言及していない。現代イギリスの科学史家ジョセフ・ニーダムによる浩瀚な中国科学・技術史の研究以降、活版印刷術、羅針盤、火薬に紙を加えて「古代中国の四大発明」という言い方が一般的になっていくのであり、一七世紀人ベーコンは「ルネサンスの三大発明」を念頭に置いて上記の記述をしたのであろうか。それはともかく、紙の発明は活版印刷術、羅針盤、火薬のそれに劣らない重要な技術革新であった。それは印刷術と相まって、とくに知識・情報の伝達手段という点で学問・教育の歴史に計り知れないほどの影響を及ぼすこととなった。

紙の発明が後漢の時代に、宦官の蔡倫《さいりん》（五〇頃―一二一年頃）によってなされたことは広く知られている。蔡倫は既存の製紙（絹くずから造られた「絮《じょ》」）法を大幅に改良し、実用に耐える紙（蔡侯紙《さいこうし》）の製法技術を確立してその普及に貢献したのである。『後漢書』官者列伝中の蔡倫伝はその意義を次のように記している（伊藤通弘「紙の発生から普及まで」一三『紙パルプ技術協会誌』五〇巻九号、一九九六年）。

……古より書契（かきもの）は多く編するに竹簡をもってす。その縑帛（しろぎぬ）を、用いしものは、これを紙という。縑は貴くして簡は重く、並びに人に便ならず。倫、すなわち造意あわせて、樹膚（きのかわ）・麻頭（あさのはし）・敝布（ぼろぬの）・漁網を用いてもって紙となす。元興元年（一〇五）これ奏上す。帝、その能を善しとし、これより従用せざるものなし。故に天下みな「蔡侯紙」と称す。

以後、紙は大量の情報を記録してこれを長期間にわたって保存するとともに、遠方各地に伝達する効果的な手段として普及していく。国内だけではない。製紙技術はやがて、朝鮮や日本などの東アジア諸国、北ベトナムなどの南アジア地域、そしてさらにはイスラームを経由してヨーロッパ世界にも伝えられていくのである。周知のように、七五一年のタラス河畔の戦いでアッバース朝と唐朝が対峙した時に、捕虜となった唐軍の兵士の中に紙漉き職人がおり、それらの職人を経由して中国の製紙技術がイスラーム世界に伝えられ、その六年後の七五七年にはサマルカンドに製紙工場が建てられたという。

以上に見たように、古代中国において科学・技術は高度な発展を遂げていた。思想家・哲学者・科学者・技術者たちの名前とそれぞれの業績もほぼ明らかとなっている。また、彼らの活動を可能にする社会的・技術的基盤も一定程度整っていたと言ってよいだろう。しかしながら、彼らがどこでどのような教育・訓練を受けたのか。

いかなる状況・環境の下でどのようにして知的活動を展開したのか等々についての詳細は不明のままである。彼ら全員が自学自習の人・独学の人であって、彼らが達成した業績はその生育環境とはほとんどまったく関わりない、というのはとうてい信じがたい。だが、彼らが制度としての「学校」のような教育機関で学んだのか、あるいは「私塾」に通ったのか、それとも徒弟制のような仕組みの下で訓練を受けたのか。それぞれの時代における識字率や就学率はどうだったのか（ともにきわめて低かったことは容易に想像できるが……）。また、たとえば「太学」や「国子監」のような官学に学んだ人々の社会的出自はどのようなものであったか……。これらの点についてはほとんど分かっていない。もちろん、たとえば、張衡が青年時代に長安と洛陽の太学に学んだとか、後漢の文人・思想家で『論衡』を著し、合理主義の立場から儒学に対しても批判的であった王充は、幼少時代には書館（学校）に学び、成人後は洛陽の太学に遊学した、といった断片的な事実は知られている。要するに、彼らの学習・教育・知的活動についての全体像がよく見えないのである。それはある意味において当然でありやむをえないことでもある。

知の探求は環境が十分に整っていなかったり、それを奨励するどころか厳しい制約が課せられたりするような状況下でも遂行される。人間存在の根源的衝動としての知への渇望が為さしめる業であろう。上述した斉の稷下学宮は知的活動の展開にとってきわめて恵まれた環境であったといってよいだろう。一方、特定の思想やイデオロギーが国教・国学とされた秦や漢の時代においては自由な知の営みは一定の制限を受けざるをえなかった。にもかかわらず、王充のような批判精神に富んだ知的活動が止むことはなかった。人間の知的営為のメカニズムの奥深さは、単なる制度的・表面的理解のよく及ぶところではないのだろう。

終わりに、古代中国における知的探求の営為および「学問の府」を概観して、その特色と思われる点を若干指摘しておくことにしよう。

第一点は「学問の府」ないし高等教育の場の存在である。古代中国には「学問の府」が確かに存在した。春秋戦国時代には諸子百家が活躍し、その師と信奉者や弟子たちは自ずと「移動する私塾」を形成した。また、斉の都臨淄には王の手厚い庇護下に稷下学宮が設けられた。そこでは寛容で自由な環境の中で多数の諸子百家が相集い、宮廷による承認と地位を求めてそれぞれの主義主張を競い合った。前漢の時代になると儒学が初めて国教として採用され、五経博士が置かれるとともに、都長安に太学が創設された。それは国の統治に携わる賢良な官吏を養成するための、儒学の学習・教育を中心とした教育機関（官学）であった。太学は後漢の都洛陽にも設けられ、その後に続く歴代王朝も、その名称は国子学・国子監などと変遷を辿るが、基本的には太学を踏襲した。その他、地方にも類似の官学があり、また、さまざまな私塾も存在した。

第二点は探求される知識・学問の中核に儒学が据えられたことである。私塾で多種多様な知識が探求されたことは言うまでもなく、また、官庁の天文・暦・薬学などを取り扱う部署で科学・技術も教え学ばれたが、古代中国の太学等において中心となり最も重視されたのは儒学であった。中核学問としての儒学の地位は、隋の時代に始まる科挙によってさらに強化されていった。

第三点は学校教育に対する科挙の優位である。唐代以降、中央に設けられた国子監などの官学は存続し続けるが、その一方で、メリトクラシーによる開かれた官吏登用試験としての科挙の飛躍的発展とともに、学校教育の役割・地位は相対的に低下していった。その趨勢はずっと清末まで続いていく。

そして最後の点は古代中国の学術・教育の独自性についてである。古代中国の人々はさまざまな知の領域で高度な水準の業績を成就したが、それは他文明との交流や知の移転・伝播の結果としての産物なのか、それとも完結した独自の文明の成果だったのか、という問題である。彼らが紀元後一世紀の間に中央アジア以西との主要交易ルートであるシルクロードを開発し、また優れた船の建造技術を持っていたことを勘案すれば、中国が外の世界との接触・交流を次第に広げ深めっていったことは疑いない。しかしながら、古代における学術・教育に関していえば、その発展は基本的に、他文明からの影響を受けてというより、独自のダイナミズムによるものであったと思われる。それはほとんど自らが有する人的・物的資源から成る社会が自律的に独力で生み出した文明の成果であった。地球規模での知のネットワークと「学問の府」のあり方を検討していく上で、中国のそれが一つの出発点となるゆえんである。

もちろん、たとえば四世紀以降の西域・インドからの仏教の流入は中国の知的状況に大きな影響を及ぼしたし、七―八世紀以降に、オアシスの道を通ったソグド商人や、海の道を経由したムスリム商人を介してのイスラーム世界からの文物や情報の伝播が知の移転・伝播を伴ったであろうことも想像に難くない。だが、その後も長きにわたって中国の学問・教育の根幹を規定し続けることになるその原型は、自前のものとして独自に生み出されたものであった。知の移転・伝播に関して注目すべきは、他文明からの輸入というよりもむしろ、中国の学問・教育が東アジア近隣諸国に及ぼした影響である。この問題については第四章でみていくことにしよう。

第4章　朝鮮、日本、ベトナムの「学問の府」

冊封体制と東アジア文化圏

学問はそれぞれ偉大な文明を築いた国家の中核都市において誕生し発展したが、交易や外交など人や文物の交流を通して周辺・周縁の地域や国にも伝播した。このことはとりわけ、その周辺地域に多大な政治的・社会的・経済的・文化的影響力を及ぼした中国の場合に顕著であった。今日の韓国・北朝鮮、日本、台湾、ベトナム北部を含む東アジア地域には、中華文明の強い影響下に「東アジア文化圏（漢字文化圏）」が形成されていく。そこでは、知の探求や学問のあり方そして「学問の府」も、中国のそれを導入・受容するかたちで展開した。

東アジア文化圏形成の政治的基盤は冊封《さくほう》体制にあった。冊封体制とは周以来の中国歴代王朝の君主・皇帝が「天子」として近隣諸国・諸民族の長との間に結んだ名目的な君臣関係（宗族関係）であり、儀礼を介した外交関係である。天子が近隣諸国の君主たちに爵位や印章や任命書を授けるのに対し、君主たちは臣下として朝貢（方物〔地方の物産〕の献上）を行い、天子の徳を讃える文章を提出した（職貢）。冊封体制は中国皇帝の権威を高めるとともに、周辺諸国の君主についてその支配の正統性を認めるものであった。それはまた、東アジア地域に一定の政治的・軍事的安定をもたらすとともに、域内の交易を促進して人・物産・情報の交流を盛んにすること

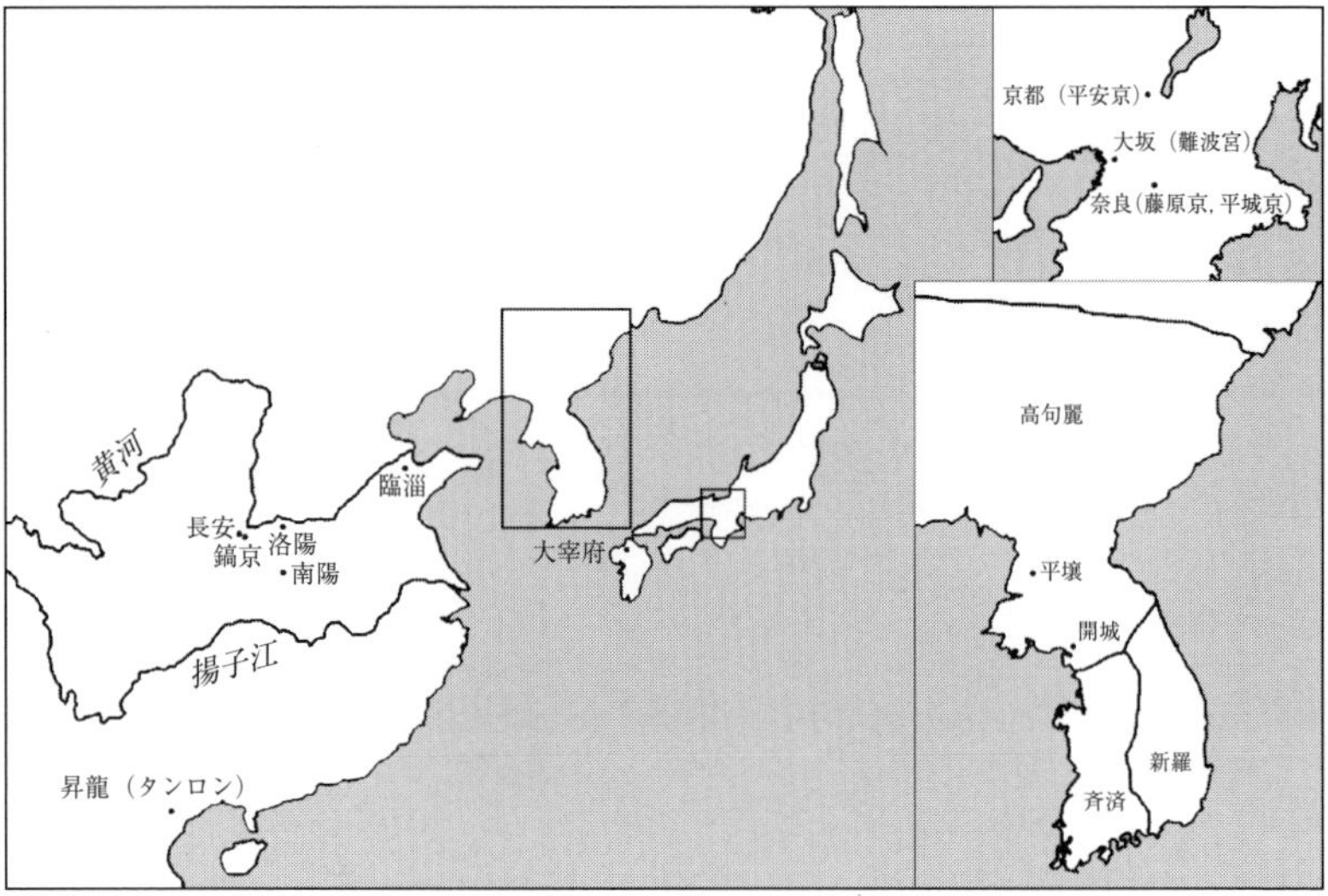

図4.1　古代東アジア

となった。

冊封体制は華夷思想・王化思想にその根拠をおいている。周の時代以来、中国は自らを、天命を受けた有徳の「天子」が統べる文明国だとみなしてきた。「天帝は、周王を自分の元子（＝長男）として認知し、その周王に天命を降ろしてこの地上世界の統治をゆだねた」のであり、天子が統治する中国は世界の中心に位置する文化の高い国（中華）だというわけである（中華思想）。そして、文明のいまだ開けていない周辺・周縁の諸国家・諸地域（東夷、西戎、南蛮、北狄の四つの夷狄）は、朝貢等を通して天子の徳を慕い讃え、礼を受け入れるならば、華（文明国）の一員となりその恩恵に浴することができるとした。中国の皇帝にとっては、冊封国の数の増加はその徳の高さを意味した。ちなみに、王や皇帝の徳が高くない場合には、天命が革まり天子の姓が易って王朝が交代することも可能とされた（易姓革命）。

中国とその皇帝から冊封を受けた周辺の諸国・諸民族の間では、漢文（とくに中古漢語）をコミュニケーション媒体として、中国歴代王朝の思想・文物の導入・受容に努め、一定の文化と価値観を共有する一つの地域・文化圏が誕生する。いわゆる「東アジア文化圏（漢字文化圏）」である。そこでは漢文の他に儒学、仏教、律令制を共通の文化・制度として共有し、相互に交流しつつ影響関係を持ち続けることとなった。漢文は世界の他文明の支配言語であるサンスクリット語、ギリシア語、ラテン語、アラビア語などとともに、外交上、学問上の国際共通言語（リンガフランカ）として重要な位置を占めていく。

知の移転・伝播の上で、東アジア文化圏が他の文明圏に対して持った利点は、記録媒体としての紙の発明が二世紀初頭の後漢でなされたことである。保存・携帯に便利で高品質かつ安価な紙は東アジア文化圏で急速に普及し、口承文化に代わる筆記文化（さらには試験文化）の発展に計り知れないほどの影響を及ぼした。この中国発の革新的発明はやがて、イスラーム世界を経てヨーロッパ世界にも伝えられていく。また、漢字のもつ象形文字という特異な性格から、その発展はグーテンベルクによる活版印刷術の後塵を拝することとなったが、すでに後漢の時代に木版印刷の技術が発明され、唐代の終わり頃には紙面への文字印刷が普及（当初は主として仏教経典が印刷された）していたことも、東アジア文化圏の一つの特色として挙げられよう。

では以下、中国の学問・教育が東アジアの近隣諸国・諸地域にどのように伝播し受容され、各地域でいかに展開していったのかについて、朝鮮、日本、ベトナム北部の例に即してみていくことにしたい。

中華文明の朝鮮への伝播

漢字

中国東北部に割拠して長い間朝鮮半島の大半を支配した衛氏朝鮮が漢によって滅ぼされ、朝鮮中・西北部に楽浪、真蕃、臨屯、玄菟の四郡が置かれたのは紀元前一〇八年のことであった。これら直轄地の漢による支配は紆余曲折を経つつその後約四〇〇年間にわたって続くが、四世紀になると、まず高句麗（前三七年、中国東北地方南部に興ったツングース系の国家）が朝鮮半島北部一帯に勢力を伸ばして楽浪郡を滅ぼし（三一三年）強勢を誇った。やがて半島西南部には百済（三四六年）、東南部には新羅（三五六年）が成立して、朝鮮半島はこれらの三国が鼎立する三国時代に入った。これらの国々はそれぞれ中国と冊封関係や通商関係を持ちながらその存続・発展をはかった。だが、その均衡は唐が新羅と結んで百済（六六〇年）と高句麗（六六八年）を次々と滅ぼした時に大きく崩れた。その後、今度は唐と新羅が戦い（六七〇年）、その結果、唐が朝鮮半島から撤退した結果、朝鮮半島はしばらく、統一新羅（六七六―九三五年）の統治下におかれることとなった。

八世紀末になると王位争いの激化から新羅に動乱が起こり、新羅、後高句麗、後百済の三国が競い合う後三国時代（八九二―九三六年）が現出するが、九一八年、その中から台頭した後高句麗の王建（位九一八―九四三年）が新羅を滅ぼして高麗（九一八―一三九二年）を建国した。続いて王建は後百済も滅ぼし、朝鮮半島の統一を完成した（九三六年）。高麗の後、朝鮮半島には李氏朝鮮（一三九二―一九一〇年）が誕生し、その後約五世紀間にわたって存続した。

朝鮮半島の各国は古来、いずれもその時々の中国の王朝との冊封体制下にあって、その大きな影響を受けつつ歴史を刻んできた。そのことは、たとえば、唐・新羅戦争のさなかにも冊封関係が維持され続けたことに端的に表れている。学問・教育の面でも中国の影響は甚大であった。「東アジア文化圏」はしばしば「漢字文化圏」と同一視されるように、朝鮮でも早くから漢字が導入された。三国時代の初期にはすでに広く用いられていたという。冊封体制下での外交上、学問上の国際共通言語は漢文であったから当然のことであった。同じ頃、漢字による朝鮮語表記法「吏読」も開発された。筆記によるコミュニケーション手段としての漢文は、李氏朝鮮の世宗（位一四一八―五〇年）の治世下に表音文字ハングルが創製されるまでずっと用いられ続けた。

仏　教

儒学と仏教も中国から伝来した。後漢の滅亡（二二〇年）に際し、多くの中国人が難を逃れて朝鮮半島各地に流入したが、それは儒学や仏教をはじめさまざまな文物・情報が半島にもたらされる一つの契機となった。公伝としては、仏教はまず三七二年、五胡十六国時代の前秦から高句麗に伝えられた。その年、前秦の皇帝苻堅が高句麗の小獣林王（位三七一―三八四年）に使節とともに仏僧順道と仏像と経文を贈ったのである。高句麗は広開土王（位三九一―四一二年）の代に最盛期を迎えるが、王は仏教を篤信し王国の統治の基礎とした。以後、仏教は王族や貴族のみならず民衆の間にも広く普及し、七世紀までには多くの寺院が各地に建立された。

一方、百済へ仏教を伝えたのはガンダーラ出身のインド僧摩羅難陀（Marananta）である。彼は東晋の時代三八四年九月に、海路をとって中国から百済に到来した。その二か月前の同年七月、百済は東晋の皇帝に朝貢しており（新王の即位に際して）、その返礼であった。高句麗や百済の場合よりも少し遅れた新羅への仏教伝来は高句麗の僧（墨胡子など）を介してのことであった。新羅では貴族層の反対に直面する中、国王の顧問で仏教に帰依した異次頓（五〇一―五二七年）の犠牲的殉教という事件を経て、五二七年、法興王は仏教を公認し、その保護と普及に尽力した。法興王の後を承けた真興王（位五四〇―五七六年）も国外から仏僧を招き、仏舎利や仏典の収集を行うなど仏教の興隆に努めた。仏教が国教として定められたのも真興王の治世下のことである。その結果、新羅では仏教は護国仏教としての性格を強く帯びることとなった。なお、付言すれば、朝鮮半島全体を通じて、仏教は長年信仰されてきた土着の民間信仰やシャーマニズムとの対決・融合を経て発展していったものであり、この点に朝鮮仏教の一つの特徴があるという。

仏教をめぐる中国・インドと朝鮮との間の人・情報の往来は、一方通行ではなく双方向のものであった。五二六年には百済の僧謙益がインドで律を学んだ後、仏像と経典を携えインド僧倍達多三蔵を伴って帰国している（朝鮮律宗の始まり）。彼がとったのは海路であったという。少し時代は下るが、高句麗の僧般若（五六二―六一三年？）は中国に渡り、智顗《ちぎ》（五三八―五九七年）の下で天台教学を学んだ。新羅からも六世紀後半から八世紀にかけて多くの僧が中国に向かった。王命により六三六年に入唐し六四三年に帰国した慈蔵（新羅律宗の創始者）や義湘（六二五―七〇二年、新羅華厳宗の祖）、義湘とともに二度にわたって入唐を試みたが悟るところがあって取りやめた元暁（六一七―六八六年、新羅浄土教の先駆者）などがその代表的な人物である。新羅から唐に渡り、唐からインドへ向かった僧もいた。慧超（七〇四―七八七年）である。彼は広州で金剛智（Vajrabodhi, 六六九―七四一年、ナーランダ僧院に学ぶ）と善無畏（Subhakarasimha, 六三七―七三五年、ナーランダ僧院で達磨掬多 Dhaarmaguputa に師事）から密教を学んだ後、彼らの勧めでさらに海路インドを目指した。慧超は四年間インド諸国を旅し、中央アジアを経て七二七年、唐に帰った。そして、長安で金剛智および不空金剛（Amoghavajra,

七〇五―七七四年）の下で訳経に従事した。その傍ら、インド旅行記『往五天竺国伝』も著している。

こうして朝鮮半島に伝えられた仏教はその後も広く普及していく。統一新羅の後の高麗（九一八―一三九二年）でも護国の宗教として厚く保護され、歴代の王や有力者たちの帰依する中、各地に多くの寺院が建立された。今日に伝わる、八万一千余枚の版木からなる高麗大蔵経は、朝鮮における仏教隆盛の一つの証左である（後に日本の『大正新脩大蔵経』の底本とされる）。ちなみに、現存する世界最古の金属活字本『直指心体要節』も高麗末期の一三七七年に刊行された仏教（禅）の書籍である。

儒　学

仏教が伝来した頃、儒学もまた朝鮮半島に伝わっていた。儒学は三国時代の高句麗、百済、新羅のいずれにおいても、仏教と並んで重視された。高句麗では早くも三七二年に小獣林王が貴族の子弟を教育するため、漢のそれに倣って「太学」を設立したという。太学での教育内容の中心はもちろん儒学の経典であった。また七世紀の新羅では、善徳女王（位六三二―六四七年）の宮廷に儒学者たちが招聘されていた（六三六年）。女王はまた、仏法を修めさせるため慈蔵法師を唐に派遣するとともに、王族の若者を多数留学生として唐の国子監に派遣している（六四〇年）。そうした留学生の中からはやがて優れた政治家・官吏や文人が輩出するが、新羅末の文人政治家で後に「朝鮮漢文学の祖」と称される崔致遠《さいちえん》（八五八年―？）はその代表的な人物であった。一二歳の時に唐に渡って国子監に学び、科挙の進士に及第してしばらく唐朝に仕えた後、新羅に帰国して「侍読兼翰林学士・守兵部侍郎・知瑞書監」に任ぜられた。官を辞した後は隠遁の生活を送りつつ詩作に励んだという。

統一新羅でも儒学への傾倒は続いた。留学生の派遣と併行して、国内での人材養成をはかるため六八二年には「國学」が創設されている。その一方で、この時代、貴族の子弟を中心とする青年組織・社交クラブ「花郎」が発展したことも注目に値しよう。花郎は、新羅の末期から統一新羅の時代、道教もあわせて三つの宗教が共存する中で、それらの長所を取り入れて再興されたユニークな社交組織である。それは若者を有能な臣下（官吏や士官）に向けて育成する機能も担っていた。花郎の若者たちは議論し詩作し野山を逍遥する中で、切磋琢磨しつつ相互の向上をはかった。花郎の指導原理を定めたのは仏僧の圓光法師（五四一―六三〇年？）であり、その著作『世俗五戒』に言う「事君以忠、事親以孝、交友以信、臨戦無退、殺生有擇」が花郎の若者たちの行動規範となった。このうち最初の三戒は明らかに儒学からきたものであろう。

統一新羅を経て高麗（九一八―一三九二年）の時代になると、仏教と儒学の共存はさらに進んでいった。現実の政治・社会に関する領域では儒学が、人々の心の平安や来世に関わる事柄については仏教がそれぞれの役割を担うという体制である。実際、高麗では儒学の強い影響下に法律が編纂され、官僚制が整備されていく（律令体制）一方で、鎮護国家の宗教、民衆救済の宗教のとして仏教が広く信仰された。高麗では成宗（位九八一―九九七年）による儒学改革の一環として科挙が導入されるとともに、九九二年、官学である國子監が首都開城に設立された。國子監はかつての高句麗の太学（三七二年）や統一新羅の國学（六八二年）の後裔にあたる最高学府であるが、それらよりもずっと長きにわたって存続・発展した。首都だけではなく、各地方においても多くの「郷校」が設けられて教育の機会が提供された。

高麗の教育改革を主導したのは儒学者にして詩人でもある崔沖《さいちゅう》（九八四―一〇六八年）であった。「朝鮮の孔子」あるいはまた「朝鮮教育制度の祖父」と呼ばれる崔沖は、國子監についてもそのカリキュラムを定め、組織・運営の詳細を規定した。教育プログラムは全部で六つあり、そのうち三つは高位・高官の子弟に限定されたもので、定員は一五〇名であった。修学年限は九年となっており、学習内容は儒学の古典を中心にしていた。その他の三つのプログラムは八位までの身分の低い官吏の子弟にも開かれており、それぞれの修学年限は六年とされていた。学習内容は技術訓練と儒学の古典が中心であった。國子監の基金・運営資金には、成宗（位九八一―九九七年）の九九二年の布告により土地と奴婢が充当された。施設としては講堂、孔子廟、図書館、宿舎、試験場などが設けられていた。

科挙

國子監をはじめとする学校の整備とともに、朝鮮の学問を儒学中心のものへとさらに傾斜させることになったのは科挙の導入であった。科挙は七八八年、唐の影響下に読書三品科というかたちで初めて新羅に導入された。だが、新羅では、骨品制という独特の身分制度（婚姻、任官、昇進などにおいて血統が何よりも重視され優先された）に基づく貴族支配ゆえに、能力主義による官吏の登用という科挙の効果は限定的であった。科挙は高麗においても、光宗（位九二五―九七五年）の治世下の九五八年に導入された。有力貴族たちの勢力を削ぎ牽制して王権を強化するというのがその意図であり、科挙は新羅の場合よりも熱心かつ厳正に実施された。科挙の科目には製術科（文学・政策能力）、明経科（儒学経典の知識）、雑科（実用技術）の三科があった。科挙は三年ごとに実施されることになっていたが、実際にはその他の機会にも適宜行われた。

高麗の科挙は一定の効果をもたらしはしたが、やがて、五位以上の高位にある貴族の子弟は科挙を受験することなく官吏に任官できるという蔭叙の制が設けられて、科挙の徹底化は後退を余儀なくされていく。有力貴族たちの抵抗に直面したのである。高麗の官僚社会がその貴族的特性を払拭するのはきわめて困難なことであった。

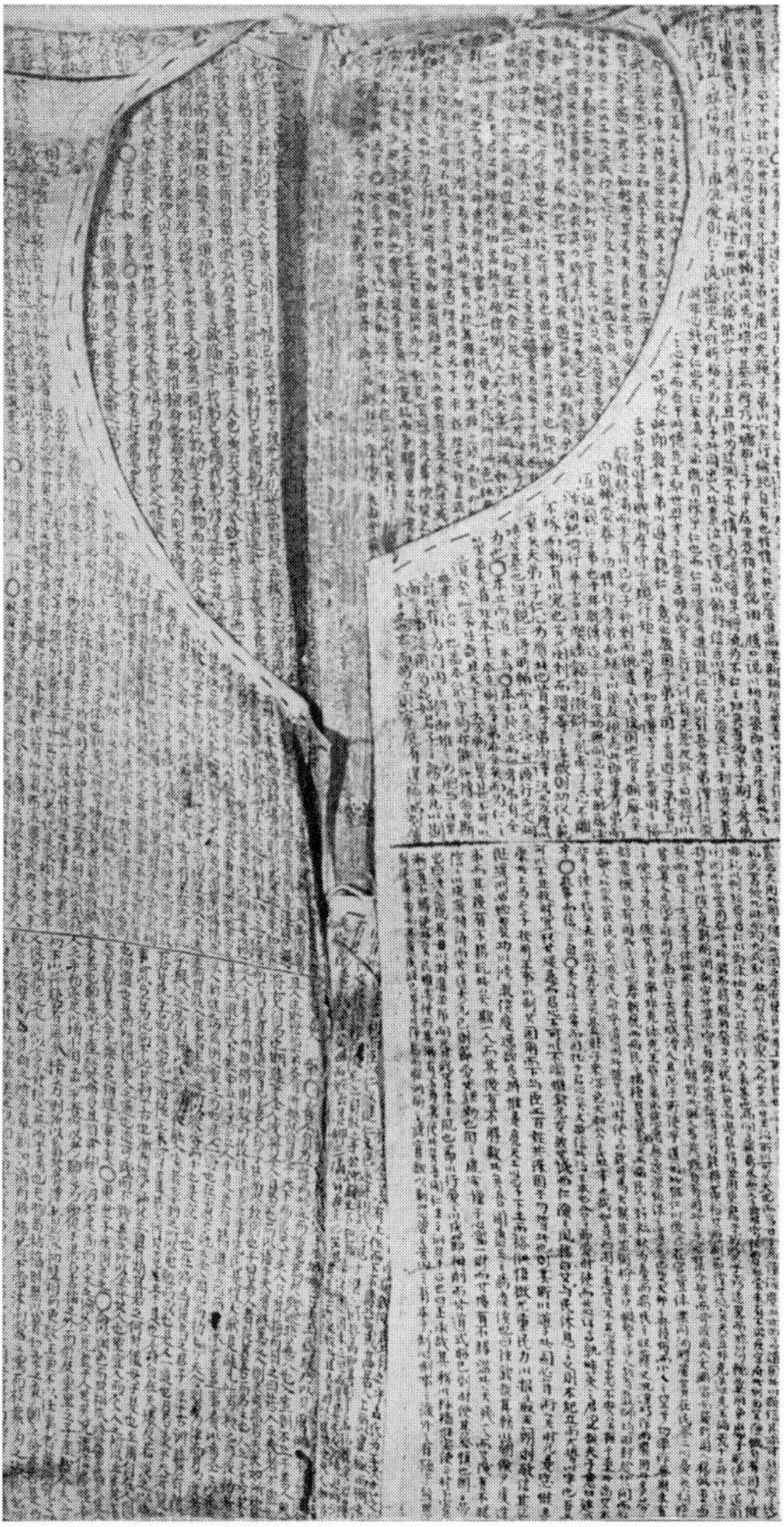

図4.2　科挙カンニング下着
出典）宮崎市定『科挙』。

実際、科挙によってではなく蔭叙によって官吏になった者の方が多かったという。高麗では新羅と同様に仏教が国教と定められる一方で、儒学を基に官僚制が整備され、国家統治が進められていったわけだが、それは儒学の普及・振興方策の両輪である学校教育と科挙との間で競合関係を招来することにもなった。すなわち、唐の場合と同様に、科挙の発展はやがて、國子監・太学・成均館などの学校教育を凌駕しその役割を低下させていったのである。

高麗に取って代わった李氏朝鮮（一三九二―一九一〇年）では、儒学が国家の正統イデオロギーとされて科挙はますます隆盛を見、そのシステムは複雑かつ精巧なものになっていった。科挙には文科、武科、雑科の三科がおかれたが、最重要視されたのは文科であった。受験の門戸は広く開かれ（良民以上の者）、三年ごとに行われる式年試の他にも適宜実施された。そして、初試、覆試、殿試と三段階にわたる試験に及第した者は官吏に登用されていった。科挙は多くの人々にとって立身出世へのほとんど唯一の道となり、その受験準備教育の場として、有力な優れた学者が主催する私塾が勃興し官学を凌ぐにいたるのも時代の趨勢であった。試験の実際をめぐっては受験者数の多さや過度の競争から不正事件（カンニングや代理試験など）も生じ、その弊害は王朝時代を通じて議論の的となっていく。こうして六世紀間以上にわたって存続した科挙は一八九四年ついに、甲午改革の中で廃止された。李氏朝鮮崩壊の一六年前、中国の科挙廃止（一九〇五年）の一一年前のことであった。

上記にみたように、朝鮮の学問・教育はいずれも中国から伝来した漢字、仏教、儒学、科挙、官僚制の圧倒的な影響下に展開した。それは長年にわたる人とモノと知識・情報の活発な交流の結果もたらされたものであった。多くの儒者や仏僧や学者・知識人が知識や情報を求めて危険を顧みずに朝鮮から中国・インドへ、また布教のためインド・中国から朝鮮へと渡った。困難な旅路をものともしない彼らの活動は東アジア全域に及び、海を隔てた日本にも大きな影響を及ぼすことになる。

古代日本の「学問の府」

渡来人の役割

大陸から海を隔てた日本列島の古代史は、中国や朝鮮半島の国々との密接な外交・文化関係の中で展開された。

李成市が言うように「中国に起源する諸文化は、中国王朝の政治権力ないし権威に媒介されることなしには、伝播され拡延されることもなかった」。日本の学問・教育も、海外からの先進的な知識・情報・文物の流入・受容という過程を経ながら発展していく。その過程で、中国大陸や朝鮮半島から日本に移住した渡来人が果たした役割には顕著なものがあった。彼らの中には本国の混乱や戦災を避けて海を渡った亡命者もいたし、あるいは使節・派遣者・招聘者として渡来した者もいた。

文字を持たず相互の意思疎通や記録を口伝・口承に頼っていた日本に文字を伝えたのも渡来人であった。漢字は紀元前一世紀から後一世紀頃に伝えられたという。応神天皇の時代には、百済王から倭国（ヤマト王権）に派遣されて太子・菟道稚郎子《うじのわきいらつこ》の師に任じられた阿直岐《あちき》と、彼の推薦で新たに百済から招聘された王仁《わに》の二人が来日した。その来日（紀元後四〇五年？）に際して王仁が『論語』と『千字文』（漢字学習用初級テキスト）をもたらしたとされている。王仁の経歴と事績については不明な点が多々あるが、阿直岐と王仁それに阿知使主《あちのおみ》をはじめとする渡来人・帰化人の一族が朝廷から姓を賜って文字や記録の取り扱いを世業にしたことはまちがいない。日本の学問は西文氏《かわちのふみうじ》（王仁の子孫）や東漢氏《やまとのあやうじ》（阿知使主の子孫）など渡来人・帰化人の世襲の業として発足したのである。高橋俊乗が指摘したように「奈良時代に入るまで、学者はすべて帰化人の子孫であり、奈良時代になってもなお優れた学者は帰化人の子孫から出たものが少なくな」かった。

漢字・漢文を学ぶ必要性は、まず外交上に由来した。中国との国際関係を成立させ、これを維持するためには文書作成のために漢字を学び、漢文を解読し、さらにこれを作文しなければならなかった。漢文は形成されつつある東アジア文化圏の外交上、学問上の国際共通言語であった。漢字・漢文の知識は内政上も不可欠であった。律令制統一国家への歩みを進める倭国（ヤマト王権）にとって、文字を用いて記録の類をととのえ法律を制定す

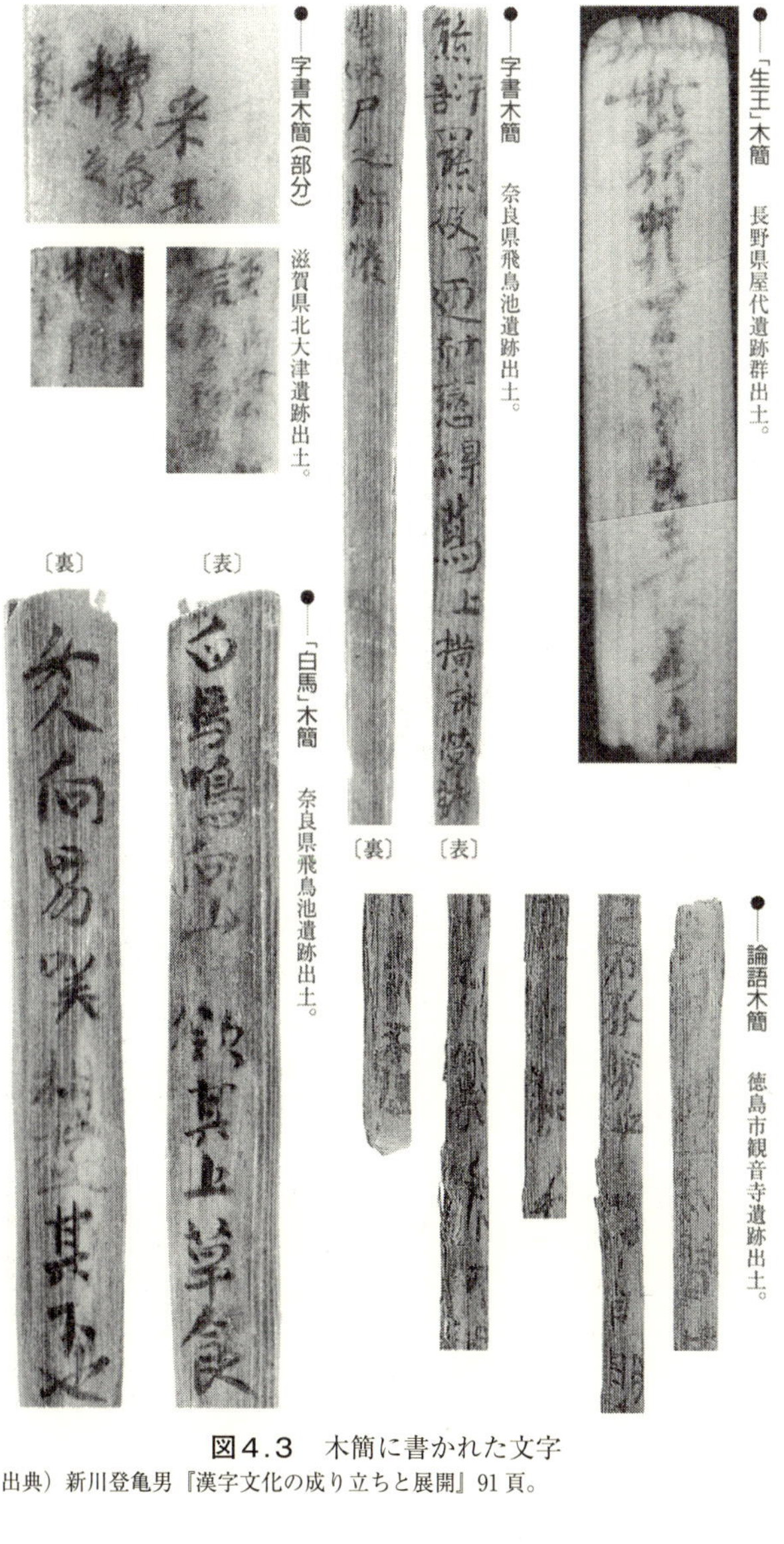

図4.3　木簡に書かれた文字

出典）新川登亀男『漢字文化の成り立ちと展開』91頁。

図4.4　執務中の官吏想像復元模型（奈良文化財研究所飛鳥資料館）
撮影）著者

るなど文書行政は統治の根幹にかかわるものであり、文字学習は渡来人や帰化人のみならず公務に携わるすべての官吏にとって職務上必須の事柄であった。ちなみに、当時、官吏は「刀削の吏」と呼ばれた。木簡に墨で文字を記録する際、書き損じた時には小刀で表面を削って書き直したからである。

儒学は六世紀初頭までに、百済経由で倭国に伝えられた。五一三年には王命により百済から五経博士段楊爾《だんように》が遣わされて来日した（五経博士は漢の武帝が初めて設けた官職で、『易経』『詩経』『書経』『春秋』『礼記』の全部またはその一部に精通した学者）。日本が任那四県を割譲したことへの返礼であった。その三年後の五一六年には段楊爾の帰国に合わせて漢高《あやのこう》安茂《あんも》が来日、その後も五経博士は六世紀を通じ、断続的に交代で派遣された（馬丁安、王柳貴の名が記録に残っている）。五経博士の来訪は日本における儒教の体系的な学習の始まりを告げるものであった。五経博士の来朝に際しては易博士、暦博士、医博士、採薬師、楽人そして仏教僧たちも同道しており、それは総合的な中国文化受容の一大契機となった。

仏教も六世紀半ば頃に伝来した。百済の聖明王が使者を遣わして仏像と経典などを贈った五五二年が仏教公伝の年だとされている。仏教の受容をめぐっては二大有力豪族である崇仏派の蘇我氏と廃仏派の物部氏が対立して争った結果、蘇我氏が勝利して、推古天皇（位五九二―六二八年）の摂政となった聖徳太子（厩戸王、五七四―六二二年）の下で仏教の振興・普及がはかられた。蘇我馬子が蘇我氏の氏寺として建てた法興寺（飛鳥寺）や、聖徳太子の誓願による法隆寺や四天王寺などの寺院はその拠点であった。聖徳太子自身、篤く仏教を信仰し、経典の注釈書である『三経義疏』を著している。聖徳太子が仏教の師としたのは、ともに「三宝の棟梁」と称せられた高句麗からの渡来僧慧慈と百済からの渡来僧慧聡であった。渡来僧の来朝はその後も続き、六世紀初頭には高句麗から僧隆、雲聡、曇徴、法定、恵灌が相次いで到来した。

聖徳太子は蘇我馬子とともに、天皇を中心とした中央集権体制の構築・整備をめざして「冠位十二階」や「十七条憲法」を制定するとともに、小野妹子らを遣隋使として派遣するなど積極的に大陸から新しい知識や文化を取り入れようとした。仏教はその最たるものであったが、太子は同時に儒学や道教などについても深い知識を持ち、自らの思想に統合した。そのことは「十七条憲法」にも反映されている。ちなみに太子は儒学の古典を博士覚哿に学んだという。

儒学や仏教の他、種々の知識・技術も渡来人によって日本に伝えられた。六〇二年に百済から来朝した僧観勒《かんろく》は天文、暦本、陰陽道にも精通しており、推古天皇は書生を選び観勒の下でそれぞれの分野の知識を習得させた。すなわち陽胡玉陳に暦法、大友高聡に天文遁甲、山背日立に方術を割り当てて学ばせたという。上述の高句麗からの渡来僧曇徴も、仏僧であり五経に精通した儒学者であったが、彩色（絵画）や紙墨の製法などを伝えた。碾碓（水力を用いた臼）も製作したとされる。

遣隋使の派遣

先進国隋の文化をより体系的かつ直接（朝鮮半島を経由せずに）摂取するためにとられた政策は遣隋使の派遣であった。朝鮮半島での影響力の維持という外交上の目的もあった。六〇〇年、聖徳太子の主導の下に初めて遣隋使が派遣された。未だ外交儀礼に疎く国書を携えないままの遣使であった。第二回遣隋使は六〇七年に小野妹子らを使節として派遣された。皇帝煬帝宛ての国書を持参していた。「日出ずる処の天子、書を日没する処の天子に致す。恙無しや、云々」との書き出しの文言について煬帝が立腹したという話はよく知られている。ちなみに、煬帝を立腹させたのは倭王が「天子」を名乗ったことにあった（中華思想からすれば、「天子」は世界に一人しか存在しない）。小野妹子らは翌六〇八年、隋の使節裴世清《はいせいせい》らを伴って無事帰国した（小野妹子は「返書」、裴世清は「国書」をそれぞれ持参していたという）。同年、第三回遣隋使が派遣された。再度小野妹子らが使節となり（裴世清はこの時に帰国）、同時に学生として高向玄理《たかむこのげんり》（?――六五四年）ら、学問僧として僧旻《みん》（?――六五三年）、南《みな》淵請安《ぶちのしょうあん》ら八人が随行した。彼ら留学生たちがどこで何をどのように学んだかについて、その詳細は定かではないが、高向玄理と南淵請安の場合には三二年間、僧旻の場合には二四年間の長きにわたり隋に滞在して学び続けた。

当時の造船技術では渡海は危険な冒険であり、難破などにより目的地に辿り着く途中で命を落とした者も多くいた。ある推計によれば、計五回派遣された遣隋使船乗員のうち、全体の約三分の一が故国の地に帰り着かなかったという。それでも遣隋使は送られ続けたのであり、そのこと自体、ヤマト王権がいかに大陸文化の摂取・

受容に熱心であったかを物語っていよう。遣隋使は計五回派遣されたが、隋の滅亡（六一八年）とともに中止となり、代わって新たに興った唐への使節派遣（遣唐使）が企図されることになる。

国の期待を一身に背負って隋に渡り多くを学んだ留学生たちは、帰国後、政治の中枢や学問の世界などさまざまな場で活躍した。時代の政治情勢は大きく変化しつつあった。過去二世紀間にわたって政治の実権を握り、大きな影響力を行使してきた蘇我氏を打倒して天皇中心の中央集権的律令国家を形成しようとする動きがそれである。中大兄皇子（六二六―六七一年）と中臣鎌足（六一四―六六九年）らによる蘇我入鹿暗殺と蘇我氏打倒（乙巳の変、六四五年）に始まる大化の改新において、留学生たちはきわめて重要な役割を担った。彼らがもたらした官僚制や儒学をはじめとする隋・唐の先進的な制度・文物は、新しい政治体制を構築していく上で必要不可欠のものであった。中大兄皇子と中臣鎌足がともに儒学を学んだのは南淵請安の下であったし、高向玄理と僧旻の二人は新たに設けられた政治顧問というべき国博士に任じられて国政改革の中枢で活躍した。

大学寮の組織と運営

律令国家の建設にあたってまず必要とされたのは、朝廷の命を受けて行政の実務にあたる上級の官人（官吏）の養成である。従来、渡来人に頼るところが大きかったが、国人を一定の人数、安定して文書行政に精通した官吏に育成することは喫緊の課題であった。そして、そのための学校・教育機関の設立が企図された。その設立には朝鮮半島情勢も大きく関わっていた。当時、朝鮮半島では唐と新羅の連合軍が高句麗と百済に侵攻して滅ぼすなど緊迫した状況にあった。倭国は百済の再興を支援して唐・新羅と白村江に戦い（六六三年）、敗れて朝鮮半島から撤退したが、百済の滅亡（六六三年）に際し、貴族層や知識人・技術者を含む多くの亡命百済人が日本に渡来することとなった。日本最初の「学問の府」・高等教育機関である「大学寮」の創設は、これら亡命百済人の協力なしには不可能であった。一方、学制に関しては新羅のそれも参考にされたという。

大学寮の創設以前にも、それに類した学校は存在した。「風を調へ俗を化するに、文より尚きは莫し。徳を潤し身を光かすに孰れか学に先んぜん」との理念に基づいて天智朝に設けられたという「庠序《しょうじょ》」である。亡命百済人の許率母《こそちも》が大博士（大学博士）に任じられており、鬼室集斯《きしつしゅうし》がその長である学職頭に在任していたとされる。だが、「庠序」の実態は定かではなく、日本最初の本格的な「学問の府」は大宝律令（七〇一年）および養老律令（七一八年）に規定された「大学寮」とみるのが妥当であろう。

大宝律令は律（刑罰体系）六巻と令（国家の機構、人民に対する租税や土地制度）一一巻の計一七巻からなる日本最初の律・令ともに備わった法典で、唐の統治システム・諸制度を基に国情にあわせて制定された。儒教的徳治主義を理念とする律令国家体制の基礎となるものであった。その編纂・制定には刑部親王や藤原不比等ら一九人の識者や学者たちが携わった（その約半数は渡来系氏族だったという）。「日本」という国号（従来は倭国）や「天皇」という呼称（それまでは大王）が法的に定まったのも大宝律令による。大宝律令（七〇一年）の施行にあたっては、鍛大角や下毛野古麻麿などの明経博士《みょうぎょうはかせ》が諸臣や百官人たちにその内容を講義するとともに、各地にも出向いて解説に努めた。大宝律令は全文が散逸していて、その内容は復元された養老律令から推測される場合が多く、ここでも養老令の中の学令によって「大学寮」等についてみていくことにしよう。

養老令の規定する古代学制では中央の都に大学寮が一校、各地方に「国学」が一校、そして大宰府に「府学」が一校置かれることになっていた。大学寮は式部省（二官八省のうちの一つで、人事考課・礼式・選叙を所掌）の管轄下に置かれる官署という位置づけであった。大学頭《かみ》、助《すけ》、允《じょう》、属《さかん》の事務官六人と番上官（使部二〇人、直丁二人）という組織構成であり、組織の長である大学頭は学生《がくしょう》の教育のみならず釈奠の実施や文教政策全般も司った。財源はもちろん宮廷が賄った（七〇四年に初めて大学寮を維持・運営するためのものとして土地が充当され、これは後に公解田《くがいでん》あるいは勧学田と呼ばれるようになる）。教官としては経学に博士（正六位下）一人、助教《すけのはかせ》（正七位下）二人、音博士《こえのはかせ》（従七位上）二人、書博士《てのはかせ》（従七位上）二人の計七人の他、算学に算博士（従七位上）二名が置かれるという体制であった（総計九人）。

大学寮での教授・学習と生活

学科としては経学《けいがく》と算学の二つが設けられたわけだが、学生の定員は経学四〇〇人、算学三〇人の計四三〇人とされた（書学生も若干名）。学生になれるのは五位以上の身分の者の子孫、東西史部の子弟、八位以上の子弟の中の志願者などに限られ、その入学年齢は一三―一六歳と規定されている。入学に際し、学生は束脩の礼として布一端ないし酒食を持参することを期待されたが、授業料は無償であった。また、学生は原則として大学寮内の宿舎に居住することを義務づけられていた。

経学で学ぶべき経書としては必修としての『論語』・『孝経』に加えて、『礼記』・『春秋左氏伝』（大経）、『儀礼』・『周礼』・『毛詩』（中経）、『周易』・『尚書』（小経）の七経が指定された（学生はこの中からいくつかを選択）。各経書の注釈書も同様に指定された。博士・助教による経書の講義（一斉授業）を聴講するに先立って、学生はまず、音博士について中国音（漢音）による経書の素読を行った。経書の講義は各教官が一書を担当し、学生は一つの経書の学習を終えて初めて次の書に進んだ。講義・学習の方法は暗記暗誦主義によっており、議論・討論の要素はほとんどなかった。紙はすでに用いられていたが、まだまだ貴重で高価なものであった。

学び始めて一〇日目ごとに一日の休暇（旬仮）があり（入学の期日は学生の任意）、休みの前日には教官による旬試（口頭試問）が実施された。また、五月と九月にも休暇があって、その中間の七月には一年間の学習内容についての事務官による歳試（口頭試問）が行われた。修学の年限はとくに定められていないが、九年を経ても試験に合格しない者は退学させられた。試験合格者にはその成績にふさわしい位階が授けられ、彼らは位階に応じた官職に就くという仕組みであった。

唐の官吏登用試験（任官試験）である貢挙（科挙）は日本にも導入された。最初の貢挙は七二八年に実施されている。秀才・明経・進士・明法の四つの科があり、大学寮で経学を学んだ学生はこれらのうちいずれかの科を受験することになっていた。しかし日本では、五位以上の貴族・高官の子弟は、父祖の地位に応じて叙位されるという「蔭位《おんい》の制」が設けられていて、貢挙を受験しなくても位階を得て官職に就く道が開かれていた。また、試験内容や試験官に関して大学寮と貢挙は、直接的ではないにせよ、密接な関係にあった。それらの理由により、結局、貢挙が日本社会に定着することはなかった。同じ東アジア文化圏に属してはいても、科挙が隆盛をみたベトナムや朝鮮とは大きく事情は異なった。

地方官吏と技術者・技官の養成

律令国家の運営には有能な地方官吏が不可欠であり、そうした人材を育成する観点から、地方の諸国にそれぞれ国学が一校置かれることとされた。大学寮の地方版である。国司が中央から派遣されたのに対し、文書行政や徴税事務など地方行政を担う郡司は地方豪族の中から採用されたから、彼らの子弟を地元で郡司に向けて教育することは重要であった。当初、教官不足のため一国一学の原則は守られなかったが、それも約一世紀後の八二一年には実現をみる。国学には国博士一人、国医師一人が置かれ、国司がその事務を統括した。学生定員は大国五〇人、下国二〇人までで、入学資格は郡司子弟で一三歳以上一六歳以下の聡令なる者とされた。ただし、欠員がある場合には白丁《はくてい》子弟の入学も許可された。国学の施設（学舎）は孔子廟、講堂、竈屋（炊事場）、学生屋（自習室兼寄宿舎）から成っていた。また、大宰府にはとくに、太宰博士一人と学生若干名からなる「府学」が一校置かれた。

大宝令・養老令は技術者・技官の養成・訓練についても詳しく規定している。中央には大学寮の他に典薬寮、陰陽《おんみょう》寮、雅楽《うた》寮が置かれ、特殊専門分野の知識・技術を身につけた人材の育成が期された。宮内省被官の典薬寮は医博士一人、針博士一人、案摩博士一人、咒禁博士一人、薬園師二人、医師一〇人など計二五人の教官が、医生四〇人、針生二〇人、案摩生一〇人など計八二人の学生を担当する大きな組織で、医療、薬草、針等の専門技術者の養成を旨とした。陰陽寮（中務省被官）は陰陽（卜占）、暦（造暦）、天文（天文気象の観測）、漏刻（時刻の計測と報知）の四部門から構成され、陰陽博士、暦博士、天文博士、漏刻博士など計一一人の教官を擁していた。学生定員は計三〇人である。また雅楽寮（治部省被官）は宮廷儀式に欠かせない楽人の養成を担い、歌舞音曲を司った。歌師、儛師、笛師など計三五人の教官が三六六人の学生を教えることとなっていた。

典薬寮、陰陽寮、雅楽寮への入学はまず「世習」の者をあてたが、庶人にもある程度開かれていた。テクストである経書の中核はもちろん儒学経典であった。教官の位階に端的に見られるように、科学・技術分野の知識・技能は、唐の場合同様、経学よりも一段低く位置づけられていた。

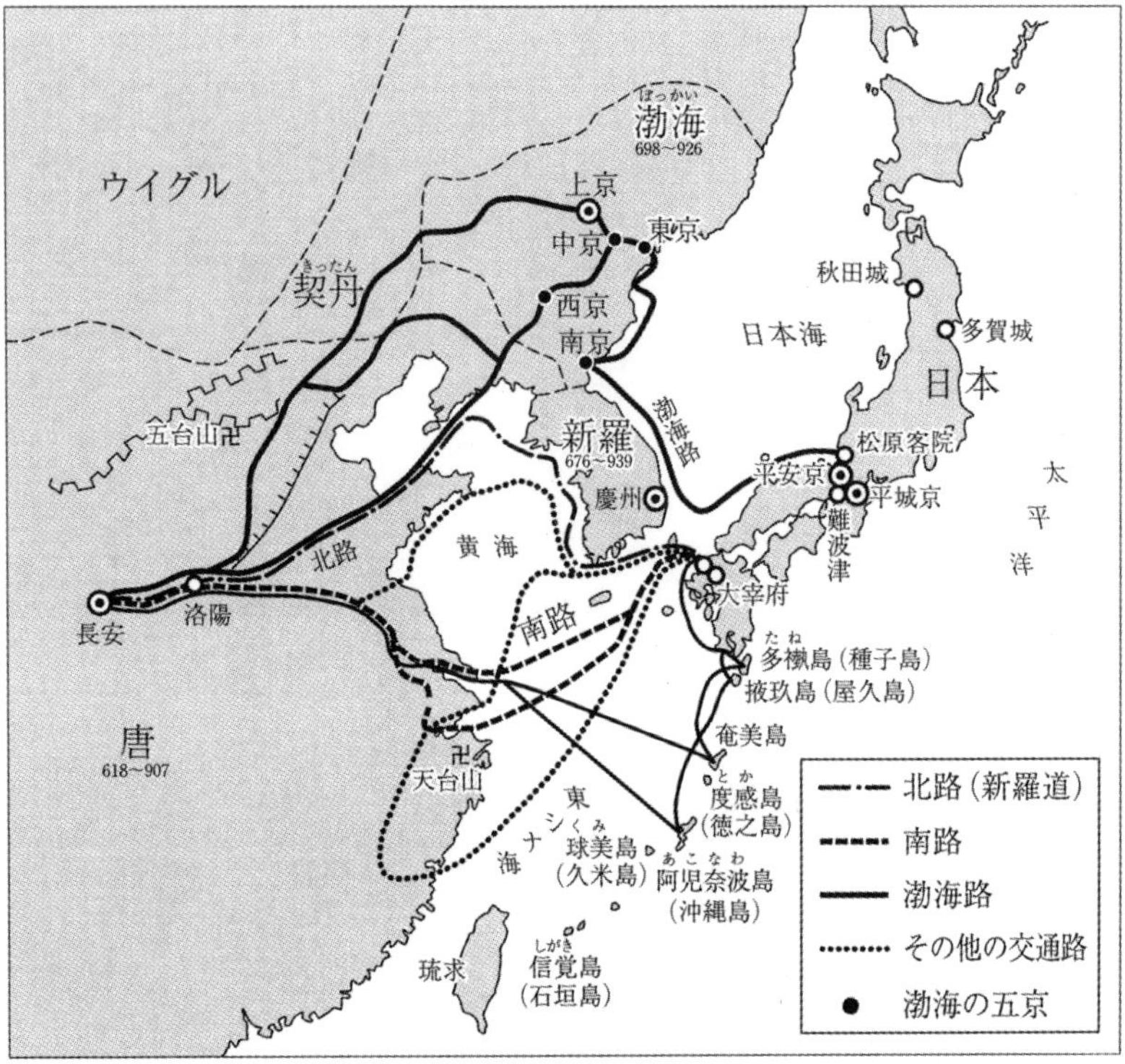

図4.5　遣唐使航路地図

出典）佐藤信編著『日本の古代』（放送大学教材），放送大学教育振興会，2005年，119頁。

遣唐使の派遣

こうして大学寮等の教育機関が設立され、その後、徐々に整備されていくわけだが、総じて言えば、藤原京・平城京時代の大学寮は就学者も少なく不振であったと言う（大宝令・養老令の規定が実際どのように運用されたかというその実態については不明な点が多い）。その一方で、先に見たように、遣隋使の派遣を通じてなされていた大陸文化の摂取・受容は、六一八年に隋が滅亡して唐が興った後には遣唐使に引き継がれ、以前にもまして熱心に取り組まれた。第一次遣唐使は六三〇年、犬上御田鍬を大使として派遣された。以来、菅原道真の建議により八九四年に廃

図4.6　初瀬川（式嶋近辺）の川岸に設置された遣唐使船のタイル画
撮影）著者

止されるまで、遣唐使はおおよそ十数年から二十数年の間隔で計二〇回計画された。遣唐使は大使・副使・送唐客使をはじめ下級使節等々多くの人々で構成されたが、その中には留学者（留学生・学問僧・請益生・還学僧）や技能者（音声生・細工生など）も含まれた。

遣唐使船は通常、四隻編成で航行するものとされ、一隻には約一〇〇人が乗り込んだ。総勢四〇〇人から五〇〇人からなる大使節団であった。気象条件にもよるが、無事に往来できる可能性は八割程度と言われており、難破覚悟の航海であった。帰国する遣唐使船に便乗した鑑真《がんじん》の来日までの苦難はよく知られている。また、遣唐使船難破の様子は井上靖が『天平の甍』の中で、「何十、何百という経巻のゆらゆらと碧の藻の間に揺れ落ちて行った」と詩情豊かに描写している。遣唐使船は住吉の津・難波の津から瀬戸内海を経て那の津（筑紫）に至り、そこから北路あるいは南路をとって渡海し、中国大陸の沿岸各地を経て長安に到達した。

時代が下るにつれ、遣唐使の性格は外交使節のそれというより文化使節のそれが強くなっていったとされるが、その中で留学者や技能者の役割はいっそう重要になっていく。実際、遣唐使船で唐に渡り、帰国後、政治・学問・宗教などさまざまな世界で活躍し、日本文化の発展に多大な貢献を為した人物は枚挙に暇ない。道昭《どうしょう》（長安で直接玄奘に師事、法相教学の祖、行基の師）、高向玄理、山上憶良、吉備真備、玄昉、石上宅嗣、最澄、空海、橘逸勢、小野篁、円仁などはいずれも唐に学んだ人々である。帰国に際し彼らは仏像・仏具・仏教経典、儒学の経書、陰陽・算術・暦・天文・漏刻・音楽の書や器具など広範にわたる文物をもたらし、日本文化発展の礎とした。

唐に渡った留学生たちがどこで、誰の下で、何をどのように学んだのかについての詳細は必ずしも明らかではない。上述の道昭（六五三年に出発、六六〇年頃帰朝）は長安の大慈恩寺に赴き、玄奘の下で法相教学を学び（同室を許されたという）、また玄奘の勧めにより隆化寺の恵満に参禅したという。また、阿倍仲麻呂（七一七年に渡海）や羽栗吉麻呂は国子監・太学に入学して学んだと言われている。しかし、その留学生活の実態の解明は、その他の留学者のそれを含め今後の課題であろう。唐への留学はそれぞれの留学者の人生にとっても、大きな意味をもつものであったに違いない。ちなみに、阿倍仲麻呂は太学に学んだ後、科挙を受験して合格し、官吏として玄宗皇帝に仕え要職を歴任するとともに、李白や王維などの詩人とも親しく交わった。晩年には安南都護府に節

図4.7　鑑真和上坐像

出典）佐藤信編著『日本の古代』126頁。

度使として任じられた。この間、帰国を願い、帰国の途についたこともあったが、結局、帰国はかなわず、望郷のうちに唐の地で客死した。「天の原　ふりさけみれば　春日なる　三笠の山に　いでし月かも」の歌はよく知られている。

遣唐使派遣は二六〇有余年の長期間にわたって大陸文化の輸入・摂取に取り組んだ一大国家プロジェクトであり、その成果には多大なものがあった。だが、時代の推移とともに遣唐使派遣をめぐる情勢は大きく変化し、それを受けて八九四年、第二〇次遣唐使の大使に任命された菅原道真その人の建議によって停止された。そして以後、再開されることはなかった。遣唐使廃止の理由としては、唐の政治情勢の混乱（唐は九〇七年に滅亡）、危険な航海によって国家有為の人材を失う可能性の高さ、唐の先進的な文物・技術・制度はすでに摂取して遣唐使派遣の目的は十分に達成されたこと、などが挙げられている。ちなみに、周知のように今日に至るまで、菅原道真は「学問の神様」（天神様）として全国各地の天満宮に祀られ、広範な民衆から崇められ親しまれている。日本の学問と「学問の府」のシンボル的存在といえよう。

大学寮の発展・変容

ところで、大学寮（典薬寮、陰陽寮、雅楽寮も併せて）は最初、どこの地にいつ設立されたのだろうか。管見のかぎり、この点については明確になっていない。大宝令・養老令に基づいて創設されたのであるから、藤原京（六九四年遷都）か平城京（七一〇年遷都）だと考えられるのだが、定かではないのである。たとえば、七〇四年に大学助となった藤原武智麻呂の『家伝』には、藤原京遷都により学生が流散し、「大学寮」が空寂なる状態になった旨の記述があるというが、これに従えば、藤原京遷都以前に「大学寮」がすでに存在していたことになる。

これが仮に、天智朝に設けられていたという「庠序」あるいは「学職」を指しているとすれば矛盾はないのだが、それにしても新たに創設された大学寮の立地や施設・設備を知る上でも、その場所と年代の確定は不可欠であろう。

それはさておき、大学寮については発足後も絶えず、情勢変化に合わせつつ、その目的達成を目指して改革・修正が行われた。臨時の費用が支給され（七〇四年）、成績優秀者に対して褒賞が授与（七一一年と七一二年）された。大学寮振興策の一環であった。続いて七二八―七三〇年（？）には従来の経学と算学に加えて新たに文章と律学の二つの学科が設置された。それぞれ文章博士一人に文章生二〇人、律学博士（後の明法博士）二人に明法生一〇人という陣容であった。新設の学科には白丁・雑任の入学も認められて、大学寮の門戸は庶民にもある程度開かれることとなった。入学に際しての年齢制限は付せられなかった。また、四学科すべてを通じて得業生の制度が設けられた（明経四、明法二、文章二、算二の計一〇人）。それは学術・技芸に優れた学生に対して食料・衣服を支給するという一種の奨学制度であった。さらに七五七年には公廨田三〇町が大学寮に充当された（典薬寮、陰陽寮、雅楽寮にはそれぞれ一〇町）。また地方の国学に関しても博士・医師の任用基準が定められ、その質の向上がはかられた。

平安京に遷都（七九四年）してからも、桓武天皇の下で律令国家の再建・整備が進められ、勧学田の増加や明法生の定員増など大学寮の振興策がとられた。大学寮は中央政庁内の敷地に建設された。孔子廟、講堂、学生用寄宿舎などを備えていた。続く嵯峨・淳和・仁明天皇の時代（八一〇―八四九年）には「国を経め家を治むるに文より善きは莫く、身を立て名を揚ぐるに学より尚きは莫し」（嵯峨天皇の詔勅、八一二年）という「文章経国《もんじょうけいこく》」の思想が貴族層の間に広まり、君臣唱和の文遊として漢詩文の作成が盛んに行われた。勅撰漢詩文集『凌雲集』、

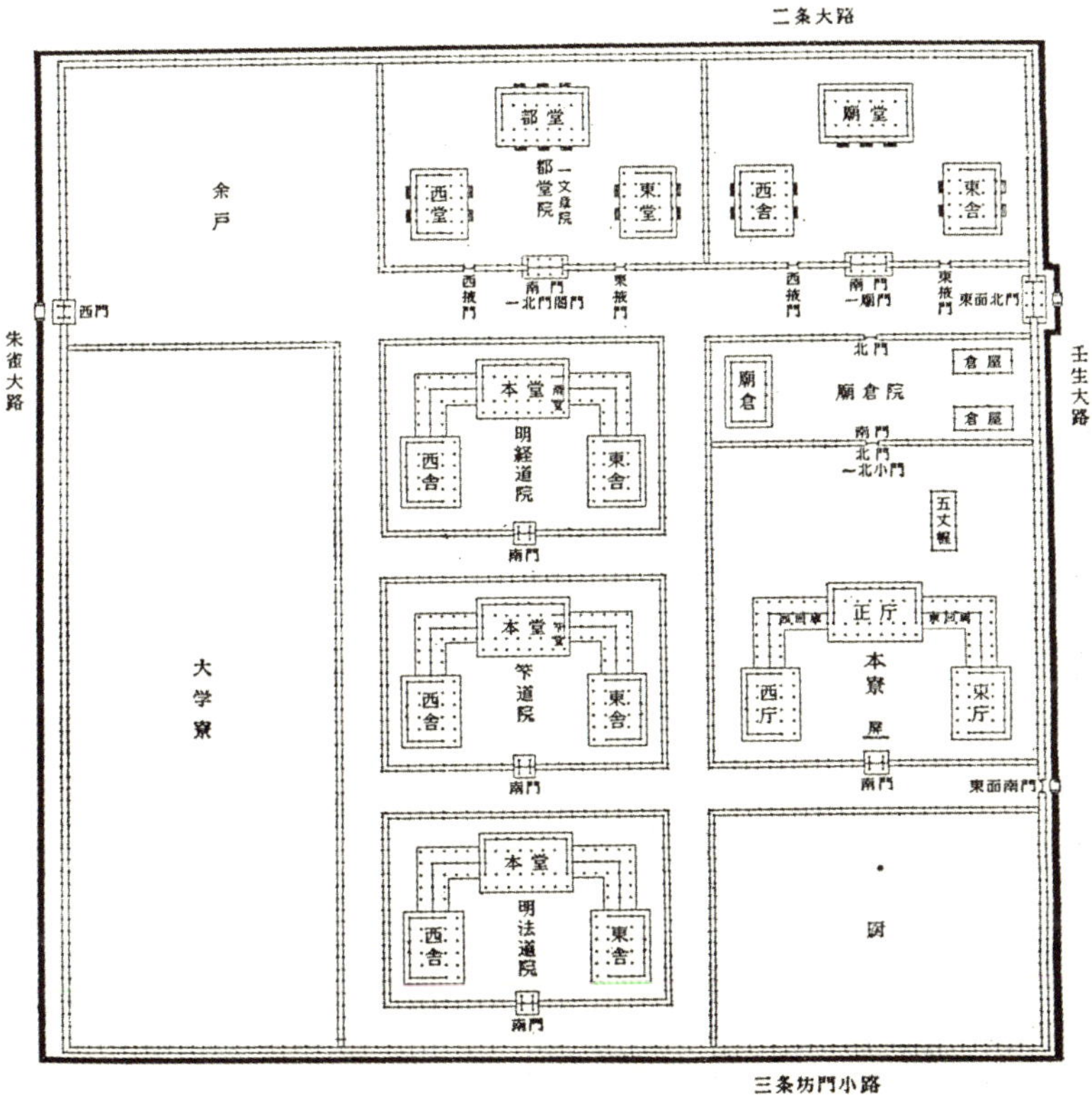

図4.8　平安京の大学寮

出典）日本生活文化史学会編『塾と学校—学びの再発見』（生活文化史7），雄山閣出版，1985年，40頁。

『文華秀麗集』、『経国集』の編纂・刊行はその象徴であった。

貴族たちの文章への関心のたかまりは大学寮のあり方にも大きな影響を及ぼした。新設された文章科の発展・隆盛である。文章科は『史記』、『漢書』、『後漢書』、『文選』など儒学以外の漢文の書物をテクストに、中国の歴史や詩文について学ぶことを旨とした。文章科はやがて次第に人気と重要性を増し、大学寮の本科であった明経科をも凌ぐようになっていったのである。平安初期（遷都から遣唐使廃止までの時期）の時代には、大学寮に学ぶ学生の約三分の二は文章科に属していたという。その背景には日本における儒学の位置づけと、教養としての漢文の受容という文化一般の問題があった。

日本の大学寮も当初は、儒学を中核とした有能な官吏の養成を第一の目的としていたわけだが、儒学を国教とはしておらず、仏教や古来の神道などさまざまな信仰が併存する日本では、儒学一辺倒ではなく漢文文化一般の習得が貴族層の教養として重視されていく。かくして、いわゆる「漢才《からざえ》」・「唐風文化」への傾倒が広まっていった。それは修学を必ずしも立身出世の手だてとする必要のない貴族や高位高官の間で趣味として、あるいはまた家柄・家格の差異化をはかるための手段として利用された。「漢才」は有力な「文化資本」であった。その結果、大学寮は律令国家を担う有能な官吏を養成する機関から、貴族層に教養を提供する場へと変質していった。その変質が生じた嵯峨・淳和・仁明天皇の時代（八一〇―八四九年）は、皮肉にも大学寮の全盛期と軌を一にしていた。庶民にも門戸を開いた文章科に貴族の子弟たちが押しかけてその人気と地位を高め、その結果、身分の低い学生は「白丁文章生」などと呼ばれ差別されたのも皮肉であった。

平安時代初期には経史（歴史）や律学も隆盛をみた。八〇八年には大学寮に紀伝博士がおかれ、続いて紀伝生・紀伝得業生の定員が定められた。一方、国史編纂事業も進められた。律学では律令国家の再建がはかられる中、養老令の公的注釈書『令義解』などが編纂された。

律令国家体制の再建がめざされ、その一環として大学寮の振興がはかられた平安時代初期は、公地公民制（班田収授）を基盤とする律令制が解体していく時期であった。だからこそ再建が課題となったのである。時代の趨勢は律令制から土地の私有を認める荘園制へ移り、藤原氏など一部少数の有力貴族が勢力を増して政治の実権を握り、いわゆる摂関政治を展開するにいたる。摂関政治の下では門閥・家柄が何より重視されて、人材の選抜・配置に個人の能力や才覚が評価される余地はほとんどなかった。そうした状況の中にあっては、大学寮の存在意義が薄れ、あるいはその役割が変化するのは自然のなりゆきであった。国家目的とは関わりなく個人として自由に学問や詩作を楽しむ「詩人派」に対して、論議を事とする「儒者派」が「詩人無用」と批判する状況も生まれていく。学問の有用論・無用論、目的論は古代日本の大学寮をめぐっても展開された。

大学別曹・文章院と私塾・私学

大学寮の学生は原則として寮内に設けられた曹司寮ないし直曹と呼ばれる寄宿舎に在住した。この方針は八七一年の貞観式で明確に規定され、学生はすべて大学寮内に寄宿すべきこと、大学寮外からの通学者には任官試験（貢挙）受験資格を与えないこととされた。曹司は「室」あるいは「部屋」を意味し、学生が起臥する部屋が曹司寮であった。高橋俊乗はヨーロッパ「中世のコレギウムが我が曹司に酷似している」と、比較史の観点から興味深い指摘を行っているが、実際、古代・中世の各文明圏に誕生した「学問の府」は、稷下学宮や太学、ナーランダ僧院、マドラサなどその多くは寄宿制・学寮制を採用していた。プラトンのアカデメイアは例外といえよう。それはともかく、台頭した有力貴族たちはやがて大学寮外に、一族の子弟・縁者の学習・生活上の便宜をはかる目的で、大学別曹を次々に創設していった。

和気広世が延暦年間（八〇〇―八〇八年）に創設した弘文院を嚆矢として、勧学院（藤原冬嗣が八二一年に創設）、学館院（橘嘉智子・公氏が八四四―八四七年頃に創設）、奨学院（王氏のために在原行平が八八一年に創設）がこれに続いた。いずれも豊かな財源に裏づけられ立派な施設を備えていたという。弘文院は田四〇町を割り当てられて、図書数千巻を蔵していた。こうして、大学別曹は大学寮と一歩距離を置く、完結した独自の教育機関としての性格を持つようになっていく。大学別曹の自立化であった。ちなみに、このプロセスはイギリスのオックスフォード・ケンブリッジ両大学における全学（university）とカレッジ（college）との関係を思い起こさせる。中世の時代、品位ある規律正しい生活をと有志篤志家の遺贈により、相次いで大学に設立されたカレッジは、やがて教育機能をも併せ持つ完結した生活・教育共同体として発展していき、豊かな基金に支えられて、学位授与権や試験実施機能を持つ全学を圧倒していくのである。カレッジがしばしば地縁・血縁と結びついていたこともよく似ている。

直曹と大学別曹に関して複雑なのは文章院の位置づけである。文章院はもともと、文章博士と文章生が設けられた時（七二八―七三〇年）に、文章生用の宿舎（直曹）として設立されたものと考えられる（一説には菅原清公が八三四年頃に設立したとも）。やがて平安時代初期以降、文章博士と文章科の人気と地位が高まっていき、菅原氏と大江氏が文章博士の地位を独占するようになると、文章院は両家一族の別曹としての機能も併せ持つに至った。かくして、平安時代中期以後、文章院の講堂にあたる北堂を中心に、事実上、東曹は大江氏、西曹は菅原氏の別曹として、紀伝道（文章科と紀伝科が統合されてこう呼ばれるようになる）を学ぶ学生用の寄宿舎兼学習所となっていった。大学寮の衰退・変容とそれに代わるような大学別曹の台頭は、学問の家学化・世襲化の予兆であった。それは、学問・教育が一部有力貴族の間で占有され、閉鎖的な特権階層の再生産機構に組み込まれていく危険性をはらんでいた。

大学寮や典薬寮や国学などはいわば官学であり、また大学別曹は大学寮に学ぶ特定貴族の子弟のための寄宿舎（後に教育機能も果たすようになる）であった。これらに対し、私人が創設した学問・教育の場も奈良時代から存在した。二度にわたり遣唐使船で派遣され、学者から右大臣にまで昇った博学の文人政治家吉備真備は、仏教と儒学の習合主義の立場から二教院を設立した。平安時代には空海が庶民にも開かれた教育の場として綜藝種智院を創設した（八二八年）が、空海とその庇護者である藤原三守の相次ぐ死去により、わずか二〇年ばかりで閉校となった。その創設理念は以下のように謳われていた（「綜藝種智院式并序」刊行委員会『空海　綜藝種智院式并序』一一―一二頁、一八頁）。

今、是の華城には、但一つの大學の有りて、閭塾有ること無し。是の故に、貧賤の子弟津を問う所無く、遠坊（方）の好事往還するに疲れ多し。今、此の一院を建てて、普く童蒙を濟わんこと、亦善からざらん乎。……肆るがゆえに「綜藝種智院」を建てて、普く三教を蔵め、諸の能者を招く。

仏教・儒学・道教の三教の優れた師を招いて、それらの知識を総合的に、「貴賤を論ぜず、貧富を看ず」に教授する、というのが空海の理念・構想であった。

さて、洋の東西を問わず、図書館が学問の発展に果たした役割には計り知れないものがある。古代日本においても、宮廷や貴族の館には早くから書籍が集められていたと推測される。藤原佐世により九世紀末に作成された『日本国見在書目録』には、当時の日本にあった種々多数の書籍名（一五七九部、一七三四五巻）が記されているが、それらのほとんどは遣隋使や遣唐使が持ち帰ったいわゆる漢籍であり、公の管理下に置かれて大切に保管された。その一方で、私的な公開図書館も古くから存在した。淡海三船とならんで「文人之頭」と称され、その学識と文才を謳われた石上宅嗣《いそのかみのやかつぐ》（七二九―七八一年）が設けた「芸亭《うんてい》」である。宅嗣は邸宅を阿閦寺に改築した際、その一隅に書庫・図書館を建てて儒学その他の漢籍（外典）を収蔵し（宅嗣は熱心な仏教徒であったが、仏教経典の理解を助けるために外典も併せ置いた）、閲覧を希望する者に開放した。日本最古の公開図書館だとされるゆえんである。経書と史書に精通した漢詩人の賀陽豊年はこの芸亭で博く学んだとされる。宅嗣から諸知識を親しく伝授されたとも言い、教育機能も併せ持っていたと考えられる。貴族の間で書籍を集めて文庫を設け、相互に貸借することもこの頃から行われるようになっていった。

図4.9 大学寮（平安京）跡の石碑
撮影）著者

大学寮の焼失

諸博士や官職の世襲化が進み、有力貴族の大学別曹が繁栄していく一方で、大学寮は衰微の一途を辿っていった。大学寮が担っていた官吏の養成・選抜は、博士家を中心に大学別曹で形成された疑似血縁集団に取って代わられていく。大学寮での学習がもはや出世・昇進とは関わりのないものになるにつれて、大学寮に学ぶ学生の数は減り続けた。文章博士菅原家の山陰亭（菅家廊下）のように、諸博士たちは授業を私宅で行うようになり、かくして大学寮の施設・設備も荒廃していった。そうした矢先の一一七七年、京に発生した大火（治承の大火）によって大学寮は焼失した。そして二度と再建されることはなかった。飛鳥・藤原京の時代以来五世紀間近くにわたって存続した日本の「学問の府」・高等教育機関の終焉であった。それはイスラーム軍の侵攻によりインドのナーランダ僧院が破壊された年（一一九三年）の二六年前の出来事であった。同じ頃、ヨーロッパでは最初の大学（universitas）が誕生しようとしていた。神聖ローマ皇帝フリードリヒ・バルバロッサが「ハビタ」を公布してボローニャの学生に特権を与えたのは、大学寮焼失に先立つ一一五八年のことであった。

儒学を中核とした大学寮や大学別曹の消長の一方で、遣唐使派遣停止（八九四年）以降、時代の趨勢は「漢才」・「唐風文化」から「国風文化」へと移っていった。ひらがなやカタカナが発明されて筆記言語としての日本語が成立し、それらを用いた女流文学も隆盛していく。そうした状況の中で、平安時代を通じてもう一つの「学問の府」となったのは仏教寺院である。全国各地に多くの寺院が創建されたが、その二大中心となったのは最澄による比叡山延暦寺と空海の高野山金剛峰寺であった。鎮護国家を標榜する護国・祈禱仏教として朝廷の篤い庇護と支援を受け、仏教は広く社会に普及していった。同時に仏教教学も学問仏教と呼ばれるほどに発展を遂げ、やがてそうした動向に批判的な比叡山の僧たちの中から、法然、親鸞、道元、日蓮など次代を担う鎌倉新仏教の祖師たちが誕生するのである。かくして、来るべき武士の世の中（鎌倉時代）において、仏教寺院が中心的な学問・教育の場となっていく。

中華文明のベトナムへの伝播

中華文明の影響は南方ではインドシナ半島北部にも及んだ。ハノイを中心とする今日のベトナム北部地域である。この地域には戦国時代から後漢時代にかけて、ドンソン文化と呼ばれる中国の影響を受けた青銅器・鉄器文化が存在した。紀元前一一一年、漢の武帝がこの地に侵攻して交趾、九真、日南の三郡を置いて以来、時に抵抗・反乱の試みはあったが、この地域のベトナム人（キン族）は一千年以上の長きにわたって歴代中国王朝の支配下にあった。彼らが唐末五代の混乱に乗じて念願の独立を達成し、国家として発展し始めたのは、黎朝の部将李公蘊（位一〇〇九—一〇二八年）が創始した李朝の下においてである。以降一八世紀半ばにかけて徐々に、キン族は元の居住地の紅河デルタから海岸沿いにインドシナ半島を南進し領土を拡大していく。いわゆる「南進」である。

李公蘊は一〇一〇年に首都をタンロン（昇龍、現在のハノイ）に置き、国家発展の礎を築いた。一〇五四年、第三代皇帝の聖宗（位一〇五四—七二年）は国号を大越（李朝大越）と定め、宋の侵攻を撃退しチャンパーを攻略して領土を拡大するなど国の発展に尽力した。大越は中国の冊封体制下にはあったが、中国に独立を認めさせた最初のベトナム人国家であった。「南進」に伴い領土が拡大し人口が増加するにつれて、まず課題となったのは統治機構の整備である。歴代李朝の皇帝たちは宋を強力な律令制中央集権国家のモデルとして国造りを進めていった。軍制・税制をはじめ、行政に携わる官吏の選抜にも宋の科挙が導入された（一〇七五年）。もちろん、公用の言語は漢字漢文である。中国から伝わった大乗仏教が王族や貴族の間で広く信奉され、事実上、国家宗教のような様相を呈した。一方、民衆の間では道教が根強い信者を獲得し続けた。しかしながら、官吏の養成・訓練において多大な影響力を持ったのは儒学であり、その結果、ベトナムの「学問の府」は儒学に基づくものとなっていった。

聖宗治世下の一〇七〇年、首都昇龍に「文廟」（孔子廟）が創設された。孔子廟は全国各地に設けられたが、

図４.10　文廟の三層門（ハノイ）

出典）E. Sagemueller, *Van Miew: the temple of literature,* Hanoi, 2006, p. 41.

図4.11　文廟の科挙題名碑（ハノイ）

出典）E. Sagemueller, *Van Miew*, p. 22.

昇龍のそれはその中核をなすものであった。六年後の一〇七六年、聖宗の後を承けた仁宗は昇龍の文廟の敷地内に「国子監」を建設した。王族や貴族やエリート官僚の子弟を養成するための教育機関である。国子監の教官には諸博士が置かれ、その長として学頭が皇帝により任命された。学生定員は三〇〇人とされ、学生は学力に応じて三つのクラスに分類された。国子監の門戸は当初、王族の子弟に限定されていたが、やがて漸次、官吏の子弟や科挙の地方試験合格者にも開かれていった。入学に際しての年齢制限はなく（一一八五年に最低年齢は一五歳と規定される）、さまざまな年齢の学生が一緒に学んだ。国子監には六棟の寄宿舎があってそれぞれに二五部屋が設けられており、学生は各部屋に二人で生活した。授業料は無償であったが、衣服や書籍・文房具などは自前で用意することになっていた（裕福な学生が多く、侍僕を雇う者もいた）。

修学年限は科挙の全国試験が実施される時期によって異なるが、おおよそ三―七年間であったという。国子監で学生は四書五経を中心とする儒学の古典を学んだ。毎月、小試験があり、また年に四回大試験があった。国子監での試験は科挙の全国試験と連動しており、前者の試験合格者は後者の受験資格を得て次の段階の、宮廷において実施される皇帝自身による口頭試問を目指した。そして、皇帝による口頭試問の結果、合格者たちはいくつかの段階ごとに分類され、成績に応じてそれにふさわしい官職に就くこととなった。

昇龍の国子監は陳朝（一二二五―一四〇〇年）、黎朝（一四二八―一五二七年）、分裂期（一五二七―一七八八年）、西山朝（一七八六―一八〇二年）を生き延び約七三〇年余の命脈を保った。西山朝に取って代わった阮朝（一八〇二―一九四五年）の嘉隆帝は一八〇二年、都をフエに移すが、その際に新たな国子監が新都に建設され、文廟も同時に移転した。その結果、昇龍の国子監は次第に国の主要な「学問の府」・教育機関としての地位と役割を失っていった。

上述したように、ベトナムの学問・高等教育は長期間にわたって、儒学を中心として展開された。科学・技術や実際的な技能・職業訓練を促進するような公的な教育機関は設けられなかった。少なくとも、これらの分野が国子監の責任・任務の一部だとみなされることはなかった。天文、暦、医療、薬、数学、建築などの分野に関する知識を得たいと望む者は、その道の師匠を見つけて弟子入りし、経験を積み重ねながら実地に学ぶ（徒弟制・現職訓練）しかなかった。学問・教育や行政・外交に使用された言語はもちろん漢文であった。一三世紀までにはチュノム（字喃）と呼ばれる民族文字（漢字の音を借りたり、漢字を合成したりしてベトナムの語を表記）が発明されて、初めてベトナム固有の文字で書くことが可能となった。しかし、それらが使用されるのは詩文や医学など実際的知識の分野のテクストに限定されており、それら以外の外交文書や公的文書はすべて漢文で書かれた。

中華帝国を盟主とする冊封体制は律令制、漢文、仏教、儒学を共有する東アジア（漢字）文化圏と呼ばれる地域の拡がりを生み、そこでは学問・教育においても共通の伝統が形成されることとなった。朝鮮、日本、ベトナムでは太学や国子監などの学制や官吏登用試験である科挙が導入され、中華文明の強い影響下に学問・教育のシステムが構築された。それらの受容の仕方は各国によって異なり、またその時期にもずれが見られた。だが、これらの国々において学問・教育が仏教や儒学を摂取・受容する中で発展したこと、「学問の府」が儒学の教授・学習に基づく官吏養成を目的とするものであったこと、それはまた官吏の選抜システムである科挙と密接に連動したものであったことは確かである。

人材の教育・養成と選抜、すなわち教育機能と選抜機能との関係は各国によって相違があり、また、血縁などパトロネジの原理とメリトクラシーの原理が人材の養成・選抜にどのように作用したかも事情は異なる。だが、ヨーロッパやイスラームなどの他の文明圏と比較して、東アジア文化圏が早くから紙の文化を発達させ、それゆえに筆記試験制度をもち、「論争する学問」に対して「記録する学問」のスタイルの伝統を形づくっていったという指摘もうなずける。その功罪を含め、さらなる検討を要する課題であろう。この点に関連して、東アジア文化圏の国々の学問・教育が、儒学の経典を基盤にした官吏の養成を目的とするものであったことから、国家主導の官学中心となり、活発な論争を通じての自由な知的探求とか、独自の思考による論理的分析を阻害する方向に作用したこと、その結果、科学・技術や職業関連分野の知の探求が軽視される傾向にあったことも注目に値する。

最後に、知の移転・伝播において決定的に重要な媒体言語と翻訳運動について言及しておきたい。文明間における知の伝播が国際共通言語（リンガフランカ）を通じてなされたことは言うまでもない。ヨーロッパ世界ではギリシア語とラテン語、インド文明圏ではサンスクリット語、東アジア文化圏では漢文、イスラーム世界ではアラビア語がそれである。古代ギリシアの思想・学術はギリシア語からシリア語やパフレヴィー語そしてアラビア語へと翻訳され、またアラビア語からラテン語へと翻訳されて中世の西ヨーロッパに再びもたらされた。その際、一大翻訳運動が展開されたことは後の章で詳しくみていくことになる。インドで興った仏教が中国へ伝播するにあたっても、鳩摩羅什や玄奘はじめ多くの訳経僧たちの計り知れない労苦があった。インド世界とイスラーム世界の間でも同様である。

東アジア文化圏において、中国・朝鮮から仏教や儒学が日本に伝えられた際の国際共通言語はもちろん漢文であった。その際、一般的には、漢文で書かれた経典や書物を日本語へと翻訳するという翻訳運動が起こると考えられるのだが、現実の歴史ではそうはならなかった。というのも、その時点では筆記言語としての日本語が未成立だったからである。したがって、日本の知識人や学者や官吏たちは漢文を漢文としてそのまま理解し受容することとなった。その伝統は日本語が成立した後も長く尾を引く。儒学や仏教の経典が日本語に翻訳されるのは近代以降のことであり、今日もなお多くの経典が現代日本語に翻訳されないままとなっている。朝鮮やベトナムでも、同様の理由から翻訳運動は展開されなかった。東アジア文化圏に特徴的な事象だと言えようか。

第5章　イスラーム学術の到来

中東地域の王朝と学問

すでに見てきたように、知の探求や「学問の府」は、西方では古代ギリシア・ローマ、東方では古代インド、古代中国およびその近隣諸国において発展した。その中間の中東地域に位置するペルシア帝国は東西双方の文化の影響を受け、それらを吸収する絶好の地理的条件を備えていた。アジア大陸を横断しペルシアを通る交易ルートは移動する人々の絶えざる流れを生んだが、そのことは、ごく一部であったとしても、思想・情報の移転・伝播を意味した。かくして、古代メソポタミア文明から発展したペルシア帝国は東西両方の文明をつなぐ鎖（文明の十字路）となるに至った。紀元前六世紀から四世紀の時期、アケメネス朝の下で、道路や通信を含む効果的なコミュニケーション手段が開発・整備された。

同様に、アレクサンドロス三世（Alexandros III, 位前三三六—前三二三年、大王）によるペルシア征服とインドへの侵攻は、ペルシア帝国全域に多くの都市が建設されたことに伴う同地域のヘレニズム化を招来した。これらの都市はすべて、街路計画と社会構造の両面においてアテネ・モデルを採用していた。それゆえに、学校や「学問の府」は、アレクサンドロス大王の東征の時代からペルシア帝国全域にわたって知られていた。かくしてギリシ

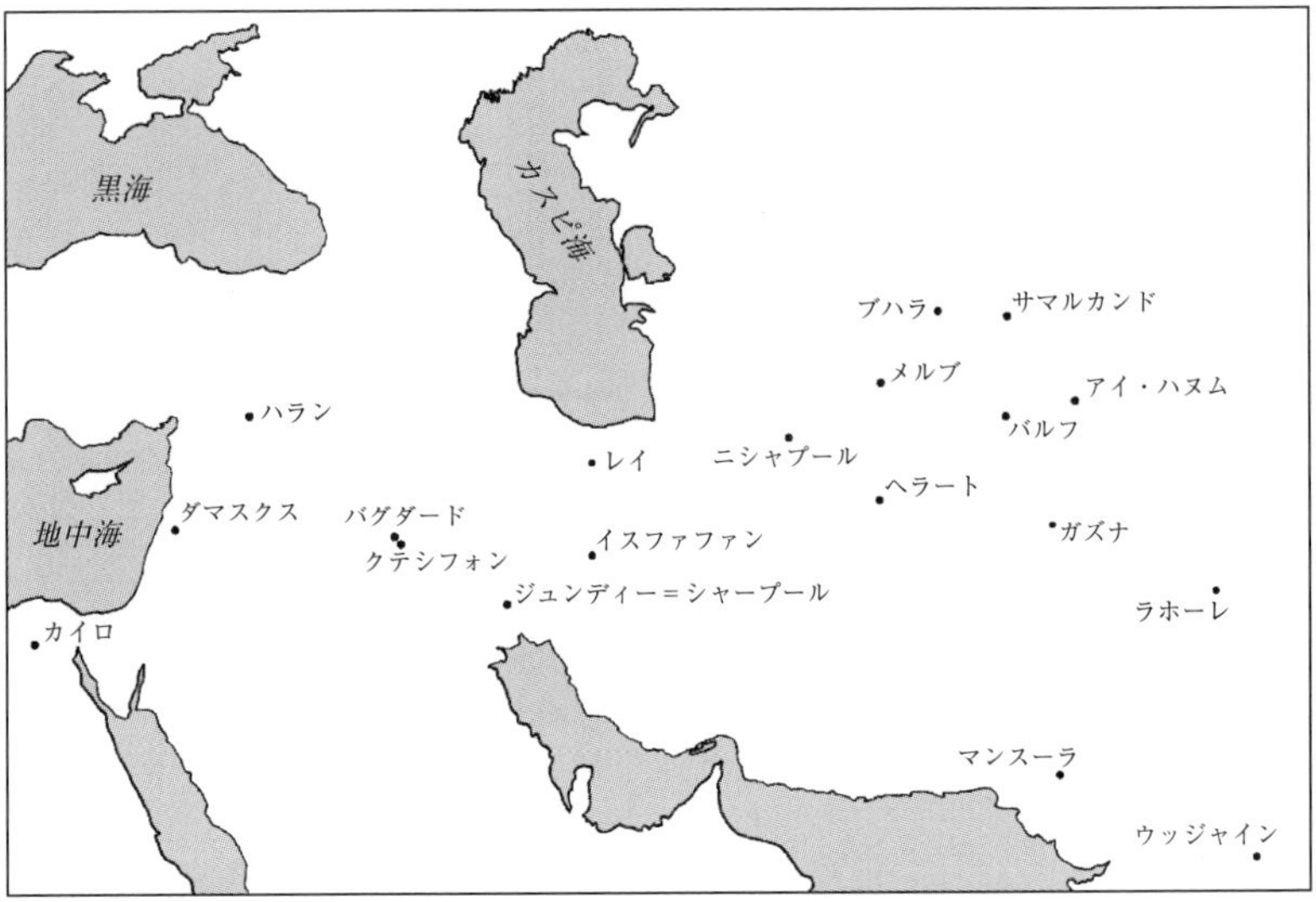

図5.1　イスラーム世界

アの思想と文物は徐々に西アジアや中央アジアに浸透していった。たとえば、アイ・ハヌム（Ay Khanum, 今日のアフガニスタン領）の遺跡からは、紀元前三世紀に用いられたギリシアの天文観測器具が発見されているし、また、当時、ギリシアの一部の天文学者のみが認めていた「地球は丸い」との考え方はインドの思想家たちにも知られていた。近年におけるアイ・ハヌム遺跡の発掘調査の結果が示すところによれば、それはインドとの国境に位置するギリシア都市以外の何物でもなかった。発見されたパピルスの断片からも、アイ・ハヌムの都市の知的生活がギリシアのそれをモデルにしていたことがはっきりと窺える。紀元前四世紀から前一世紀までのセレウコス朝シリアの下でも、ペルシア帝国は依然ギリシア文化の強い影響下にあった。

　ムスリム到来以前のペルシアにおける最後の大帝国はササン朝（紀元後二二四―六五一年）であった。この時までに、交易範囲は西ヨーロッパ、アフリカ、中国、インドへと拡がり、幾人かのササン朝の君主は使節を中国に派遣していた。現存する中国の史料によれば、この時期を通じて一三もの外交使節団がペルシアから中国に派遣されたという。シリア語の重要性も増大した。紀元後一世紀に筆記・書写言語として生まれたシリア語はササン朝の下で、行政上・学問上の指導的な言語としてギリシア語と競合するようになった。マルバラ海岸や東アジアの一部の地域において、とくに中国で増加しつつあったネストリウス派キリスト教徒の間でシリア語が使用されていた、との証拠もある。ペルシア帝国領内で諸都市が何らかの「学問の府」を設けたのはササン朝の時代であった。モスル、アル・ヒラ（今日のイラクのクーファ近郊）、ハラン（Harran）などがそうした都市であり、いずれも東西交易の主要ルート上に位置していた。ハランではシバ人（南アラビア原住の交易集団でハランに多くが居住）がピタゴラス派の学校で有名になり、首都クテシフォン（Ctesiphon）にも学校が設立されたという。

ジュンディー＝シャープール

しかしながら、ササン朝の諸都市の中で学問と最も深い関わりのある都市と言えば、明らかにジュンディー＝シャープール（Jundi-Shapur）であった。それは後にバグダードが建設されることになる地の約四〇〇キロメートル東方に位置した（廃墟となった遺跡はシャー・アバド村にある）。ジュンディー＝シャープールはシャープール一世（Shapur I, 位二四一―二七二年）により、ローマ皇帝ヴァレリアヌスの下で戦ったローマ兵捕虜収容所として建設され、後にササン朝の冬の離宮が置かれた。ローマ皇帝アウレリアヌスの娘がシャープール一世と結婚するため東方に旅した時、彼女は二人のギリシア人の医者を同道したが、そうした旅人は決して彼らだけではなかった。シャープール二世（位三〇九―三七九年）の治世下にはギリシア人哲学者のテオドルス（Theodorus）がジュンディー＝シャープールの学校にやってきて教えた。アリストテレス論理学を教えたヒバ（Hibha）ももう一人の指導的教師であった。医学も盛んであった。ギリシア人医学者たちはこの地で、ペルシアやゾロアスター教の伝統的医療に精通した地元の学者たちとともに、ヒッポクラテス流の医学を教授した。

異端派キリスト教徒の東方移住

だが、ジュンディー＝シャープールが学問の拠点都市として発展する大きな契機となったのは、何と言っても、ビザンティン帝国領内での異端派キリスト教徒への迫害であった。四三一年のエフェソス公会議で、キリストに神と人間の二つの性質を認める（両性論）ネストリウス派は異端とされて帝国を追われ、西アジアに逃れてその地で活路を見出そうとしたのである。彼らはまず国境付近のエデッサ（Edessa）を拠点としその地の学校で布教を進めたが、そこも追われてササン朝ペルシア領内に入り、ニシビス（Nisibis）に学校を開いて活動の中心とした。さらに彼らはジュンディー＝シャープールに移り、そこで大々的に布教と教育を展開することとなった。自分たちのキリスト教神学をギリシア哲学およびそれと結びついたギリシア科学で基礎づけ、それらを土着のシリア語で伝える必要からギリシア語学術文献のシリア語への翻訳が熱心に行われたのである。科学史家伊東俊太郎によれば、「ギリシアの学術が、ギリシア世界を越えて西アジアに、そしてついにはアラビアに伝播するきっかけとなったのは、異端キリスト教徒がビザンティン帝国を追放されたがゆえ」であった。

異端とされて帝国を追われたのはネストリウス派だけではなかった。四五一年のカルケドンの公会議では単性論者たちも、異端だと宣告されてシリア・メソポタミア地方に逃れていった。ネストリウス派が学校を布教活動の拠点としたのに対して単性論者たちは修道院を建てて、そこでギリシア語学術文献のシリア語への翻訳を行った。ラシャイナのセルギオス（Sergios Rashaina, ?—五三六年）は医学、哲学、天文学に関する多くの著作をシリア語に翻訳するとともに『論理学』七巻など独創的な著作も著した。哲学関係ではアリストテレス『範疇論』などを訳しているが、ガレノスの二六に及ぶ医学関係の著作の翻訳は不朽の業績として高く評価されている。それは「ギリシアの科学がはじめて西アジアの言葉に移された記念碑的事件」だったという。七世紀後半に活躍したセヴェルス・セボフト（Severus Sebokht）は神学、論理学、科学など広範な分野にわたって多くの著作や注釈書を著したが、プトレマイオスの『アルマゲスト』をシリア語に翻訳したことで広く知られている。アストラーベやインド記数法がアラビアに伝わったのもおそらくは彼を介してであったと言われている。

ホスロー一世による学問振興

ギリシア学術の振興は啓蒙君主ホスロー一世（Khosro I, 位五三一—五七九年）が即位するとさらに推進された。ササン朝の歴代君主の中でホスロー一世はおそらく、学問の発展を積極的に促進し、亡命学徒のジュンディー＝シャープールへの到来を奨励した最も重要な人物であった。ジュンディー＝シャープールの「学校」はそれまでにすでに存在していたとしても、その隆盛をもたらしたのがホスロー一世であったことは確かである。五二九年におけるプラトンのアカデメイアの閉鎖（ユスティニアヌスの勅令による）に際して、その数年後、ダマスキオス、シンプリキオス、プリスキアノスなど七人の哲学者たちが、新しい理想を求めてペルシアの「哲人王」ホスロー一世の宮廷に赴いた事件はよく知られている（ただし、彼らは現実に失望してまもなくアテネに帰国した）。彼らだけではない。キリスト教への改宗を是としない、ギリシアの学術に精通した学者たちは難を逃れ、新天地を求めてクテシフォンやニシャプールそしてジュンディー＝シャープールへと向かった。そしてホスロー一世は、ゾロアスター教を国教とするが、彼らを積極的に受け入れたのである。

ホスロー一世の関心は東方のインドにも向いていた。彼は使節をインドに送り、自分の宮廷に哲学者たちを派遣してくれるよう頼んだりもしている。また、インドのサンスクリット語古典テクスト『パンチャタントラ』(Panchatantra, 世界最古の子ども用説話集)が彼の宮廷医師ブルゾー(Burzoe)によってシリア語とパフレヴィー語(中世ペルシア語の一つ)に翻訳されたのはホスロー一世治世下のことである。ブルゾーはインドの学術を求めてホスロー一世が派遣した人物であった。このヒンドゥー文化の主要業績は多大な文化的意義を蔵していた。これらの説話自体はずっと以前の時代の仏教説話(仏陀が動物の姿になって顕現するという伝説)の焼き直しである。だが、この物語はその後、パフレヴィー語からアラビア語へ、そしてさらに多くの言語に翻訳されて世界の動物物語の基礎となっていく。『パンチャタントラ』の中のいくつかの説話は『イソップ寓話』と共通しており、その相互関係も興味深い。それはさておき、『パンチャタントラ』は確固たる知識移転が古くからあったことの明白な証であり、ジュンディー=シャープールでの出来事はその一端に過ぎなかった。

ホスロー一世のインドへの関与の実態については定かではない。彼の代理としてインドへ行ったのは宰相のホゾルグマー(Bozorghmer)だという説もあれば、それはブルゾーその人あるいは別人だとの説もあってはっきりしない。しかしながら、ペルシア世界が偉大なヒンドゥーの物語と出会ったこと、またジュンディー=シャープールの学者たちがインド医学を知ることを可能にしたのはホスロー一世の主導ゆえのことであった。ペルシアからインドへという流れだけではなく、インドの医者たちはペルシアに来るよう勧められた。『インド人の智慧』の刊行はその成果の一つであった。同書によってジュンディー=シャープールの医学徒はインド医学の実際を知ったのである。一説によれば、ジュンディー=シャープールには一時、五千人を超す学徒が参集したという。

彼らはペルシア各地からのみならず、ローマ、ギリシア、アラビア、インドなどの遠方からも到来した。

ジュンディー＝シャープールの学校

ジュンディー＝シャープールの学校が実際にどのようなものであったか。施設・設備、財源、運営、教師と学生、教授・学習等その実態については不明な点が多い。「学校」と宮廷との関係も定かではない。ネストリウス派の学校としてすでに存在していたものをホスロー一世が拡充・強化したものなのか、それとも、それとは別個にホスロー一世が新たに創建したものなのか。また、翻訳活動は具体的にどのようにして行われたのか。「学問の府」という観点からは、これらの問題についての解明が望まれるのだが、今は課題として指摘するに留めるしかない。現状ではおおよそ以下のように理解しておこう。

ジュンディー＝シャープールの学校はアレクサンドリアのムーセイオンやアンティオキアの学校をモデルにしたもので、キリスト教神学やギリシア哲学の他、医学、数学、天文学、論理学を教授するものであった。優れた学者の多くは多言語併用であったとの証言もあるが、教授用語はシリア語であった（その一方で、当時、パフレヴィー語がササン朝宮廷の公用言語となりつつあった）。そこでは多数のギリシア語学術文献がシリア語に翻訳された。豊かな蔵書をもつ図書館や天文台も付設されており、翻訳のみならず独自の研究活動も行われて、いくつもの重要なギリシア語テクストに関する注釈書が著された。医学、哲学、天文学を学んだマラバ二世（Maraba II）はアリストテレスの『弁証法』の注釈書を執筆し、ベス・ガルミのセミ（Shemi of Beth Garmi）はエウセビオスの『教会史』を翻訳した。また、ヘナン・イショー二世（Henan Isho II）はアリストテレス『分析』の注釈書を書いた。

附属病院も付設されていて、病院では医学校での理論学習と併行して実習が行われた。附属病院のスタッフの中で最も著名な医者はおそらくユリス・イブン・バヒスタ（Jurjs ibn Bakhista）であろう。彼は後にバグダードが学問の主要拠点となるのに中心的な役割を果たすことになる。また、ジュンディー＝シャープールの病院は、七〇七年にダマスクスに設立される最初のムスリムの病院建設にも影響を与えた。さらに、この医学校と病院で用いられた医学文献リストはバグダードの病院および数世紀後に南欧やパリの医学校で使用されるものの基礎となった。

六世紀のジュンディー＝シャープールの学校はインド、シリア、ヘレニズム、ヘブライなどの学術が混交しつつ繁栄する古代学問の中核拠点の一つであった。そこではギリシア語やサンスクリット語などの多くの古典学術文献がパフレヴィー語やシリア語に翻訳されて異文化圏に伝達された。伊東俊太郎はジュンディー＝シャープールを中心に展開されたギリシア学術文献の翻訳運動を「シリア・ヘレニズム」ないし「ペルシア・ヘレニズム」と呼び、これをギリシア文明移転の第一段階（エクソダスによる文明移転）と位置づけて、来るべき「アラビア・ルネサンス」の開花を準備したものとしている。

だが、ジュンディー＝シャープールの栄光もやがて翳りを見せることとなった。六三八年、ジュンディー＝シャープールは侵攻するムスリムの軍門に下った。そしてその数年後、ペルシア帝国全域がムスリムの支配下に置かれた。それは、クテシフォンの図書館の焼失が明白に証言しているように、ペルシアの学問に対する真の脅威の始まりであった。しかしながら、ジュンディー＝シャープールの学校はアラブの支配の下で、少なくともさらに二世紀間存続し、九世紀にバグダードが新たな学問の拠点となるその基礎を提供することとなる。事実、たとえば、サブール・イブン・サール（Sabur ibn Sahl）が開発した最初の薬局方は八六九年にジュンディー＝

シャープールで取り組まれたものだとされている。それはアラビア語訳される唯一のペルシア起源の医学テクストであり、それゆえに、その後数世紀間にわたりイスラーム世界で使用されることになった。

ジュンディー＝シャープールをはじめクテシフォンやニシビスなどのペルシア帝国の諸都市が、紀元後の六世紀間にわたってギリシア文化を保存・維持し伝達するとともに、学問・知識に対する東西両洋のアプローチを融合させた役割には多大なものがあった。しかし、ギリシア語やシリア語よりもアラビア語が学問の国際共通言語となるにつれて、七世紀中葉までにはムスリムの学者たちがこの役割を果たすようになっていった。

イスラーム帝国の発展

七世紀における初期イスラーム帝国の発展は驚異以外の何物でもなかった。六三二年のムハンマド（Muhammad, 五七〇頃—六三二年）の死後三〇年の間に、地中海の東沿岸地域とその後背地がイスラーム教を信奉するアラブ人の手に落ちた。続いて七五〇年までには北アフリカ全域、イベリア半島の大部分、そして地中海からインダス川流域までの広大なアジア地域がムスリムの支配下に置かれた。これらの出来事は当然、学問や教育のあり方にも大きな影響を及ぼした。

イスラームの初期の発展はメッカ出身の歴代ウマイヤ朝（六六一—七五〇年）カリフの下で達成された。ウマイヤ朝の支配地域にはペルシア人、ベルベル人、コプト人、アラム人を含む多数の少数民族集団がいた。ウマイヤ帝国の中でアラブ人ムスリムは少数派であり、それゆえに彼らは寛容と多様性を奨励することによって統治を安定させるよう余儀なくされた。かくして、ウマイヤ朝の歴代カリフたちは、ササン朝ペルシアの場合と同様、引き続き、ネストリウス派キリスト教徒たちに対しても寛容な態度をとった。ビザンティン帝国から難を逃れてきた彼らがギリシア学術の東方移転にいかに多大な貢献を為したかはすでに述べたとおりである。ギリシア語テクストのシリア語やパフレヴィー語への翻訳作業はジュンディー＝シャープールやダマスクスなどの学術都市で継続して進められた。

しかし同時に、多様な少数民族集団から成る帝国の支配者としてのアラブ人ムスリムの立場は、ウマイヤ朝の権威を切り崩す方向に作用した。とりわけ、国家財政の基礎である地租と人頭税の支払いに関する征服地先住民との差別は政治不安の大きな要因となっていく。征服地の農民たちは納税面での平等を確保すべくイスラーム教に改宗（新改宗者をマワーリーという）したが、平等の実現は容易ではなかった。また、征服地が東方に拡がるにつれて首都ダマスクスからの統治は次第に問題を抱えるようになっていった。こうした状況の中で、ムハンマド家の血筋を引くアッバース家が中心となってウマイヤ朝を打倒し、七五〇年、アブー＝アルアッバース（Abu al-Abbas, 位七五〇―七五四年）を初代カリフに推戴して新たな王朝を創始した。以後七〇〇年間にわたってイスラーム世界を統治することになるアッバース朝（七五〇―一二五八年）である。

アッバース朝国家は二代カリフのマンスール（Mansur, 位七五四―七七五年）の下で繁栄の礎を築いた。彼はそれまでティグリス川西岸の小村であったバグダードを首都と定め（七六六年に完成）、「平安の都」と名づけてその発展に尽力した。その人口は八〇〇年までに七〇万人を超し、やがて一〇〇万人を擁するに至った。肥沃なイラク平野の中心に位置する穀倉地帯にあり、東西交易路の結節点であったから、市場には帝国域内は言うに及ばず遠くインド、東南アジア、中国、アフリカなどからの物産があふれていた。イスラーム法（シャリーア）の下に官僚機構の整備も進められ、宰相（ワズィール）の下に租税庁や文書庁などの諸官庁が設けられて、そこで働く官吏や書記にはアラビア語を話すイラン人が採用された。また、主要街道には駅伝の制が整えられる一方、効果的な通信サービスや銀行・為替システムも導入された。

初期アッバース朝の翻訳運動

多数の言語が併用され（多言語併用社会）、さまざまな宗教に寛容な社会は文化・学問の発展に好条件を準備した。他方、アラビア語が支配言語となり、帝国域内で知識の伝達・移転がより容易になったことも好都合であった。しかしながら、バグダードを拠点とするイスラーム学術の新たな「黄金時代」の到来を可能にしたのは、何よりもまず、歴代カリフたちが積極的に学問の振興・支援に取り組んだことにあった。彼らはとくに、ギリシア語古典テクストの翻訳活動に意を注いだ。アル＝マンスールはビザンティン帝国から多くのギリシア語写本を入手し、それらを翻訳させた。ちなみに、その中にユークリッドの『幾何学原理』が含まれていたが、後世の歴史家イブン＝ハルドゥーン（Ibn Khaldun, 一三三二―一四〇六年）によれば、これがイスラーム世界で最初にアラビア語訳された書物であった。それはともかく、当時、ペルシアの知識人の間では、アレクサンドロス大王がアケメネス朝の領土を支配した時、各地の図書館から多くの書物を略奪してギリシアに持ち帰ったという話が伝わっており、ギリシアの学術はペルシアのそれの支流なのだと考えられていた。それゆえに、ギリシアの学術を元の故地で再興することが彼らの願望となった。アケメネス朝の時代のペルシアの学問についてはほとんど知られておらず、上記の主張が忘れ去られた文化への追想なのか、それとも単なるプロパガンダなのか、今となっては知る由もない。

翻訳運動はアッバース朝下で大々的に展開された。だが、翻訳はそれ以前のウマイヤ朝時代にすでに着手され

図5.2　執務する書記
出典）B. Lewis (ed.), *The World of Islam: Faith, People, Culture,* London, 1976, p. 141.

ていたという。ウマイヤ王家の王子カリド・イブン・ヤジドが、エジプトに住む一群のギリシア人哲学者たちに、ギリシア語とコプト語の医学書をアラビア語に翻訳するよう命じたとされ、これがイスラーム世界における最初の翻訳だというのである（今日ではこれは誤りだとされている）。その後、カリフのアブデル＝マリク・イブン・マルワンにより翻訳のための特別な部局も設置されたが、こうした努力は後継者たちに継承されず、翻訳運動の展開はアッバース朝の成立を待つこととなった。

アッバース朝の学問振興策の意図について考察したディミトリ・グタスによれば、イスラーム以前の「ギリシア諸学に対するササン朝の関心は、一つには、すべての学問が究極的にはゾロアスター教の経典アヴェスターに由来すると考えるゾロアスター教の帝国イデオロギーによって引き起こされていた」。さらに、アッバース朝の歴代カリフたちが知の探求・学問を重視したのはたんなる知的関心・興味からだけではなく、訓練された教養ある官吏を養成するためでもあった。グタスは、翻訳運動が始まって約一世紀後に書かれたイブン・クタイバ（Ibn-Qutayba）の『書記（官吏）の教育』から次のように引用している（Dimitri Gutas, *Greek Thought, Arabic Culture*, pp.111-112.）。

土地を測量するに際して官吏が幾何学を学んでおくことは不可欠である。というのも、理論的知識は実際の現場経験とは異なるからである。古来、ペルシア人は国家の官吏の養成に関して次のように言い続けてきた。

すなわち、灌漑の原理、運河の開削……違法行為の中止、日の長さの測定、太陽の周期、星座の位置、月の満ち欠けとその影響、度量衡の基準測定、三角形・四角形・多角形の測量、アーチ型石橋の建設、バケツでの流水と水道の下射式水車、職工・職人が用いる道具の性質、会計の詳細について無知な者は官吏として失格である。

換言すれば、アッバース朝の支配者たちの念頭にあったのは、古代中国の「学問の府」の場合と同様、高度な教育を受けた官吏階層を創り出すことであった。その教育内容は一方は儒学中心、他方は科学・技術中心と異なっているように思われるが、目的とするところは軌を一にしていた。ただし、その教育システムがどれほど体系的で制度化されたものであったかどうかは不明である。

翻訳運動の背景にも政治的意図があったことは確かである。アッバース朝下の翻訳運動は「注意深く組織化され、高度に専門的であった」とされるが、それは、結局のところ、帝国統治上の必要から行われたものであった。パピルス学の大家Ｍ・エル＝アバディはこの点について以下のように述べている（松本慎二訳『古代アレクサンドリア図書館』一八五―一八六頁）。

中東におけるアラブ支配の最初の二世紀間は管理上の実際的問題が重要であった。アラブの新しい支配者と被支配者とのあいだの言語のギャップを埋めるためには夥しい翻訳が必要であった。シリアでもエジプトでも最初の百年間はギリシア語が引き続き行政上の公用語であり、アラビア語への翻訳は官僚上層部のためにに作成されたに過ぎなかった。そこでギリシア語、シリア語、あるいはコプト語からアラビア語への通訳団がアラブ支配階級のために存在したのであった。

初期アッバース朝の翻訳運動について初めて詳細な研究を行ったディミトリ・グタスは、いつ、どのギリシア語写本がアラビア語に翻訳されたかを一覧表にまとめているが、彼はその課題を次のように設定して研究に着手したのであった（ディミトリ・グタス著、山本啓二訳『ギリシア思想とアラビア文化』五頁）。

いったいなぜシリアのキリスト教徒がこれらの書物を翻訳したのか、あるいはさらに踏み込んで、なぜ後援者がこれらの書物の翻訳をシリアのキリスト教徒に依頼するために大金を支払ったのか、あるいは預言者から数世代しか経ていないクライシュ族のアラブ人カリフたちがいったいなぜギリシア語の書物の翻訳に関心を抱いたのかということは、今までほとんど問うことも応えることもされてこなかった問題である。

換言すれば、翻訳運動は「社会現象」として分析（翻訳運動の社会的・歴史的研究）して初めてその全体像が明らかになるということであろう。これはサンスクリット語仏典の漢訳事業や、一二世紀ルネサンスにおける古代学術文献のアラビア語・ギリシア語からラテン語訳という一大翻訳運動についてもあてはまる。われわれはまた、翻訳という知的営為それ自体についてもあらためて考えてみる必要があろう。その際、ディミトリ・グタスの以下の指摘は重要な手がかりとなる（前掲訳書、二〇九頁）。

翻訳はつねに文化的に創造的な活動であり、「オリジナルな」書物を著すことと同じである。翻訳に関わるすべてのことは、与える側とは異なる受け取る側の文化にとって関連があり、意味があるのである。あるものをいつ翻訳するかという決定、何を、どのように翻訳するかという決定、そして翻訳されたものを受入れること、これらはすべて、受け入れる文化によって決められることであり、その文化にとって意味のあることなのである。

イスラームの学問の構造と分類

さて、ここで、イスラームの学問の構造と分類についてあらためて概観しておこう。イスラームの学問はまず、『コーラン』が書かれたアラビア語の言語学と『コーラン』の解釈学、およびこれらに基づく神学と法学から始まり発展していった。中でもイスラーム教徒の生活と密接に関わる法学については、それぞれの立場からその体系化を試みる努力がなされ「四正統法学派」などが誕生する。これと併行して預言者ムハンマドのスンナ（慣行）を収集し伝承していく伝承の学（ハディース学）や詩学、歴史学なども発展していった。これら法学、神学、文法学、書記学、詩学・韻律学、歴史学の六分野から成るイスラーム内在の学問は「アラブの学問」ないし「伝達の学問」と呼ばれた。そして、これらの学問の担い手として誕生するのがウラマー（イスラーム諸学を修めた知識人・学者、学識あるエリート）であった。これに対して、イスラーム征服以前から伝わった古代ギリシアやペルシアそしてインドなどの学問は「外来の学問」あるいは「理性的諸学問」と総称された。その内容は哲学、論理学、医学、数学、幾何学、天文学、音楽、機械工学、錬金術の九分野であり、加えて光学や地理学も含んだ。これらのうち哲学、医学、数学、幾何学などは「ギリシアの学問」と呼ばれたが、アッバース朝盛期のバグダードを中心に展開された一大翻訳運動は主としてこれらギリシア学術の導入を意図したものであった。

図5.3　『コーラン』古写本（9世紀）
出典）谷口淳一『聖なる学問，俗なる人生』口絵。

知恵の館

ギリシア語古典等のアラビア語への翻訳活動の拠点となったのは「知恵の館」（Bayt al-Hikma）である。それは第五代カリフのハールーン＝アッラシード（Harun al-Rashid, 位七八六―八〇九年）が建設した「知恵の宝庫」と称する図書館を、その息子で第七代カリフとなったアル＝マームーン（al-Mamun, 位八一三―八三三年）が拡充し改名したものであった。「知恵の館」は特定の専用の土地や建物・施設を備えた「学問の府」ではなかった。学生もおらず、カリキュラムや試験もなく、したがって教育機能も持たなかった。それはいわば、大規模な図書館と天文台を備えた宮廷付設の学問所というべきものであった。カリフによって国内外各地から集められた学者たちは、ここで広範な学問分野にわたる大量の原典テクストを、ギリシア語やサンスクリット語やペルシア語からアラビア語へ翻訳する作業に従事した。翻訳された書物の内容は占星術、天文学、数学、医学、錬金術、化学、動物学、地理学、製図などに及んだ。翻訳にあたった学者たちの多くは複数の学問分野に通じた博識家であった。学者たちは日々、集まって議論もしたという。それはカリフの主導の下で展開された組織的・体系的な一大翻訳運動であった。翻訳に係る必要経費は宮廷から惜しみなく提供されたが、バルマク家（Barmakids）やブフティーシュー家（Bukhtishu）などアッバース王朝を支えた有力なペルシア人一族も支援した。

アル＝マームーンが書物の収集と古典テクストの翻訳運動にかけた情熱には瞠目すべきものがあった。治世の初期に彼は、「知恵の館」の学頭サルマン（Salman）を団長とする使節団をコンスタンティノポリスに派遣し、レオン五世にギリシア語の古典テクストを送ってくれるよう要請している。これはその後も続くビザンティン帝国に対する同様の働きかけの最初のものであった。その結果、プラトン、アリストテレス、ヒッポクラテス、ガレノス、ユークリッド、プトレマイオスなどの著作がイスラーム世界にもたらされることとなった。その影響は甚大であった。たとえば、プトレマイオスの『アルマゲスト』は以後数世紀間にわたってアラブ人の宇宙理解に資することになった著作だが、アル＝マームーンはその内容を経験的に実証するべく、何度も繰り返し翻訳させその内容を確認させたという。かくして、翻訳された同書はイスラーム天文学の基礎となり、やがてプトレマイオスがヨーロッパに知られるようになる媒介項となっていく。

アル＝マームーンは東方世界へも目を向けて学者の招聘と書物の収集に努めた。インドのヒンドゥー教徒の学者をバグダードに招き、彼らを通してインド学術の吸収・受容に尽力した。偉大な学者の手になる重要文献はアラビア語に翻訳された。スシュルタ（Shshruta）はヴァナラシで活躍したアーユルヴェーダ医学の創始者の一人で外科学の父として知られていたが、その著書『スシュルタ・サンヒター』はその一つである。そこには三〇〇を超す外科手術の過程と一〇〇以上の外科器具が記述されていた。紀元前三〇〇年頃にチャラカ（Charaka）によって編纂されたアーユルヴェーダ医療の最古の実践の書『チャラカ・サンヒター』も翻訳された。医学・医療の分野だけではない。数学・天文学ではアーリヤバータの『アーリアバティーヤ』が翻訳されている。アーリヤバータ（Aryabhata, 四七六—五五〇年）はパトナ近郊に居住した当時の指導的数学者で、一時、ナーランダにも在住したとされ、その著『アーリアバティーヤ』はブラーマグプタ（Brahmagupta, 七世紀初頭にビンマルで活躍）の『ブラーマ・スプタ・シッダーンタ』とともに、インド数学・天文学を初めてアラブ世界に知らしめることとなった。三角関数の知識やインド命数法（記数法）がムスリムの学者に知られるようになったのはこれらの数学書を通じてであった。

アラビア・ルネサンスの担い手たち

アル＝マームーンが彼の周りに集めた学者・文化人はいずれも、初期アッバース朝におけるアラビア学術の精華というべき人々であった。中でも「翻訳の巨人」としてギリシア学術文献のアラビア語への翻訳に多大な貢献をしたのはフナイン・イブン・イスハーク（Hunayn ibn-Ishaq, 八〇八頃—八七三年頃）とサービト・イブン・クッラ（Thabit ibn-Qurra, 八二六—九〇一年）である。フナインはクーファ近郊のヒーラにネストリウス派キリスト教徒の薬剤師の子として生まれ、ジュンディー＝シャープールの学校で医学などを学んだ後、ビザンティン帝国領やエジプトやシリアに赴いてギリシア語やアラビア語を習得した。そして八二六年、バグダードにやって来て、ブフティーシュー家のジブリールの庇護の下にガレノスの著作『自然の機能について』を翻訳して頭角を現した。

若干一七歳の時のことであった。これを契機にフナインは、当時、ギリシア科学研究の最大のパトロンであった「ムーサーの三兄弟」(Banu Musa brothers)とカリフのアル＝マームーンの知遇を得、「知恵の館」での翻訳の仕事を委ねられて一大翻訳運動を主導していくのである。フナインの下で彼とその弟子たちの手によりヒッポクラテス、ユークリッド、プトレマイオス、アリストテレスなど大量のギリシア語の原典がアラビア語に翻訳されていった。そのやり方は、基本的にはまずギリシア語からシリア語へ、そしてシリア語からアラビア語へというものであった(ちなみにフナインの母語はシリア語)。後にはギリシア語から直接アラビア語への翻訳もなされた。第三章でみた唐における玄奘の仏典訳経事業と同様、「知恵の館」での翻訳活動はチームとして取り組まれた一大国家事業であった。なお、フナインはさまざまな分野で独自の研究も行っており、とくに眼科学の分野で優れた業績を挙げている。

フナインより半世代後のもう一人の翻訳の巨人サービト・イブン・クッラはメソポタミア北部の町ハッラーンに両替商の子として生まれた。サービア教徒でシリア語を母語としたが、各地を旅する中でギリシア語やアラビア語や哲学を学び、旅の途次で偶然出会った「ムーサーの三兄弟」の長兄ムハンマドにその才能と学識を認められてバグダードに赴き、「知恵の館」でギリシア学術文献の翻訳に従事した。翻訳学校を創設して弟子たちの教育にあたったともいう。フナインの翻訳書のいくつかを改訂したり、数学や天文学の分野で独自の研究も行ったりした。

「知恵の館」では翻訳活動と併行して独自の研究活動も展開された。多くの優れた学者がそこで顕著な業績をあげ、独自のアラビア科学を発展させて「アラビア・ルネサンス」と呼ばれる科学史・学問史上の一時代を画することとなった。数学・天文学・地理学の分野で偉大な足跡を残したアル＝フワーリズミー(al-Khwarizmi,

七八〇／八〇〇―八四五／八五〇年)、広範な分野の知識を持つ博識家で、アリストテレス哲学をイスラーム世界に導入してイスラーム哲学の基礎を築いたアル゠キンディー(al-Kindi, 八〇一―八七三年頃)、バスラ出身のアフリカ系アラブ人で修辞学や博物学で業績を残したアル・ジャーヒズ(al-Jahiz, 七七六―八六八年頃)たちはその代表的な学者である。学者・文化人のパトロンとして彼らの活動を支援した「ムーサーの三兄弟」(Muhammad, Ahmed, and Hassan)自身もそれぞれ優れた学者であった。

バグダード生まれの物理学者にして科学史家J・アル゠カリーリ(J. Al-Khalili)は、アル゠マームーンを「ビッグ・サイエンス」の最初のパトロンだったとし、また、一定の制度的形態はとっていなかったとしても、知恵の館は「翻訳された書物のたんなる書庫というよりも、アレクサンドリアの図書館のような形態の真のアカデミーに近いもの」であったと結論づけている。

シリア・ヘレニズム――ペルシアの影響

バグダードで花開いた「アラビア・ルネサンス」はJ・ライオンズ(J. Lyons)の言う「アラブ人による文明移転」であり、アル゠カリーリがその著書のタイトルとした「アラビア科学の黄金時代」を画するものであった。それは紛れもない事実である。だがその一方で、アラビアの学術がペルシア出身の学者たちに多くを負っていたことを看過してはならない。そもそも、古典アラビア語(『コーラン』が書かれた言語)は七世紀以前には筆記・書写言語としては存在していなかった。現存する最古のアラビア語の文書は、六四二年にエジプト産のパピルスに記録されたものである。それゆえに、当時、アラビア語で書かれた一群の体系的知識というものは何処にも存在しなかった。アラビア語は元々、遊牧民であるベドウィン族が使用していた口語（話し言葉）であった。イスラームの軍事侵攻とともにアラビア語は広範な地域で用いられるようになり、筆記・書写言語としてのアラビア語も成立するが、帝国統治の必要上からも、新たに勃興したイスラーム帝国がギリシアやペルシアの学術に目を向けるのは当然のなりゆきであった。

そもそも、ウマイヤ朝を打倒してアッバース朝を成立させる大きな軍事的・政治的力となったのは、東ペルシアのホーラーサーン地方のペルシア人たちであった。七四九年にアブー＝アルアッバースがカリフとなって以来、歴代の宰相を輩出するなどアッバース朝の政権運営の中核を担いそれを支えたのは、同地方のヘレニズム都市メルブ（Merv）出身のバルマク家であった。アッバース朝王家の家系も有力ペルシア人家系との結婚を通じてペルシア化していき、率先して「イスラーム世界のペルシア化」を推し進めていく。それは学術の世界でも同様に生じた。アッバース朝時代のバグダードにおける指導的な学者のほとんどは、ただたんにペルシア人というのみならず、旧ペルシア帝国の特定の地域出身者でもあった。カスピ海東部からアラル海南部に拡がるホーラーサーンとホラズム（今日のトルクメニスタン、ウズベキスタン、アフガニスタン北部、タジキスタン西部を含む地域）である。この地域はバグダード同様シルクロード上に位置し、それゆえにアラブ人到来以前からすでに各地との密接なつながりを確立していた。物産のみならず知識や情報が行き交ったのは言うまでもない。乾燥した不毛の大地であるが、その中にはメルブ、サマルカンド、ブハラ、パンジケント、ヘラート、バルフなどの多くのオアシス諸都市が存在していた。これらの諸都市を経て中国やインドへと行き来する商人たちが、新たなイスラーム帝国の首都バグダードに集まるのは自然のなりゆきであった。

ホーラーサーンとホラズムに生まれ育った学者たちも同様に、バグダードに出て名声を博することとなった。

彼らはペルシア語系あるいはアルタイ語系の言語のいずれかを母語とし、後にアラビア語を習得した。アラビア科学を代表するホラズム出身の大学者アル＝ビールーニー（al-Biruni, 九七三―一〇四八年）は「アラビア語の美しさはそれを学んだ者のまさに血液となった」と述べているが、その習得なくして高度な科学の発展はありえなかった。ちなみに、ホラズム語を母語とするビールーニー自身、「世界の科学すべてをホラズム語で表現することはできない」がゆえに、アラビア語とペルシア語の両言語を習得したのであった。

バグダードが学問の都として発展する以前、ホーラーサーンとホラズムの地方のヘレニズム諸都市は自身、重要な学問の拠点となっていた。実際、八世紀から九世紀にかけての知の発展はこれらの諸都市に多くを負っていた。上述したように、メルブはアッバース朝誕生の地であり、短期間（八一三―八一八年）ではあるがその首都が置かれた都市であった。バルマク家の本拠地ということもあって、都市の発展とともに学問が栄え、その地の図書館を目指して遠方各地から学者たちがメルブに集った。時代は下るが、メルブの図書館を利用した学者たちの中でおそらく最も有名な人物はヤークート・アル＝ハマウィー（Yaqut al-Hamawi, 一一七九―一二二九年）であろう。ギリシア人の子に生まれ、奴隷となるが、各地を巡って書物を読み講義を聴くなどして知識を身につけ、やがて博学の地理学者、伝記学者として名を成した。

メルブの後に学問の都として発展したのはブハラ（Bukhara）である。ブハラはアラビア科学を代表する学者イブン＝シーナー（Ibn Sina, 九八〇―一〇三七年、ラテン名アヴィケンナ Avicenna）の出身地として知られるが、「大学」の成立に関しても注目すべき都市である。伊東俊太郎は『一二世紀ルネサンス』の中で、ヨーロッパ中世に誕生した「大学」はアラビア世界から刺激を受けたのではないか、大学の先駆形態は一〇世紀のブハラに存在したのではないかという大胆な仮説を提示しているのである。その「最初の大学」は回教寺院の付属学校であったが、それはインドの仏教僧侶たちのサンガの影響を受けて設立されたのだと言う。もしそうだとすれば、「大学の成立も、イスラム文明の西漸と関係がある」ことになろうし、「大学」の起源もインドの仏教僧院にまで遡ることになる。実に興味深い指摘である。ただし伊東は慎重に、この仮説は「かなり信憑性のある仮設」たりうるが、「推測にすぎず、今後の研究が必要」だとしている。それはともかく、玄奘の『大唐西域記』にも、中央アジア（今日の南タジキスタン辺り）の諸都市にはいくつかの仏教僧院が存在していたことが記述されており、この地域がさまざまな民族・宗教・言語・文化が行き交い混在する文明の十字路であったことを窺わせる。ちなみに、ブハラは元来サンスクリット語で「僧院」を意味するVihara ないしViharahに由来するという。また、メルブに移りゾロアスター教に改宗する前のバルマク家（その後イスラーム教を信奉）は、元はバルフ（Balkh）にある仏教僧院の長の家柄であった。

アッバース朝の時代、東ペルシアの学者たちがその学問の中心的な担い手であったことは明らかだが、同地方の地理上の理由であろうか、興味深いことに、彼らには程度は異なれ、インドの学術に通じていたという共通点が見られた。ガズナ朝のスルタン、マフムード（Mahmud, 位九九〇―一〇三〇年、「イスラームの擁護者」と呼ばれた）のインド遠征にたびたび随行して『インド誌』も著した博学の科学者アル＝ビールーニーはその一つの例に過ぎない。医学の分野ではアル＝ラーズィー（al-Razi）がインド医学に精通していた。イブン＝シーナーもブハラで過ごした子ども時代、インド人の青物商からインド数学を学んだという。また、バルフ出身の偉大な占星術師アブ・マシャール（Abu Mashar, 七八七―八八六年）はヴァナラシに赴き、そこで一〇年間にわたって天文学を学んだ。アッバース朝の歴代カリフ自身がインド学術に多大な関心を抱いていたのであり、ペルシア人の学者たちがその影響を受けるのは自然のなりゆきであった。

第二代のカリフでバグダードの建設者アル＝マンスールは、天文学で名を馳せていたインドの聖なる都市アリンへ使者を派遣し、インド人学者をバグダードに派遣してくれるよう要請していた。アリンはほぼ間違いなく、ヒンドゥー文化の七聖地の一つで五世紀にグプタ朝の首都が置かれたウッジャインのことであり、主要な「学問の府」として知られていた。要請を受けてインド人学者の一団が、多数の科学・数学のテクストを携えてバグダードの宮廷に赴いた。アラブ人が九世紀の初頭までに、星座に関する知識や六つの三角関数すべてを理解するようになったのはこうしたインドとの知の交流を通じてであった。第五代カリフ、ハールーン＝アッラシードの意を受けて宰相に任命されたバルマク家の一族ヤフヤー・イブン・ハーリッド（Yahya ibn Khalid）も、インドとの学術交流には熱心であった。彼はインドの学術文献をペルシア語に翻訳するため、インド人言語学者をバグダードに召請した。やがてペルシア語からアラビア語へと翻訳することを見通してのことであった。

インドとの知的交流も興味深いが、それはさておき、アッバース朝のバグダードで活躍した学者の多くが、ホーラーサーン地方やトランスオクシアナ（ソグディナ）出身のペルシア人であったことはあらためて強調しておかねばならない。上記の人物以外にも文学、言語学、法学、天文学など幅広い分野で活躍した博識家イブン・クタイバ（Ibn Qutaiba, 八二八―八八九年、クーファ生まれだが父親はメルブ出身）、マームーンが組織したチームの一員として地球の直径の算出に従事したフェルガーナ出身の天文学者ファルガーニー（al-Farghani）、マハン生まれの数学者・天文学者アル＝マハーニ（Abu al-Mahani）、そしてもちろん偉大な数学者・天文学者フワーリズミー（ホラズム出身）やムーサー兄弟もそうであった。学者の輩出地としてのこの地方の伝統はその後も続き、一一世紀には数学者・天文学者・哲学者・詩人にしてイラン＝イスラーム文化の代表者とされるウマル・ハイヤーム（Umar Khyyam, 一〇四八―一一三一年、ニシャプール出身）を出した。

歴史家・思想家・政治家にしてイスラーム世界最大の学者と呼ばれるイブン・ハルドゥーンは一四世紀に、これらの動向・発展について記し次のように要約している（森本公誠訳『歴史序説』四、一一〇―一一三頁）。

わずかな例外はさておき、宗教の学問にせよ、理性の学問にせよ、イスラーム圏における学者の大半がペルシャ人であることは注目すべき事柄である。たとえアラブ出身の学者であっても、ペルシャ語とペルシャ的教育を受け、ペルシャ人の先生について勉学した。…（中略）…まさにペルシャ人だけが、学問の保持や体系的著作の仕事に従事したのである。

R・N・フライ（R. N. Frye）の言うように、アッバース朝におけるシリア・ヘレニズムはまさに「バグダード＝ホーラーサーン枢軸」によって展開されたのであった。だがその枢軸も一三世紀にモンゴル軍の侵攻によって崩壊していった。イブン・ハルドゥーンは上記の記述に続けて、拡大するイスラーム世界における学問の中心地としてイラク、ホーラーサーン、トランスオクシアナの主要都市を挙げ、それらの都市がモンゴル軍の侵攻（一二五八年にバグダードが陥落してアッバース朝は滅ぶ）によって破壊されるとともに、学問の伝統も消滅したと述べている。いわく、「それらの都市が壊滅に帰した時、科学や工芸の成果を産むのに必要な定住文化は消滅した」と。

第6章　イスラーム学術の黄金時代

イスラーム世界の知の形態

中世イスラーム世界で学問がどのように発展したかについて見ていくにあたり、まず、知識へのアプローチに関するキリスト教とイスラーム教の基本的な立場の相違を理解しておく必要があろう。アテネのプラトンのアカデメイア閉鎖に続く数世紀間、キリスト教界を通じて、宗教上の権威は啓示宗教の証としての聖書と教会当局にあると考えられてきた。それはローマ教会であれコンスタンティノポリスのギリシア正教会であれ同じであった。そこでは教会の必要や需要を超える学問や知識の探求は異端だとみなされた。ネストリウス派のように、教会の教義とは異なる立場に立って知を探求した者は「異教」の者として迫害されるか追放された。教会のさまざまな儀式が太陰暦に依拠して計画されていた状況にあっては、教会の権威の枠内での知の探求というのが無難で穏健な立ち位置であった。

これに対してイスラーム教は、神の創造物についてはすべてを学ぶのが忠誠なる信者の義務だという前提の下で発展していった。神の創造物の中にはもちろん自然界の宇宙も含まれた。こうした理解は次のような事実によっても補強された。すなわち、一日の正確な時刻に正しくメッカの方角に向けて礼拝するためには、天体の運行を理解し、星座の動きを基に位置と方向を知ることが必要であった。「六信五行」（イスラーム教徒の神への奉仕）というが、一日五回の礼拝は信仰告白、喜捨、断食、巡礼と並んでイスラーム教徒が為すべき大事な努めであった。二つの宗教の教義上の相違は天体観測や自然現象に対する異なるアプローチを生じさせ、やがて、天文学や自然科学における中世イスラーム世界とキリスト教世界の懸隔を広げることとなっていく。

異端審問（ミフナ）はイスラーム教の場合にも行われたことがある。『コーラン』(al-Quran) は神によって造られたものかどうかをめぐってアッバース朝第六代カリフのアル＝マームーン (al-Mamun, 位八一三—八三三年）は、八三三年、被造説支持の立場から異端審問の開始を命じ、主だった法学者やハディース学者を対象に、その後約二〇年間にわたって審問が行われた。しかし、結局、審問は十分な成果を挙げることなく終わり、『コーラン』は神の言葉そのものだとする伝統主義者たち否認派の主張が大勢を占めて勝利した。このムスリム審問の背景にはカリフとハディース学者たちとの間の信仰上の位置づけをめぐる対立があったとされるが、それはさておき、その結果はイスラームの学問のあり方に大きな影響を与えた。その第一は、以後、信仰の問題は世俗の支配者が直接関与すべきものではない、と考えられるようになったことである。『コーラン』の解釈や預言者の言行や慣行はハディース学者や法学者たちが担うべき問題だとされた。イスラーム法（シャリーア）は複数存在するので、それらの問題について多くのさまざまな立場があったが、やがて四つの主要法学派（スンナ派）が形成されていく。第二は預言者の慣行（スンナ）を尊重し伝承（ハディース）学者の権威を重視することから、『コーラン』読誦学、ハディース学、法学など伝統的な「アラブの学問」がイスラームの学問の主流となっていったことである。一方、神学や哲学や科学など理性に基づく「外来の学問」は傍流の学問として位置づけられることとなった。ただし、ギリシアの哲学や論理学がイスラームの宗教や学問の理論的精緻化に援用されたことは事実であるし、また、「外来の学問」がアラビアの学問の発展に顕著な影響を及ぼしたことはあらためて言うまでもない。

イスラームの学問の体系・構造と分類については第五章で述べたが、イスラームの学問は『コーラン』が書かれたアラビア語の言語学と『コーラン』の解釈学、およびこれらに基づくハディース学と法学から始まり、やがてそれらの「アラブの学問」（「伝達の学問」）に「外来の学問」（「理性的諸学問」）が加わって発展していった。では、それらの学問は誰によりどこで探求されたのか。イスラームの「学問の府」・教育の場は一体、どのようなものだったのだろうか。この問題についてみてみよう。

ムスリムの教育はまず、『コーラン』の読誦・暗記とアラビア語の学習から始まるが、そうした初等教育が行われる場（クッターブないしマクタブ）は、通常、教師の家やモスク（mosque）が利用された。法学や伝承学（ハディース）などの高度な学問の講義もモスクで行われた。講義あるいは講座は、教師のまわりを取り囲むように学生が座ったことからハルカ（アラビア語で「輪」を意味する）と呼ばれた。モスクはイスラームの発展に伴い、各都市に多く建設されたイスラーム教の礼拝堂であり、もちろん、その第一の役割は礼拝の場だという点にあったが、とくに大都市の大規模なモスク（金曜日の集団礼拝が行われるものは「金曜モスク」（ジャーミー）と呼

図6.1　スレイマニエ・ジャーミー（イスタンブール）

撮影）著者

図6.2　スレイマニエ・ジャーミーの中庭（イスタンブール）
撮影）著者

ばれる）の場合、同時に教育や医療や福祉などの複合的機能も担っていた。初期イスラーム世界における学問の制度化について研究を行ったＧ・マクディシ（G. Makdisi）は、大きく分けて、モスクには礼拝モスク（マスジド）と大規模な教育モスク（ジャーミス）の二種類があったという。

モスクの形態はさまざまだが、内部にはメッカの方向を示す壁の窪み（ミフラーブ）、説教壇（ミンバル）、光塔（マナーラ・ミナレット）、ここから一日五回、アザーンと呼ばれる礼拝への呼びかけがなされる）があり、礼拝空間の周囲にはいくつかの部屋が設けられていた。門や中庭そして門の入り口には身体を清めるための水場もあった。イスラームの学問の教育活動や学習活動は礼拝の終わった後に、こうしたモスクの一画を利用して行われた。一二世紀末にアンダルス（現在のスペイン）からバグダードを訪れたある人物の旅行記は、あるモスクにおける講演の様子を次のように記している（湯川武『イスラーム社会の知の伝達』一―二頁）。

われわれは、〔あるモスクにおいて午後（アスル）の礼拝の後に行われた〕ラディ・アッディーン・アル＝カズウィーニーの講演に出席した。この人はシャーフィイー派の高名な学者である。彼は、神の聖典コーランの注解や神の使徒ムハンマドのハディース（伝承）の解説やその意味の説明を、知識を駆使して行った。ついで四方から嵐のように質問が浴びせられるが、よどみなく答えて、つまることなく処理していく。さらに次々と質問書が手渡されるが、彼はそれらを手にまとめて持ち、最後の一枚まで順に答え終えた。そして夜になり、彼が降壇すると、人々は散会した。

この講演の主催者や性格、講師と聴衆との関係など不明な点もあるが、当時の知的活動の一端を具体的に描写していて興味深い。

マドラサ

モスクの他に図書館や病院も学問や教育の場となった。図書館には大規模な教育モスク（ジャーミス）付設のもの、個人の蔵書から成る小規模なもの、私的な寄付による大規模なもの、カリフによって設けられた宮廷図書館などさまざまなものがあった。病院も同様であった。これらの場所では世俗的雰囲気の中で、自然科学や医学など「外来の学問」（「理性的諸学問」）の探求が行われた。だが、知の探求や伝達の場としてより重要な施設は「マドラサ」（madrasa）であった。アラビア語の語源が示すとおり、まさに「学ぶ場所」である。一〇世紀にはすでにホーラーサーン地方に存在していたとされるが、同地方出身のイラン人でセルジュク朝の宰相ニザーム＝アルムルク（Nizam al-Mulk, 一〇一八―九二年）が、一〇六七年、バグダードをはじめとしてニシャプールなどの主要都市に一群の「ニザーミーヤ・マドラサ」（Madrasa Nizamiya）を次々に建設したのを契機に急速に発展していった。そして、それとともに学問や教育の場はモスクからマドラサへと徐々に移っていった。マドラサは一二世紀にはシリア地方やアイユーブ朝下のエジプトに拡がり、その後さらにイスラーム圏各地に展開していった。

マドラサの形態も多様であり、モスクの一画が利用される場合もあれば私邸が転用されることもあった。一方、立派な専用施設を備えた大規模なマドラサもあった。建築様式も時代や地域によって異なるが、一般的には、中庭を囲んで石造りの建物があり、その一角に礼拝堂、教室、教師・学生の居室が配置されるという構造になっていた。学生は授業料を徴収されないだけでなく生活手当の支給を受けて、そこに起居しながら学んだ。遠方からやって来る学生もいた。年齢制限はなく幅広い年齢層の学生が学んでいたが、普通、女性は見られなかった。マドラサの規模はおおよそ教師数人から一〇人程度、学生一〇人前後から数百人程度であった。授業は教師がテクストを定めてそれを読誦・暗誦させるというかたちで進められたが、質疑応答もあった。助手が学生の学習を支援することもあった。

ワクフによる寄進

マドラサはイスラーム社会における一種の宗教的寄進行為「ワクフ」によって支えられていた。カリフや高級官僚、軍人、商人など富裕者層はイスラームの倫理に基づいて富の社会的還元に配慮し、自分の土地や不動産を宗教・教育・福祉などを目的とする施設や活動に充当するようにと設定して寄付した。それらの物件はワクフ財源と呼ばれ、その所有権の移動は恒久的に停止された（ワクフの原義は「停止する」という意味）。ワクフ管理者もワクフ設定者によって指名された（ワクフを設定するためにはワクフ文書を作成し、法廷で認可を受けなければならなかった）。マドラサはモスクや病院や隊商宿（ハーン）などとともに有力なワクフ対象であった。その建設費、維持運営費などはすべてワクフ財源からまかなわれた。授業料や生活費が無償であったゆえんである。

こうしたワクフ設定による慈善活動の一例としてG・マクディシは、バドル・アル＝クルディ（Badr al-Kurdi）のそれを挙げている。彼は一〇世紀後半から一一世紀前半に活動した代表的なムスリム慈善家の一人であった。イスラーム各地のいくつかの州の長官を務めた二年間に彼は学徒や貧民や孤児そしてメッカ巡礼者に対して義援金を提供した。これらの活動に加えて彼はまた、旅する学徒を対象にした三千を超える教育用宿舎

(masjid khan complexes) を建設した。バグダードでその宿舎を利用した学生の一人アブ・アル＝ファリィキはその経験を以下のように記している (G. Makdisi, *The Rise of Colleges*, p.30.)。

私はバブ・アル＝マラティブの一画にあるアブー＝イスハークの礼拝所・教室 (masjid) に面した宿舎に宿をとった。その一画には教師の同僚たちと教師の下で法学を学ぶ学生たちが在住していた。われわれ学生は多い時には約二〇人、少ない時には約一〇人を数えた。教師アブー＝イスハークは四年間、学生たちに法学コースを教えていた。この期間に彼の法学コースを学び終えたら、もう他の場所で学ぶ必要はなかった。彼は一つの授業を午前の礼拝の後に行い、もう一つを夜の礼拝の後に行っていた。(イスラーム暦) 四六〇年(西暦一〇六八年) に私は川を渡ってバグダードの西側に住む教師アブー＝ナスルの所に移り、彼の指導の下でその著作を学んだ。その後、私はアブー＝イスハークの所に戻り、彼が死ぬまでその同僚となった。

アブー＝イスハーク (Abu Ishaq) は、まもなく建設される予定の、バグダードのニザーミーヤ学院 (Madrasa Nizamiya of Baghdad) で、シャハーリー派法学講座を担当することになる著名な法学者であった。それまでの間、彼は自分の「宿付き教場」(masjid-college with its adacent inn) で教えていた。この史料は学生の目から見たその様子を記述しているわけだが、書かれた時期もとくに注目に値する。というのもこの史料は、ワクフとして設定された教師の「宿付き教場」が教場と宿舎とを一体化させた「マドラサ」(madrasa-college) へと変化していく移行期の状況を描写しているからである。

ワクフ対象の設定の仕方にはさまざまあったが、その奇妙な興味深い例として谷口淳一は、一一八四年にアイユーブ朝下のダマスクスを訪れたイブン・ジュバイルの見聞を以下のように紹介している（谷口淳一『聖なる学問、俗なる人生』六六頁）。

最も奇妙な話は一本の円柱についてで、これは新旧の両マクスーラの間に立っているもので、一定のワクフがついていて、学んだり教えたりするためにこの円柱にもたれかかる者がそれを受け取るのである。われわれはここで、イシュビーリーア（セビリャ）出身の、ムラーディーという法学者を見た。朝のクルアーンの七分の一の読誦集会が終わると、人々はこの円柱にもたれかかる。彼の前にも一人の少年が座り、彼はその少年にクルアーンを教え込むのである。若者たちにも読誦に対して決まった手当が支給される。

マドラサとカレッジ

こうしてマドラサについてそのあり様を見ていく時、直ちに思い起こされるのはヨーロッパ中世に誕生した「カレッジ」である。実際、マドラサとカレッジの比較史的考察はG・マクディシが正面から取り上げたテーマであり、その著書 *The Rise of Colleges* には興味深い多くの新たな知見が提示されている。マドラサとカレッジの類似点と相違点および両者の関係を含め、その詳細は同書に譲る他ないが、時代や地域は異なっても似たようなことが考えられるということなのであろうか。あらためて検討すべき課題である。マクディシはさらに、このことに関連する大学のマドラサ起源説についても言及している。何人かのイスラームの学者たちが、世界最古の「大学」は九八八年に創設されたエジプトのカイロにあるアズハル・マドラサであり、大学の起源はマドラサにあるなどと主張しているのに対して、彼は「大学は一二世紀後半に西欧キリスト教世界で誕生した社会組織の一形態である」との通説を擁護しつつ、「組織形態としての大学がイスラームに負うものは何もない。実際、イスラームは団体（corporation）としての大学とは何の関係もない」ことを以下の二つの根拠に基づいて主張している。

その一つは、イスラーム法においては、法人格（juristic personality, legal personality）という概念は生身の人間（physical person）のみに適用されるもので、それ以外の団体や社会組織には適用されない、という点である。後のヨーロッパの大学の母胎とされるボローニャやパリは法人格を有する「学生の団体・組合」（ボローニャ）あるいは「教師と学生の団体・組合」（パリ）として誕生したとすれば、それはイスラーム社会ではありえないことになる。

もう一つは、大学がその発展過程でローマ教皇や国王から獲得した特権と保護に関してである。「大学の発展の歴史はタウン（都市）とガウン（大学団）の闘争の歴史である」と言われる。ボローニャやパリにはヨーロッパ各地から学生や教師が参集したが、そうした市民権を持たない大学人は、自分たちの生活防衛・相互扶助を目的として団体・組合を結成しタウンに対抗した。それは故郷の地を後に大学都市にやってきた「よそ者」であるが故の自衛・対抗措置であった。そして、ガウンはタウンとの争いのたびに、ローマ教皇や国王から特権を授与され保護されて発展していった。ところが、イスラーム法では「市民権（citizenship）」という概念はなく、イスラーム教を信奉するムスリムはイスラーム世界であればどこに住んでいようと「市民」として平等に扱われたので、特別な保護や特権を必要としなかった。それゆえに、この点からみても大学の誕生・発展はイスラームとは無縁の出来事であった、というわけである。

マドラサでの教育と学習

マドラサとカレッジの比較史的考察はさておき、マドラサでの教育と学習の実態はどのようなものであったのだろうか。カリキュラムや試験や学位・資格に関する詳細は不明な点が多い。だが、それらについて見ていく上での基本的前提となる、イスラームにおける学問の方法として三点が指摘されている（学問方法の定式化）。口承・暗誦、読誦、そして師事（師につくこと）の重視である。そもそも、イスラームの学問の原点である聖典『コーラン』は暗誦されるべきもの、音声として伝承されるべきものであった。預言者や教友たちのスンナを集めたハディースもまた、人から人へと語り伝えられていくものであった。加えて古来、アラビア半島には「大切な言葉は暗誦し音声で伝承すべきもの」という暗誦と口承を重視する文化が存在していた。耳で聞いたものは心にしっかり残るし、声に出すことによってより注意深く読むようになるとの考えから、書物は黙読ではなく音読・読誦することが重視された。こうした口承・暗誦重視の背景には、アラビア文字の未発達と安価で扱いやすい書写素材の不在といった技術的要因もあった（これらの問題は八世紀半ば以降にアラビア文字が改良され製紙法が普及するにつれて解消されていくが……）。

イスラームの学問における口承・暗誦へのこだわりは、学生が教師に直接師事して学ぶこととつながっていた。書かれた言葉にのみ依存して学ぶことの有害性や危険性、独学による誤読や内容の誤解などへの懸念から、正しい師につくことが大事だとされたのである。知識・学問の正確な伝達という観点からだけではない。後にイブン・ハルドゥーンが『歴史序説』四（森本前掲訳、一一五―一一六頁）で述べているように、師から直接学ぶことは薫陶によって人格や徳性を磨くことに通じるものであった。

人間は研究や教育や講義によって、あるいは先生を手本としたり、先生と個人的な接触を持ったりすることによって、知識も性格も、自分の主義主張も徳性もすべて修得することができる。しかし、先生との個人的接触によって得られた習性は、なかでも一層強くしっかりしたものである。

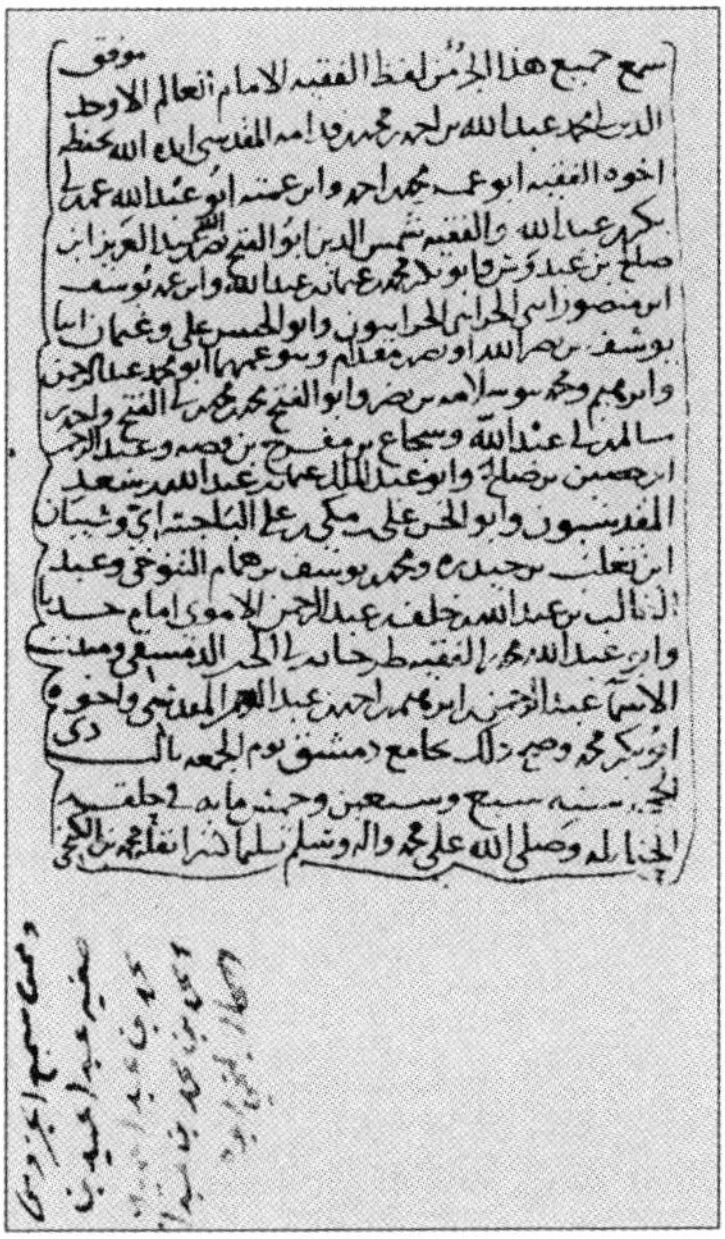

図6.3　聴講証明（1182年）
出典）谷口淳一『聖なる学問，俗なる人生』50頁。

イブン・ハルドゥーンは暗記・暗誦の学問の問題点についても指摘し、討論や考察の重要性を主張しているが、それはあくまで上記のイスラームの学問の基本を前提とした上でのことであった。

マドラサでの知の探求と教育の具体像は、このようなイスラームの学問・教育の基本的前提をふまえて初めて解明されるものであろう。さしあたり、「制度化された学問」の一つの指標となる「資格の付与」に関して言えば、あるマドラサがそこで学んだ学生に対し、マドラサとして学位ないし卒業証書のようなものを授与することはなかった。あるテクストを正しく読誦したという証明書（読誦証明）や、そのテクストを他人に講じ教える資格を認める証明書（教授免許付き読誦証明）は発行された。師につくに際しては、教える資格のある正しい師であるかどうかの判断が重要であるがゆえに証明書は必要であった。だが、それは学生が学んだ個々の教師の名において発行されたのである。

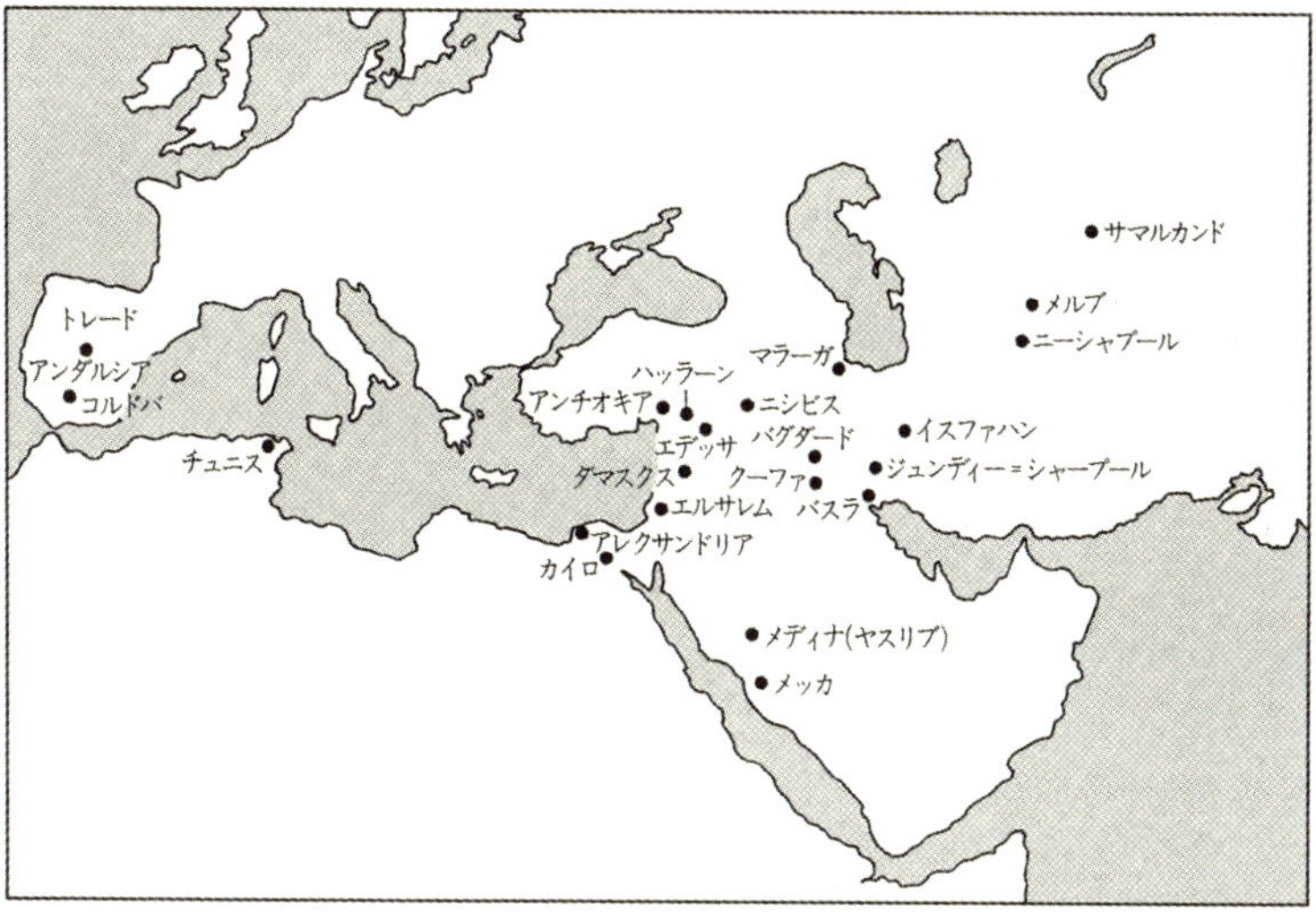

図6.4　アラビア科学圏

出典）伊東俊太郎『12 世紀ルネサンス』岩波書店，117 頁。

「ソクラテスのような偉大な教師は卒業証書を与えなかった」という。また、ヨーロッパ中世に誕生した大学の大きな特徴の一つは、カリキュラムとテクストを明示し修学年限を定め、試験を実施してその合格者には学位を授与した点にあるとされる。「大学の最後の砦は学位授与権である」と言われるように、学位（教育資格、教授免許）の授与は「勉学の制度化」とともに、大学の本質を構成するものであった。一方、マドラサの場合には、資格証明書は出したが、それは個々の教師によるものであった。イスラーム社会では概して、どこでよりも誰に学んだかがより重視された。それは後で見るように「学問の旅」とつながっていた。

イスラーム帝国の拡大と「学問の府」の展開

通常、歴史家は、バグダードの「知恵の館」を中心に翻訳運動が展開された八世紀から九世紀にかけて時代を「アラビア学術の黄金時代」と呼んでいる。この問題をテーマにしたＪ・アル＝カリーリ（J. Al-Khalili）の近著のタイトルもまさにそれであった。だが、同書においても彼も示しているように、アラビア学術の発展はバグダードの外の世界でも進行しており、イスラーム世界全域にわたってその後数世紀間継続した。本章のタイトルを「イスラーム学術の黄金時代」としたのは、このイスラーム世界全域でのアラビア学術の拡大・発展に注目したからである。この時期に、それまで学問とはほとんど何のゆかりもなかったような諸都市に学問が興り知の探求の拠点が形成されていく。本章では、それが何故、どのようにして生じたのかについてみていくことにしよう。

この問題をみていく上でまず理解しておくべきことは、イスラーム世界の一つの重要な特徴は多様性だという点である。ムハンマド時代と正統カリフ時代を経て、ウマイヤ家のムアーウィヤ（Muawiya, 位六六一―六八〇年）がダマスクスに開いたウマイヤ朝（六六一―七五〇年）は、急速な勢いで各地に侵攻しその領土を拡大していった。ウマイヤ朝を打倒したアッバース朝（七五〇―一二五八年）はその広大な領土を受け継いだが、それは多くの少数民族集団と多言語から成る世界であった。それを束ねる求心力はアラビア語と『コーラン』であった。第五章で見たように、アッバース朝の歴代カリフの下でバグダードは人口一〇〇万人を数える国際都市となり、「知恵の館」を拠点に学問が花開いた。だが、繁栄を謳歌したアッバース朝もやがて、その広大な領土とその多様性ゆえに、さまざまな勢力から挑戦され分裂していくこととなった。北アフリカのベルベル人、ホーラーサーン地方のペルシア人など、アッバース朝の支配に抗して独立王朝の建国を企てる勢力は常に存在した。

そもそも、アッバース朝がウマイヤ朝を打倒した時に、ウマイヤ家のアブド＝アッラフマーン一世（Abd al-Rahman I, 位七五六―七八八年）が北アフリカに逃れ、七五六年にはイベリア半島に渡ってコルドバを首都に後ウマイヤ朝（七五六―一〇三一年）を開いたことを忘れてはならない。後ウマイヤ朝はアブド＝アッラフマーン三世（Abd al-Rahman III, 位九一二—九六一年）の時代にイベリア半島と北アフリカ西部の大半を支配下において全盛期を迎えた。アッバース朝に対抗してカリフの称号を用い、コルドバは人口五〇万人を擁する大都市に発展した。アッバース朝は建国の当初から分裂の危機にあったのである。ただし、政治的には敵対関係にあったが、西のコルドバと東のダマスクスやバグダードとの間には絶えざる学者たちの往来があり、学問・文化の交流があった。このことは、知の移転・伝播という観点からすればきわめて重要な出来事であった。それは、後の章で検討するように、イベリア半島を経由しての、ギリシア・アラビア学術のヨーロッパ流入を導くこととなる前提条件を準備したのである。

アッバース朝イスラーム帝国の解体はカリフ、ハールーン＝アッラシード（Harun al-Rashid, 位七八六—八〇九年）の没後、各地で始まった。ホーラーサーン地方ではターヒル朝、サッファール朝の後、イラン系のサーマーン朝（八七五—九九九年）が全域を支配した。北アフリカではトゥールーン朝に続いてファーティマ朝（九〇九—一一七一年）が興り、君主にカリフの称号を用いてアッバース朝カリフの権威を全面的に否定した。また、東方ではガズナ朝（九六二—一一八六年）とトルコ系のセルジューク朝（一〇三八—一一九四年）が相次いで誕生した。こうしてアッバース朝の支配領域はイラク周辺に縮小した。九四六年にはイラン人の軍事政権ブワイフ朝（九三二—一〇六二年）がバグダードに入城してカリフから支配の正統性を授与され、さらに一〇五五年、セルジューク朝（一〇三八—一一九四年）がブワイフ朝を駆逐してバグダードに入城し、アッバース朝のカリフからスルタンの称号を授与された。以後、スルタンの称号がスンナ派イスラーム国家の君主の称号として用いられるようになる。目まぐるしい王朝の興亡であった。

サーマーン朝下のブハラ

それはさておき、ここでわれわれが注目にすべき点は、地方に勃興した上記の各王朝がバグダードにおける学問の発展に刺激され、それに倣ってそれぞれの首都や拠点都市に「学問の府」・教育施設を設けようとしたことである。サーマーン朝はホーラーサーン地方を支配下においたが、この地方は今までも繰り返し述べてきたように、イスラーム学術の担い手を輩出した地であった。シルクロードに沿ってバルフ（サーマーン朝の出身拠点）、ブハラ（Bukhara）、サマルカンド、レイ、ニシャプール、ヘラートなどの都市が点在し、交易とともに情報や知識の交流も盛んに行われた。バグダードで活躍した指導的学者たちの大半はこの地方出身のペルシア人であり、彼らはアラビア語やギリシア語等を習得して翻訳・著作活動を行った。サーマーン朝の君主（Emir）ナスル＝イブン・アーマド（Nasr ibn Ahmad, 位九一四—九四三年）はブハラを首都と定め、バグダードに比肩する都市へと発展するよう尽力した。宮廷や役所だけでなく学問・教育のための施設も設けてその振興をはかった。その結果、彼の治世下にペルシア学術の黄金時代が現出することとなった。彼の後継者たちもその政策を踏襲し、とくに拡大・発展を遂げるイスラームの学問的伝統の枠内での、ペルシア土着の要素（言語や文化）の確立・再興に取り組んだのであった。このペルシア文化の復興に関して、サーマーン朝下でどのような学問振興策がとられたのか。知的活動は宮廷図書館を中心にしたものであったのかどうか。ブハラに設立されたという「学問の府」がどのようなものであったのか。それらについての解明は今後の課題である。だが、サーマーン朝下のブハラがイスラーム世界における知の拠点の一つであり、そこで活発な活動が展開されたことは確かであった。

サーマーン朝下（アッバース朝と併行しつつであるが）で活躍した綺羅星のような学者たちは枚挙に暇ない。すでに述べたことと一部重複するところもあるが、あらためて見渡しておこう。アラビア科学を代表する科学者に

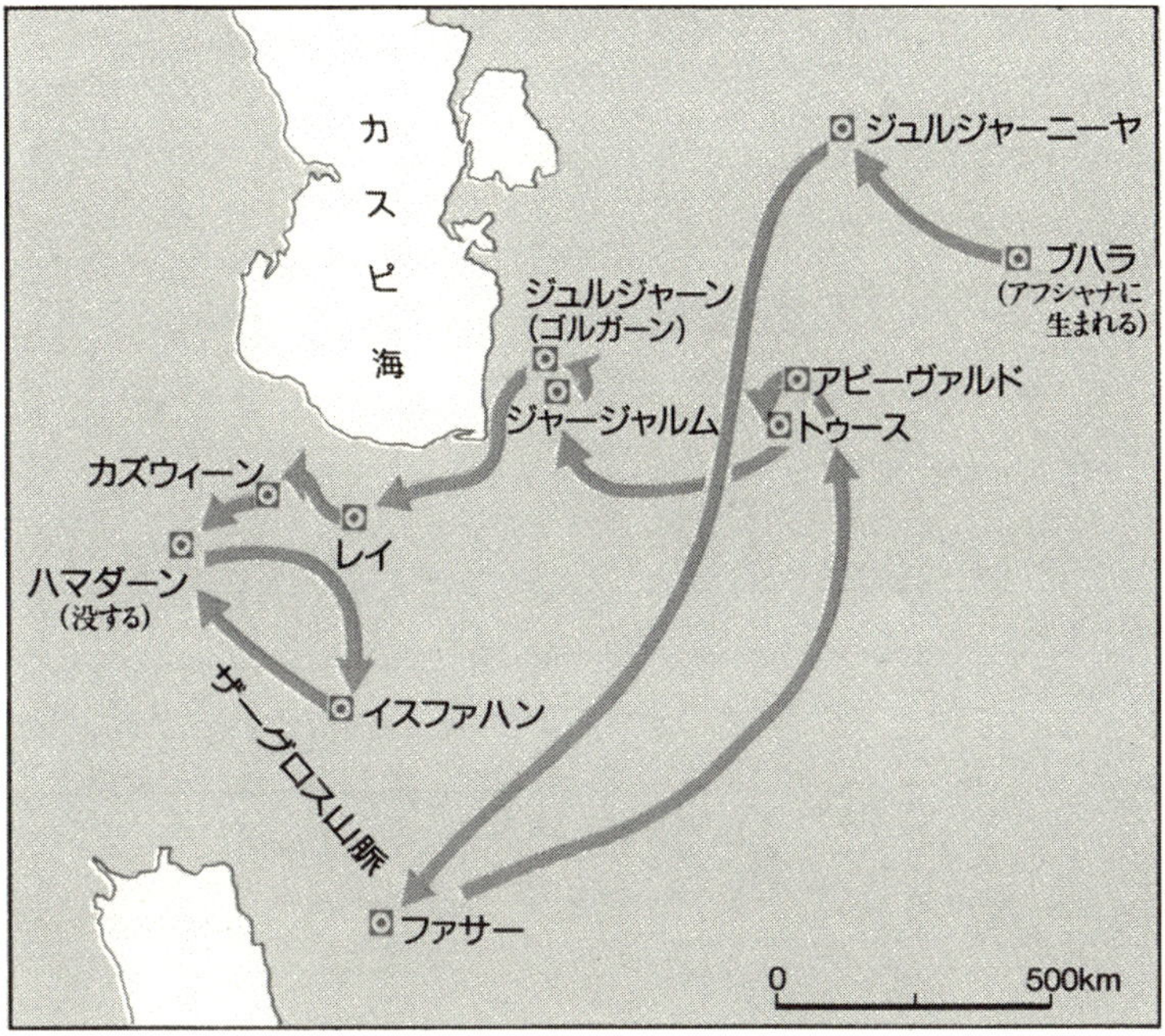

図6.5　イブン・シーナーの足跡

出典)『週刊朝日百科 世界の歴史 49』D-297頁。

して近代数学の祖の一人アル＝フワーリズミーはアッバース朝時代のホラズムの出身だが、メルブで学者として名を挙げ、カリフのマームーンに呼ばれてバグダードに赴き「知恵の館」で活動した。また、「イスラーム世界最高の知識人」、「第二のアリストテレス」と称されるイブン・シーナー(アヴィケンナ)、はブハラ近郊にサーマーン朝の徴税官の子として生まれ、幼い頃からさまざまな師の下で広範な分野の知識を学んだ。長じては医者として君主マンスール二世の治療にあたったのを契機に彼の侍医となり、宮廷図書館への出入りを許されて万巻の書を読破したという。その後、王朝の興亡に翻弄され各地を転々とする波乱に満ちた生涯を送る中で、知の探求を続け偉大な業績を残した。ホーラーサーン地方出身の多くの学者がバグダードに出てそこを活躍の舞台にしたのに対して、シーナーはバグダードには赴かず、終始ホーラーサーンに留まって活動した。例外と言えよう。彼は偉大な博識家であり、その学識は哲学、形而上学、医学、自然科学など万般に及んだ。とくに、その哲学や医学書『医学典範』は後のヨーロッパに多大な影響を与えることになる。その他、サーマーン朝の宮廷ではアル＝トゥルク（al-Turk）のような天文学者や、アブ＝ドゥラーフ（Abu Dulaf）やアル＝マクディシ（al-Maqdisi）といった地理学者たちも活躍した。

サーマーン朝下で取り組まれた知の探求はあらゆる分野に及んだが、とりわけ特徴的なのはペルシア固有の文学・歴史の復興であった。「ペルシア文学の父」と称されるルーダキー（Rudaki, 八五八―九四一年頃）はそのパイオニアの一人である。サマルカンド近郊に生まれた彼はその才能を認められてブハラの宮廷に招かれ、宮廷詩人としてナスル二世に仕えた。同じく宮廷詩人としてサーマーン朝のマンスール一世とヌーフ二世に仕えたダキーキー（Daqiqi, 九三五／九四二―九七六／九八〇年）はヌーフ二世の命を受けてペルシア民族叙事詩の制作に従事した。それは、イスラーム世界におけるイラン・中央アジア地域の文化的独自性を確立する試みの一環としての、イスラーム化以前のペルシアの歴史書編纂事業であった。ダキーキーによる民族叙事詩の制作はフェルドゥスィー（Ferdosi, 九四〇―一〇二〇年）によって受け継がれ、『シャー・ナーメ』（王の書）として完成した（一〇〇九年）。ペルシア民族精神を高揚させるために新ペルシア語で書かれた最も優れた叙事詩だとされている。この頃、アラブ歴史学の伝統を確立したとされるタバリー（Tabari, 八三九―九二三年）の『預言者たちと諸王の歴史』もバーラーミー（Bal'ami）によってアラビア語からペルシア語に翻訳された。タバリーはカスピ海南岸のアーモル出身のペルシア人で、バグダードに出て優れたウラマー（知識人）として活躍した人物であり、この翻訳はサーマーン朝がタバリーのこの著作を自分たちのものだと主張したものだとみることもできよう。

ファーティマ朝下のカイロ

北東アフリカではチュニジアに興ったイスマーイール派（シーア派の一つ）のファーティマ朝（九〇九―一一七一年）が、建国当初からカリフの称号を用いてアッバース朝の支配に正面から対抗した。九六九年にエジプトを征服しカイロに首都を建設したが、そのモデルとなったのはバグダードを範にした旧都アル・マンスリーヤ（al-Mansuriyya）であった。ファーティマ朝は北アフリカ全域、シチリア島と地中海東部沿岸を支配し、短期間ではあったが一時バグダードをも勢力下においた。カイロ（Qahira）は一〇世紀中葉から一一七一年（クルド人の将軍サラディン Saladin がアッバース朝カリフの宗主権を承認してアイユーブ朝を開く）までの期間、ファーティマ朝の本拠地であり、バグダードに対抗する都市とすべく多大な資源と努力が傾注された。

文化都市としてのカイロの建設には二人の人物が深く関与した。一人は将軍ジャウハル（Gawhar）である。彼はカイロの創設者である第四代カリフのムイッズ（al-Muizz li-din Allah）の命を受けて九七〇年にモスクを建設した。後にイスマーイール派法学の教育・布教の本拠となるアル・アズハル・モスク（al-Azhar mosque）である。それはスンナ派アッバース朝下のバグダードに対抗する場であった。イスマーイール派（シーア派の一つ）の教義は世俗的要素の強いものであったが、熱心なスンナ派ムスリムであるサラディンの侵攻以後、アズハル・モスクは資金難に直面し、やがてスンナ派の本拠として再建された。

アズハル・モスクの建設に貢献したもう一人の人物はユークブ・イブン・キリス（Yuqub ibn Killis, 九三〇―九九一年）である。バグダードでユダヤ人の家庭に生まれたキリスはシリアに移住した後カイロに移り、そこでイスラーム教に改宗した。そして、イフシード朝に続いてファーティマ朝の宮廷にも仕え、やがて財政担当の高官となった。九八八年にアズハル・モスクをイスラーム法学の中核拠点として正式に宣言し承認したのはイブ

図6.6　イスラームの図書館

出典）小杉泰・林佳世子編『イスラーム 書物の歴史』口絵。

ン・キリスであった。彼はまたカリフを説得して、数名の指導的法学者に俸給を支払うための基金を設立した。基金付き教師職と言ってよかろう。その人数は数年のうちに三五人を数えるほどとなり、その一部はイスラーム世界全域から招聘された。モスクに隣接して教場用の建物が建設されたのも彼の尽力によった。教場では毎金曜日の正午と午後の礼拝の間にシーア派法学の授業が行われた。イブン・キリス自身、優れた学者であり、モスクと自邸の両方で講義をし、カイロの知的生活の二大要素である法学と哲学の振興に努めた。

これらの動きは第六代カリフのアル＝ハーキム（al-Hakim, 位九九六―一〇二一年）によってさらに拡大された。彼はカイロに「知識の館」（「知恵の館」ともいう）を創設し、そこに一万巻を超す図書を備えた。この「知識の館」はジュンディー＝シャープールの宮廷学校やバグダードの「知恵の館」をモデルにしたものではなく、後で見るように、同時代、セルジューク朝トルコ支配下の多くの都市に建設されたニザーミーヤ・モスクと多くの共通点を持っていた。「知識の館」では『コーラン』をはじめ天文学、文法、言語学、自然学、医学など広範にわたる科目で授業が行われた。あらゆる学問の領域に関する書物の収集が企図され、獲得された書物は希望者に貸与されることになっていた。インク、筆記用具、インクスタンド、紙が用意されて、書物の筆写（写本の作成）が奨励された。H・ハルム（H. Halm）によれば、一一世紀初頭には、「学問の府」としてのアズハル・モスクの機能はおそらく、この「知識の館」に移っていた。

この時代、カイロは各地から真摯な学徒を惹きつける磁場になっていた。アル＝キルマーニ、ナースィル・イブン＝ホスロー、イブン＝ユーヌス、イブン＝アルハイサムといった著名な学者たちがカイロを訪れて知的活動を展開した。アル＝キルマーニ（al-Kirmani, 九九六―一〇二一年）は広く旅をし、ペルシアの各都市で学んだ後一〇一五年カイロに移住してそこで主著『知の平和』を執筆・出版した（一〇二〇年）。それはアル＝キンディ、アル＝ファーラービー、イブン＝シーナーなどの同時代人の思想・哲学とアリストテレスや新プラトン主義者たちのそれを統合することにより、イスマーイール派の思想体系を根拠づけようとしたものであった。その二十数年後の一〇四七年にはホスローがカイロを訪れている。当時の大多数のムスリムの学者と同様、ホスロー（ibn Kusraw, 一〇〇三―六一年）はホーラーサーン地方バルフの出身の詩人・イスラーム神学者で、彼が著したイスラーム諸都市を巡った旅行記『サファル・ナーメ』は一一世紀のイスラーム世界を知る貴重な史料だとされている。それによれば、同市には三〇〇人を超す教師たちとほぼ六千人に及ぶ学生たちがおり、アズハル・モスクの図書館は二〇万巻を超す写本を蔵していたという。

この時期のアラブ人学者で最も有名な人物はおそらくフスタート（Fustat, カイロに先立って存在した都市でカイロはここに建設された）生まれのイブン＝ユーヌス（ibn Yunus, 九五〇頃―一〇〇九年）であろう。学者の家系に育ち、アズィーズ（al-Aziz）とハーキム（al-Hakim）の二代のカリフに天文学者として二六年間仕えた。当時、イスラームの諸都市の間では知的優位をめぐる競争があり、より立派な天文台の建設はその一つの証とみなされていた。カイロでもさまざまな取り組みがなされ、その結果、市の南東に位置するモカタムにも「知識の館」付設の天文観測所が建設された。一〇〇七年に出版されたイブン＝ユーヌスの著書『ハークム大天文表』の観測データが収集されたのはこの天文台においてであった。

史上最も偉大な科学者の一人に数えられるイブン＝アルハイサム（al-Haytham, 九六五頃―一〇三九年、アルハーゼン）はバスラ（Basra）に生まれバグダードで学んだ。その後ファーティマ朝のカリフ、ハーキムに招かれてカイロに移り、そこを拠点に研究活動を行った。ハーキムは名君にして学芸の保護者であると同時に奇行の多い冷酷な専制君主であった。そのハーキムの命を受けてナイル川の洪水を治める方策について調査したが、その非現実性を助言した時のハーキムの怒りを恐れて気が狂った振りをした、という話はよく知られている。アルハイサムはアズハル・モスクの図書館と「知識の館」を活動の拠点にした。と同時にスペインなどにも旅して知見を広めた。彼は数学、天文学、物理学、医学など広範に及ぶ研究の成果を数多くの著作に残したが、その中で最も著名なものは光学の諸原理と科学的実験手法について記した『光学の書』であろう。アルハイサムが「光学の父」と称されるゆえんである。『光学の書』をはじめ彼の著作は一二世紀末にラテン語に翻訳されて、ヨーロッパの科学研究に多大な影響を与えた。

このようにファーティマ朝下のカイロはバグダードに対抗する知の拠点として発展し、優れた学者を輩出した。とりわけ、ヘレニズム時代を通じてエジプトに伝えられた古代ギリシアの科学とバグダードで発展したアラビア科学を総合して自然科学を発展させ、カイロ学派と呼ばれる独自の学統を形成した。ファーティマ朝下のカイロにおける学問の繁栄は後のマムルーク朝（一二五〇―一五一七年）に継承され、とくにバグダードがモンゴル軍の侵攻によって破壊されて以降は、バグダードに代わってカイロがイスラーム文化の新たな中心地となっていった。

ガズナ朝下のガズナ

一〇世紀後半にアフガニスタンに興ったガズナ朝（九六二―一一八六年）は、トルコ系マムルーク（奴隷軍人）が建てたスンナ派イスラームのペルシア化された王朝であった。ペルシア語を公用語としペルシア人官僚が行政実務を担当した。その支配領域は、北はカスピ海から南はアラビア海沿岸、そして北東ではブハラ、サマルカンドそしてインダス川流域パンジャブ地方のラホールに及んだ。名目上はアッバース王朝に忠誠を表明しつつ、実際にはサーマーン朝の一部だと認識していたが、すぐに独立王朝を名乗った。首都はガズナ（Ghazni）であった。勢力を拡大したのは初代君主サブク・ティギーン（Sebuktigin）であるが、ホーラーサーンや北インドに遠征・侵攻してその領土をさらに拡大し、支配を確立するとともに首都ガズナをイスラーム世界におけるもう一つの文化都市・知の拠点に発展させたのは、第三代君主マフムード（Mahmud, 位九九八―一〇三〇年）である。

マフムードの文化政策は強引ともいえるようなものであった。彼は異教徒に対する聖戦（ジハード）を名目に連年、北インド遠征を行った（一七回に及んだという）。カナウジのプラティハーラ朝などを滅ぼし、ヒンドゥー教寺院等を破壊・略奪して莫大な富を戦利品としてガズナに持ち帰った。そして、その富を基に文化都市を建設したのである。マフムードは惜しみない援助を提供することによって、ガズナの宮廷に文人たちとくに詩人を数多く集めた。一説には一時、四〇〇人を超す詩人がいたという。その中の一人が桂冠詩人に任命された。彼らはほとんど全員、遠方からガズナにやってきた。たとえば、ウンスリ（Unsuri）はバルフ、アスジャディ（Asjadi）はメルブないしヘラート（Herat）、ガダイーリ（Ghadari）はレイ（Ray）、ファルーキ（Farrukhi）はシスタン（Sistan）、そしてマヌキーリ（Manuchiri）はダームハン（Damghhan）出身であった。

一部の歴史家は、マフムードは学芸の保護者（パトロン）というより「文人誘拐者」であったとしている。マフムードはレイやイスファファン（Isfahan）にあった書物をすべてガズナに集めただけでなく、ホラズムを占拠した時（一〇一七年）にはその地方の王（Shah）に対して「われわれに威信をもたらすような、それぞれの分野に秀でた学者・文人」をガズナに送るよう命令を下したりもした。彼が学芸の保護者（パトロン）なのか「文人誘拐者」なのかはともかく、マフムードの治世の下でペルシア語文学が大いに隆盛を見て、首都ガズナがサーマーン朝下のブハラやサマルカンドをしのぎ、バグダードと競合する文化都市に発展したことは確かであった。

詩人たちは首都ガズナの繁栄と「イスラームの擁護者」マフムードの盛名を讃えた。ちなみに、ホーラーサーン地方出身のペルシア最高の詩人フェルドウスィー（Ferdowsi, 九三四―一〇二五年）の叙事詩『シャー・ナーメ』（王の書）はマフムードに献呈されたものであった。

ガズナの宮廷にはもちろん科学者たちも集まった。その中で最も有名な学者は、数学、天文学、薬学、鉱物学、地理学、歴史学などの領域で大きな業績を挙げたアル＝ビールーニー（九七三―一〇四八年）であろう。アメリカの科学史家G・サートンは、科学史における一一世紀前半を「ビールーニーの時代」と呼んだ。ビールーニーはホラズムに生まれ、ブハラなど各地を遊歴した後ガズナの宮廷にやって来てマフムードに仕えた。その間、イブン＝シーナーとも交流をもったという。マフムードのインド遠征にたびたび随行し、ガズナ朝が第二の首都としたラホーレには数年間滞在した。その際にサンスクリット語をはじめインドに関する知識を習得し写本を収集し、それらをふまえて『インド誌』を完成させた（一〇三〇年）。百科全書『マスウード宝典』も同年にまとめている。インドの哲学・科学のイスラーム世界への伝播・拡大に果たしたビールーニーの役割には多大なものがあった。

セルジューク朝トルコのニシャプールとバグダード

アッバース朝が弱体化してサーマーン朝、ガズナ朝が興った後、彼らが支配した領土の大半（イラン、イラク、シリアに及ぶ）を勢力下においたのはセルジューク朝トルコ（一〇三八―一一九四年）であった。中央アジアでの遊牧生活から西方への移住を開始しアラル海付近に定住したトルコ人は、やがてイスラーム教に改宗し、同族のマムルーク（軍人奴隷）を採用して軍制を整え、イラン人を官僚に登用して勢力を伸ばしていった。その勢力は一二世紀半ばにイスラーム世界最大となったが、その後衰えて各地の地方政権に分裂した。首都は最初ニシャプール（Nishapur）におかれ、後にレイ、イスファファンへと移った。

セルジューク朝トルコ支配下の諸都市も「学問の府」として発展したが、それは主としてイラン人宰相ニザーム＝アルムルクの主導によるものであった。スルタンのアルプ・アルスラーン（Alp Arsalan）とマリク・シャー一世（Malik Shah I）に仕えたアルムルクは、有能な軍事指導者にして政治家・行政官であり、ファーティマ朝によるシーア派の宣伝活動に対抗するべく各地の主要都市にニザーミーヤ・マドラサ（Madrasa Nizamiyah）を建設してスンナ派教学の拠点とした。最初のニザーミーヤ・マドラサは首都ニシャプールに建設された（一〇六七年）。それは三〇〇人以上の学生を収容できる寄宿制の教育施設で、その運営はスルタンの宮廷とアルムルクの個人資産を財源にしていた。学生の中には奨学生と私費生の両者がいた。主たる教育内容は神学と法学と文学であった。いわゆる「アラブの学問」である。ニシャプールに続いてバグダード（一〇六三年）、バルフ、メルブ、イスファファン、ヘラートにも数年のうちにニザーミーヤ・マドラサが設立された。バグダードのマドラサは急速に発展して六千人以上の学生を収容するイスラーム世界の最高学府となり、その後各地に建設されるマドラサのモデルとなる一方、ニシャプールのそれも先行マドラサとして存在感を維持し続けた。ガザーリーなどの当時の指導的学者はバグダードに行って教える前にニシャプールで研鑽を積んでいる。一群のニザーミーヤ・マドラサの建設はイスラーム教世界における宗派主義の産物でもあった。アルムルク自身熱心なスンナ派の信奉者であり、彼の著書『シーヤサトマーナ』（行政の書）は、イスマーイール派（シーア派）の教義を退けスンナ派の優位を確立するために書かれたとされている。

ニザーミーヤ・マドラサ設立者の意図が何であれ、それらのマドラサには優れた学者たちが集って知の探求に従事した。イスラーム史上ムハンマドに次ぐ最も偉大な思想家と評されるアル＝ガザーリー（Ghazali, 一〇五八―一一一一年、ラテン名 Algazel, アルガゼル）はホーラーサーン地方に生まれ、ニシャプールやイスファファンで法学・神学・哲学を学んだ後、ニザーム＝アルムルクの知遇を得てバグダードのニザーミーヤ・マドラサで教授に任じられた。その後、学問と信仰の統一に悩んで旅と放浪の生活を続けたが、その過程でイスラーム神秘主義思想（スーフィズム）に接近し、主著『宗教諸学の蘇り』などの著作活動を通じてそれをイスラーム信仰の中に正しく位置づけることに傾注した。彼はまた『哲学者の自己矛盾』の中で、古代ギリシアの哲学者たちとそれに追随するイブン＝シーナー（アヴィケンナ）やアル＝ファーラービーを批判してイスラーム哲学の課題を提示していた。自伝『過りから救うもの』は、中世におけるムスリム学者の数少ない信仰告白の類の一例として貴重だとされている。

ペルシア語の四行詩作品集『ルバイヤート』で知られるウマル＝ハイヤーム（Omar Khayyam, 一〇四八―一一三一年）も、セルジューク朝下の諸都市のニザーミーヤ・マドラサを巡りながら学び教えた学者・詩人であった。ニシャプールに生まれ、主にバルフ、イスファファン、サマルカンドで学び、ブハラとニシャプールで教えた。ハイヤームは、存命中は数学者・天文学者・哲学者として名を馳せ、『代数学問題の論証』や『ユークリッドの定義の難点』を著して、後のヨーロッパにおける非ユークリッド幾何学の発展に寄与した。また、スルタンのマリク・シャーの招聘によりメルブの天文台で暦法の改正に従事して、グレゴリウス暦よりも正確なペルシア暦採用の基礎をつくった。ハイヤームは若い頃からニザーム＝アルムルクと親交があり、成功した暁には相互に助け合う約束をしていたとの伝承がある。中世イスラーム世界の多くの学者・思想家と同様、彼もまた博識家であり「旅する学徒」であった。

旅する学徒・学問の旅

先に述べたように、イスラーム世界では学問の方法として口承・暗誦、読誦、そして師事（師につくこと）の三つが重視された。このうちの師事についてだが、良き師が身近にいない場合には師（知識を体現した先達）を求めて遠方に旅することが不可欠となる。学問の旅もイスラーム世界における知の探求の重要な方法であった。このことはハディースでも強調されている。いわく「知識を求めよ。たとえ、それがスィーン（シナ、中国）にあろうとも。なぜなら知識を求めることは、すべての信徒に課された務めであるのだから」。こうした教え・伝承のもとに、学徒たちはイスラーム世界全域にわたり、広く各地を遊学した。旅は「メッカ巡礼の旅」や「交易の旅」などムスリムには身近なものであった。加えて、旅のしやすさもあった。G・マクディシはこの点について次のように述べ、中世ヨーロッパ・キリスト教世界と比較した時のイスラーム世界の特色と利点を指摘している（G. Makdisi, *The Rise of Colleges*, p.5.）。

ムスリムの知の探求者は偉大な旅人であった…（中略）…イスラーム世界では旅は自由なものであった。この点においてイスラームの学徒は西欧ラテン世界の同輩よりも恵まれていた…（中略）…彼は「市民権」を喪失することなく、都市から都市、国から国へ旅することができた。彼は自らが信仰する宗教に属していた。イスラームには都市国家（自治都市）は存在しなかった。

中世ヨーロパの学徒たちも知識を求めてボローニャやパリなど各地を広く旅した。だが、それはイスラームの学徒のように自由なものではなかった。それゆえに権力者からの保護や庇護を必要としたのである。知識を求めての学徒の旅が「大学」誕生の契機となったことはよく知られている。すなわち、知識を求めて故郷を後に異郷の都市へと旅する、市民権を持たない学徒の保護と彼らへの特権の付与から「学徒の団体・組合」として大学が誕生していくのである。その最初のものが神聖ローマ皇帝フリードリヒ・バルバロッサによる勅令「勉学のために旅をする学徒たちのための特権」（通称ハビタ Habita, 一一五八年）であった。

かくしてイスラームの学徒たちは優れた師と知識を求めて都市から都市へと旅をした。ある師の下で学び勉学の修了を証明する各種免状（イジャーザ）を取得すると、再び旅に出て新たな知を探求した。教授資格証明を得た者は教えもした。彼らの中でとくに秀でた学者はしばしば、カリフやスルタンから宮廷や主要都市に招聘され厚遇された。「アラブの学問」と「外来の学問」を問わず、旅する学徒はいわば蜜蜂であり、イスラーム世界中を飛び回って知識の花粉を撒いて受粉させ、各地に知の拠点を形成する媒介者となった。イスラームの旅する学徒や学問の旅についてはこれまでもその都度言及してきたが、ここであらためて、九世紀から一三世紀にかけて活躍した著名な学者を数名取り上げ、その旅の目的地や足跡・経路について具体的にみてみよう。

『預言者たちと諸王の歴史』を著しアラブ歴史学の伝統を確立したとされ、アッバース朝初期のバグダードで活躍したウラマー（知識人）タバリー（Muhammad Ibn Jarir al-Tabari, 八三九―九二三年）はカスピ海南岸の都市アーモル（Amol）に生まれた。七歳でコーラン暗誦者（ハーフィズ）、八歳で礼拝の指導者（イマーム）、九歳でハディースの習得者となる早熟の少年であった。一二歳の時に勉学のため故郷を離れ、イランのレイに赴き五年ほどをそこで過ごした。その間、イブン・フマイド＝アッラーズィーなどを師としてイスラームの歴史を学んだ。

その後、著名な師を求めてファールス、バグダード、バスラ、クーファなどの諸都市を巡った。そして再びバグダードに戻り（この間にメッカ、メディナへの聖地巡礼を行ったとされる）、そこで宰相アル＝ハーカーンの家庭教師として数年をすごした。二三歳の頃にシリアのベイルートに向けて旅立ち、パレスティナを経てエジプトのフスタートに到着した。フスタートには三年間滞在して勉学に励み、その後バグダードへ戻った。八七〇年、タバリー三一歳の頃のことであった。このようにタバリーの学問の旅はおおよそ二〇年間に及んだ。この間に彼は法学、コーラン解釈学、伝承学、歴史学などを修めて著名なウラマーとなり、以後バグダードで半世紀あまりにわたって教育活動と著作活動に専念した。

時代はずっと下るが、イスラーム神秘主義思想家イブン＝アルアラビー（Ibn al-Arabi, 一一六五―一二四〇年）の学問の旅も長く広範囲にわたった。イベリア半島のムルシアに生まれ初等教育を受けたアルアラビーは、八歳の時に父にしたがってセビリャに移住し、そこで多くの師についてイスラーム諸学を習得した。三〇歳の頃、彼は旅に出てチュニス、フェスを訪れ、コルドバに戻ってイブン＝ルシュド（Ibn Rushd, 一一二六―九八年、ラテン名アヴェロエス Averroes）の葬儀に参列した後、カイロ、エルサレム、メッカ、アレッポ、コンヤを遊歴した。そして最後はダマスクスで没した。この間に彼は『メッカ啓示』、『天球の創造』などの著作を著して、独自の宇宙論に基づく神智学を構築した。

その他の例もざっと見ておこう。四正統法学派の一つハンバル派の創始者イブン＝ハンバル（Ibn Hanbal）はメルブに生まれ、若き日にバグダードで学んだ後、イラク、シリア、アラビアを広く旅して学び、その結果、権威としてバグダードに迎えられた。もう一つの正統法学派シャーフィイー派創始者アル＝シャーフィイー（al-Shafi'i）はガザに生まれ、メッカとメディナで教育を受けた後バグダードで活動し、それからエジプトに赴いている。

上述の四人のような「アラブの学問」を追求した学者・思想家だけでなく、「外来の学問」に従事した哲学者・科学者たちも旅する学徒であった。学問の性格からして彼らの場合に読誦証明や教育資格証明のような免状（イジャーザ）が発行されたかどうかは定かではないが、イスラームにおける学問習得の方法として、良き師につくことと遊学・留学は同様に重視された。

アッバース朝初期の時代に活躍した翻訳の巨人フナイン・イブン＝イスハーク（Hunayn ibn-Ishaq, 八〇九―八七三年）は、クーファ（現代のイラク）近郊の町ヒーラにアラブ系キリスト教徒（ネストリウス派）の薬剤師の息子として生まれた。若くしてバグダードに赴き、当時最も著名な医者であったマーサワイフ（ジュンディー＝シャープールの学校出身のアッシリア人でバグダードの病院の院長・宮廷侍医）の下で医学を学んだ。その後アレクサンドリアに赴いてギリシア語を学び、次いでバスラでアラビア語を習得した。そして、カリフのアル＝マームーンにその才能を認められてバグダードの「知恵の館」に招聘され、そこで長年にわたってギリシア語学術文献のシリア語訳やアラビア語訳に従事した。その間、彼はマームーンの命を受けて、ギリシア語写本を収集するためメソポタミア、シリア、パレスティナ、アレクサンドリアを旅している。

アラビア科学を代表する一人アル＝ビールーニー（al-Biruni, 九七三―一〇四八年）の学問の旅は東方のインドへも向かった。ホラズムのカースに生まれ、タバリスタンのズィヤヴィドの宮廷に仕えている間に各地を旅してペルシア語、アラビア語、ギリシア語、ヘブライ語、シリア語、ベルベル語を習得し、タバリスタン滅亡後はガズナ朝のマフムードの宮廷に招聘された。そして、マフムードの度重なるインド侵攻に随伴してラホールなどに数年間滞在し、サンスクリット語を習得するとともにインドに関する知識の探求と写本の収集に努めた。

他にも、比と比例の研究で大きな業績を挙げた数学者アーマド・イブン＝ユスフ（Ahmad ibn Yusuf, 八三五—九一五年）はバグダードに生まれ育ったが、若き日にダマスクスへ旅しカイロで活動した。また、『サービア天文表』を著してコペルニクスなどに影響を与えた天文学者・数学者アル＝バッターニー（al-Battani, 八五八—九二九年）はハッラーン（現トルコ）の生まれで、シリアのラッカで学び教え、古都サマラ近郊の町で没した。さらに、ホーラーサーン出身のペルシア人哲学者で、アリストテレスに次ぐ「第二の師」と評されたアル＝ファーラービー（al-Farabi, 八七二—九五〇年）は、ブハラで学びバグダードを拠点に活動したが、ダマスクス、アレッポ、エジプトを遊歴しながら学び教え、ダマスクスで死去した。

イスラームの学問は「アラブの学問」と「外来の学問」の両面において、アッバース朝をはじめ各地に興亡した王朝下の各主要都市を中心に、イスラーム世界全域にわたって展開された。各都市で学問・教育の場となったのは宮廷、図書館、病院などさまざまであったが、中でもモスクとマドラサが次第にその中心となっていった。学徒たちは知識を体現した教師を求めて各地を遊歴しつつ学び、学者たちはまた新たな知や写本を求めて広い世界を旅した。その結果、イスラームの学問はあらゆる分野にわたって優れた業績を生み、その黄金時代を現出させることとなった。それはやがて、西方ヨーロッパに移転・伝播し来るべき「一二世紀ルネサンス」を用意することとなる。

新興のイスラーム教が北アフリカへ普及・拡大した速度はまさに驚嘆すべきものであった。エジプトは六四二年にアラブ人の手に落ちた。それは預言者ムハンマドの死からわずか一〇年後のことであった。六九八年までにはカルタゴも陥落して、ムスリム軍はさらに西方の先住民ベルベル人（ムーア人）と交戦していた。一部の歴史家によれば、このムスリム軍の西方進出は防御を主たる目的にしたものであった。すなわち、エジプトで得た戦果がビザンティン帝国による反撃あるいはベルベル人からの報復によって奪い返されないようにするためだという。これを先取りしてアラブ人たちはあらゆる機会に、自分たちの行く手に立ちはだかり抵抗するベルベル人部族に対し同化・協調政策を採った。ベルベル人たちはアラブ軍団での兵役にアラブ人と同等の立場で従事することを認められ、戦利品の分け前に等しく与る権利を与えられた。このことは本章の文脈においても非常に重要な意味をもつこととなる。

北アフリカとイベリア半島との交易活動はすでに確立されていた。そして今日のスペインの大半を征服しようと進出したアラブ軍には相当数のベルベル人が含まれていた。その結果、ムスリム支配下のスペインはアラブ人、ベルベル人、ユダヤ人、土着先住民が共生する文化的坩堝となるに至った。彼らは軍隊や地方行政や文化・学術に深く関与し寄与した。かくして、長期に及ぶアラブ支配の下で、北アフリカとイベリア半島の文化・学術の間

に密接なつながりが築かれることとなった

ターリク・イブン・ズィヤード（Tariq ibn Ziyad, ベルベル人）がイベリア半島（アラブ世界ではアル＝アンダルスとして知られていた）に割拠する西ゴート王国に対して最初の攻撃を行ったのは、北アフリカが最終的に征服される以前の七一一年のことであった。イベリア半島は過去一世紀間にわたって西ゴート人の支配下に置かれていた。彼らはローマ人による支配に取って代わったのだが、部族間の争いによりその支配は次第に不安定なものとなっていた。ローマ人のガリア征服の結果としてすでにローマ化していた西ゴート人はガリア南部に侵入し、四一八年、トロサ（トゥールーズ）を都に西ゴート王国を建設した。その後、フランク族に追われてイベリア半島に進出しトレドに遷都した。そうした経緯を経てのターリクのイベリア半島侵攻は、西ゴートによる支配の終焉と以後三世紀間にわたるムスリム支配の始まりを画するものであった。ムスリム軍は七三〇年までに、はるか北方のポアティエやアルルにまで侵攻した。今日の南フランスの大半がムスリムではなくフランク族の支配下に留まり得たのは、ひとえにトゥール・ポワティエの戦い（七三二年）でのカール＝マルテル（Karl Martel）の反撃によるものであった。

ウマイヤ家のアル＝ラーマンがイベリア半島に到来して、アンダルスに強力なムスリム国家を建設したのは七五六年のことであった。ウマイヤ朝がアッバース朝によって打倒された時、アル＝ラーマン（al Rahman）はダマスクスでの一族殺戮から逃れて北アフリカに行き、そこからイベリア半島に渡ってコルドバ（Cordba）を首都とする後ウマイヤ朝（七五六—一〇三一年）を開いたのである。アル＝ラーマンはアブド＝アッラフマーン一世（abd al-Rahman I, 位七五六—七八八年）として君主（Emir）であることを宣言し、政権の基礎固めに尽力した。アンダルスのムスリム国家である同王朝はマグリブ西部（エジプト以西の北アフリカ）の大半とイベリア半島を支配下におさめ、彼の孫アブド＝アッラフマーン三世（abd al-Rahman III, 位九一二—九六一年）の時代に最盛期を迎えた。コルドバは人口五〇万人を擁する大都市に発展し、アッラフマーン三世はアッバース朝に対抗してカリフの称号を名乗った。

北アフリカ

北西アフリカとアンダルスに対するムスリムの支配確立の最初の重要な一歩は、おそらく、都市カイラワーン（Kairouan）の建設であった（六七〇年頃）。現代のチュニス（Tunis）の約一五〇キロ南方に位置するカイラワーンは、元々、敵対し続ける西アフリカのベルベル人を支配するために建設された駐屯地であった。それはすぐに主要な行政拠点となり、やがて学問の拠点として発展し名声を獲得していった。その戦略上の立地から、都市の建設と同時にシディ・イクバ・モスク（Sidi-Iqba Mosque, カイラワーン・モスクとして知られる）が設立され、西方イスラーム世界全域から学徒たちが参集する目的地となっていったのである。モスクではイスラーム思想や世俗の学問が教え学ばれたが、とりわけ中心となったのはイスラーム法学であった。その指導的な学者の一人はアサド・イブン・アル＝フラート（Asad ibn al-Furat, 七五九—八二八年）である。カイラワーンで裁判官となった彼は、若き日にメディナでマーリク・イブン・アナス（Malik ibn Anas, 七〇九頃—七九五年）自身の下で学んだ初期マーリク法学を代表する学者であった。

「西方ムスリム世界全体を通じてマーリク法学派（スンナ派）の絶対的優位を確立した人物の一人」と評されるサハヌーン（Sahnun, 七七六—八五四年）も、マーリク法学の拠点としてのカイラワーンの名声を確立するのに

図7.1　イスラーム学術の西方移転関係地図

大きく寄与した。彼は同地方に生まれ、カイラワーンとチュニスで著名な法学者アリ・ビン・ズィヤード（Ali bin Ziyad, 彼もメディナでマーリク自身に師事した）の下で学んだ後、マーリク法学の思想を究めるべくエジプトとメディナに旅し、八〇七年にカイラワーンに帰郷した。そしてその地で長年にわたり指導的な法学者として活躍し、マーリク法学派の主要注釈書となるハディース集成書『ムワッタア』を執筆した。マーリク法学派は現在に至るまで四大法学派の一つとして勢力を保っているが、メディナに興ったマーリク法学派が西アフリカ、アンダルス、シチリアに地歩を築き得たのはサハヌーンによるところが大きい。同地方出身のムスリムの多くが巡礼の地としてメッカよりもメディナを選ぶというのも、マーリク派の優勢を物語るものであろう。

カイラワーンではイスラーム法学以外の幅広い分野の学問も探求された。その指導的な二人の人物は医学者のイスハーク・イブン＝イムランとイブン・アル＝ジャザールであった。イブン＝イムラン（Ishaq ibn Imran, ?—九〇八年）は臨床的うつ病の研究で著名な医者で、アラブ人で初めてこうした領域に取り組んだパイオニアであった。またカイラワーン出身のイブン・アル＝ジャザール（Ibn al Jazzar, 八七五頃—九七九年頃）はさまざまな領域の問題について著作を残したが、臨床教育用の医学書『旅人の備え』によって広く知られている。後で見るように、同書は一一世紀後にコンスタンティヌス・アフリカヌス（Constantinus Africanus, 一〇一七—八七年）によりラテン語訳されて、広く西欧世界の医学に大きな影響を及ぼすことになる。

一一世紀に都市としてのカイラワーンの繁栄に翳りが見えるようになると、学問の拠点としてのその影響力も衰微した。代わって台頭したのはチュニスのアル・ザイツーナ・モスク（Al-Zaytuna mosque）であった。八世紀初頭に建設された同モスクは、その頃には数万巻の蔵書を有する図書館（アル＝アブディリーヤ図書館 al-Abdiliyah library の大規模写本コレクションを含む）を付設しており、ムスリム世界全域から学徒を惹き寄せていた。その重要性は一三世紀にチュニスがチュニジアの首都になった時にさらに強まっていく。中世の偉大な歴史家イブン＝ハルドゥーンがアル・ザイツーナ・モスクで学んだのはその頃のことであった。

しかしながら、北アフリカにおける最も有名なムスリムの学問の拠点はフェス（Fes, 今日のモロッコ）のアル＝カラウィーン・モスク（al-Qarawiyyn mosque）であろう。同モスクは裕福な商人の娘ファーティマ・アル＝

フィーリ（Fatima al-Fihri, 八〇〇頃—八八〇年）によって八五九年に創設され（彼女の姉妹も大規模な寄進を行っており、女性もワクフ活動を担っていた一つの証左である）、まもなく学問の一大拠点として発展していった。そこで学び教えた学徒には地図製作者・地理学者アル＝イドリーシー（al Idrisi, 一〇九九／一一〇〇頃—一一六五／六六年頃）、イスラーム神秘主義（スーフィズム）の確立に寄与したイブン・アル＝アラビー（Ibn al Arabi, 一一五六—一二四〇）、ユダヤ人哲学者・神学者のマイノニデス（Moses Maimonides, 一一三五—一二〇四）、マーリク法学者アブ・イムラン・アル＝ファージ（Abu Imran al Fasi, 九七四—一〇三九年）などがいる。ずっと後の時代になるが、アフリカについて初めて広く紹介した人物の一人で旅行家・作家のレオ・アフリカヌス（Leo Africanus, 一四九五—一五五四年）もカラウィーン・モスクに学んでいた。カイラワーンやチュニスと同様、フェスも地中海を介してアフリカとヨーロッパを結ぶ交易ルートのネットワークに位置していたがゆえに、同地が学問の拠点となるのは自然のなりゆきであった。

「学問の府」はサハラ以南の地にも見られた。金や塩やイチジクそして奴隷の交易でサハラ砂漠を横断する交通路が賑わい、それに伴ってシジルマサやクワラータや、ニジェール川中流域に位置するトンブクトゥに宿駅が誕生したが、これらの地域でムスリムの影響が拡がるにつれて、交易都市は知識の中継地ともなった。偉大な旅行家イブン＝バットゥータ（Ibn Battuta, 一三〇四—六八年頃）と同じようにサハラ砂漠を旅したレオ・アフリカヌスは、シジルマサの都市に「多くのカレッジ」があったと記している。クワラータからは中世の写本も発見されている。だが、サンコール・モスクのマドラサ（Sankore Madrasah）を中心に、学問の拠点として発展したのはトンブクトゥ（Timbuctou）であった。トンブクトゥからは七〇万点を超す中世の写本が発見されたという事実がそのことを実証している（それらは今日、同市に保管されている）。ガーナ王国（七世紀頃—一一五〇年）による支配末期に胚胎し、「黄金郷」と呼ばれたマリ帝国（一二四〇―一四七三年）の下で主要都市として発展したトンブクトゥは、地域住民の間で一つの格言を生んだ。いわく「塩は北、金は南から。けれど学問はわが美わしの都トンブクトゥから」。そこに参集した学徒は一時二万五千人を数えたという。時代はわれわれが対象とするずっと後のことであるが、イスラーム学術の影響が北アフリカにまで及んでいたことを示す重要な一例として挙げておこう。

コルドバ

イベリア半島に到来して後ウマイヤ朝（七五六―一〇三一年）の初代君主となったアブド＝アッラフマーン一世（位七五六―七八八年）はコルドバを首都に定め、以後二世紀間以上に及ぶイベリア半島支配の基礎を築いた。コルドバはまもなくセビリャ（Seville）やカディス（Cadiz）を凌ぐ最大の都市として発展する。ムスリム支配下のアンダルスは学問が栄えるいくつかの好条件を備えていた。まず、その地域は他民族・多文化が入り交じる混合社会であった。土着の住民はロマンス語（近代スペイン語の基礎となる）を話し、またヘブライ語を日常語とするユダヤ人も相当数いた。新たに到来したムスリムはアラビア語を話し、アラビア語がラテン語に代わって宮廷や政治・行政で用いられる言語となった。事態はさらに複雑であった。というのも、ムスリム軍のベルベル人部隊の多くは北アフリカのいくつかの地方言語を母語としていたからである。後に見るように、新翻訳運動がこの地で展開されることになる背景にはこうした状況が存在した。

アンダルス地方はイスラーム世界の最西端に位置したが、ヨーロッパ・北アフリカ・中東を結ぶ主要交易路上にあり、決して孤立した辺境の地ではなかった。外部世界からの影響に対して開かれた寛容性は、文化面での東方イスラーム世界との交流を通じて促進された。政治的にはアッバース朝と敵対関係にあったが、学徒たちはバグダードやダマスクスに赴いて当地の知識・学問を吸収し持ち帰ったし、裕福な家庭は子弟を同地に留学させた。コルドバのエリートたちはバグダードなどの都市の先進的な学問・文化に敏感で、その最先端の動向を常に注目していた。こうしたことの結果、アンダルスはさまざまな民族・文化が交じり合う坩堝となり、学問・知識の拠点として発展することとなった。コルドバがやがてバグダードと肩を並べる文化都市となったのは決して驚くにはあたらない。当初、それはイスラーム法学の拠点であったが、まもなくそれ以外の学問でも頭角を現し、分野によってはバグダードを凌ぐ勢いを示した。

後ウマイヤ朝前期を代表する学者としてはアッバース・イブン＝フィルナス（Abbas ibn Filnas, 八一〇―八八七年）を挙げることができよう。アンダルス出身のベルベル人イスラーム教徒で、奇人博識家である。詩人、音楽家、文法学者にして錬金術師、天文学者、技術者、発明家であった。彼はとくに、ガラスの製造法を考案しそれを応用した水時計を設計したこと、自身が考案した機器で飛行を試みた（着地に失敗して負傷）ことで広く知られた。

コルドバの繁栄は一〇世紀にその頂点に達した。アブド＝アッラフマーン三世（位九一二―九六一年）は九二九年に自らをカリフと名乗り、アッバース朝に対抗した。それはバグダードのアッバース朝支配の名残からの最後の決別であった。彼の治世下にコルドバはザフラー宮殿やモスク（メスキータ）や橋で有名な都市となり人口は三〇万人（五〇万人ともいう）を超えた。同時代人のある推計によれば、都市は一千を超すモスク、九〇〇の公衆浴場、六万の住宅に八万の店舗を擁し、街灯や水道が整備されていた。だが、コルドバの最大の栄光は図書館であった。町には七〇以上の図書館があったが、中でも最も有名なそれはカリフ自身の図書館であった。アル＝ハカム二世（A-Hakam II, 位九六一―九七六年）時代にはその蔵書は四〇万巻以上を数え、カタログだけで四四巻（各巻五〇葉の紙からなる）にのぼったという。それはカイロ（ファーティマ朝）、バグダード（アッバース朝）の宮廷図書館と並ぶイスラーム世界三大図書館の一つとみなされるようになっていく。コルドバの図書館は当時のヨーロッパに存在したずっと小規模の図書館と比べて二つの長所を持っていた。一つは羊皮紙ではなく紙を用いていたという点であり、もう一つは多数の女性労働力を頼みにできたという点である。女性は図書館で写字生、司書、秘書として働いただけでなく、学生――とくに医学生と法学生――としても学んでいたという。女子学生の存在がどこまで事実か定かではないところがあるが、もしそうだとすれば特筆に値しよう。

アブド＝アッラフマーン三世の後を継いだアル＝ハカム二世は、コルドバをムスリムの学問の中心地となすべく尽力した。イスラーム世界全域から著名な学者をコルドバに招き、豊かな手当てを支給してモスクで講義させた。宮廷に学者を集め、彼らに取り囲まれるのを楽しみとした。その中にはキリスト教の司教レセムンドス（Recemundus）のような非ムスリム（モサラベ）もいた。レセムンドスはハカム二世の深い信頼を得て外交の衝に任じられ、神聖ローマ帝国皇帝オットー一世の宮廷やコンスタンティノポリスそしてエルサレムに大使として派遣された。彼の同僚には宮廷医師、廷臣（ワズィール）を務めたユダヤ人ハスダイ・イブン＝シャプルト（Hasdai ibn Shaprut, 九一五頃―九七五年頃）もいた。彼は黒海北方の王国ハザールのユダヤ人共同体との外交関係の確立に尽力して、コルドバをヘブライ学研究の新たな拠点たらしめるのに大きな役割を演じた。アンダルスの学者が新たなテクストを入手できたのは彼のおかげであった。

コンスタンティノス七世（ポルフュロゲネトス）とビザンティン帝国を共同統治したロマノスからハカム二世

に送られた贈り物は、当時の学問の国際ネットワークの一端を示している。贈り物は、薬草による治療法の包括的リストであるディオスコリデス（Dioscorides）『マテリア・メディカ』のギリシア語写本であった。その添え状には、この写本を理解できるギリシア語学者が宮廷にいなければ、最新の薬草による治療法を手に入れることはできないであろうと記されていた。そこで早速、写本の翻訳作業に従事するべく、ニコラスという名のギリシア人修道士がコンスタンティノポリスからコルドバへ派遣されたのであった。翻訳の監修にはシャプルトがあたった。こうしてアラビア語訳された同書は三世紀後、さらラテン語訳されてヨーロッパの学徒に伝えられることになる。

同時期、コルドバの医学を羨望の的にしたのはザフラウィー（al Zahrawi, ラテン名アブルカシス Abulcasis, 九三六—一〇一三年）であった。コルドバ近郊の町にアラブ人の家系に生まれ、生涯のほとんどをコルドバでハカム二世の侍医として過ごした彼は、中世イスラーム社会で最も偉大な外科医の一人とされる。五〇年に及ぶその経験を基に書かれた『解剖の書』は三〇巻からなる医学百科辞典で、広範な医学領域の症例の診断と処方について詳細に記したものであり、彼自身が考案したものを含めさまざまな外科用器具も紹介している。同書は一二世紀にクレモナのゲラルド（Gherardo Cremonese, 一一一四頃—八七年）によってラテン語訳されヨーロッパに伝えられた。そして以後五世紀間にわたって医学・外科学の基本テクストとして用いられ続けた。

数学・天文学・化学などの分野で大きな業績を残したマドリード生まれの博識家マスラーマ・アル＝マジュリーティー（Maslama al-Majriti, 九五〇—一〇〇七年）もコルドバで活躍した。彼はプトレマイオスの『星座表』をアラビア語訳し、既存の『アルマゲスト』の翻訳を改訳し、アル＝フワーリズミーの『天文表』を改訂するなど科学の発展に尽くした。その主要著作は後にセビリャのファン（John of Seville）によってラテン語訳されヨーロッパに伝えられた。

地理学の分野では、イブラヒム・イブン・ヤークフ・アル＝タートゥーシ（Ibrahim ibn Ya'Qub al Tatushi, ラテン名アブラハム・ベン・ヤコブ Abraham ben Jacob）が出て、アブドゥラ・アル＝バキーリ（Abdullah al Bakiri）やユスフ・アル＝ワラク（Yusuf al Warraq）など彼に続くコルドバ地理学・歴史学の基礎を築いた。タートゥーシはコルドバ生まれのユダヤ系商人で、広くヨーロッパを旅行しその見聞を記録に残したのであった。彼はローマにも足をのばしており、九六二年には神聖ローマ帝国皇帝オットー一世の宮廷にも迎えられている。ハカム二世に献呈されたというその著作は現存していないが、その内容はバキーリの著書『街道と王国の書』（一〇六八年頃）などを通じて後世に伝えられた。

R・コリンズ（R. Collins）は近著 *Caliphs and Kings: Spain, 796-1031* において、この時代のアンダルスの社会を進歩的で寛容で調和のとれたものとして捉える従来の歴史像は理想化され過ぎているとの見方を提示している。そうした見解には謙虚に耳を傾け、当時の社会の実態に迫る努力を継続することが肝要である。だが、そうだとしても、コルドバが三世紀間にわたってアンダルスにおける知的生活の拠点であったと言うのはおそらく過言ではないだろう。学問は首都コルドバにある後ウマイヤ朝の宮廷を中心に展開して、イベリア半島の他の諸都市は相対的に不利な立場に置かれた。だが、一〇三一年における後ウマイヤ朝の滅亡は事態を一変させた。これを契機にサラゴサ（Saragosa）やセビリャやトレド（Toledo）といった諸都市が勃興し、新たな学問の拠点となっていく。後に見るように、この時代に生起した翻訳運動はトレドを中心として展開された。コルドバの時代は一一世紀までには過ぎ去っていた。

アンダルスの学者・知識人

アンダルスにおける精密科学研究発展の第一段階が画されたのは、アル＝ラーマン二世（位八二一―八五二年）治世下のことであった。それまで、当地の科学なるものはラテン語テクストに基づく占星術が中心であった。アル＝ハカム二世が主導して九世紀中葉に始まった文化の「東方化」により、精密科学研究の促進は加速化した。そして、後ウマイヤ朝が滅亡してから五〇―七〇年後、アンダルス科学の「黄金時代」が到来する。北方のキリスト教世界からの脅威が増大してイスラームのスペインがいくつかの小さな王国に分裂すると、支配者たちはコルドバの豊かな文化遺産を利用して、自らを権威と儀礼で輝かせようとした。サラゴサの王たちはとりわけ、哲学者や文人を重用した。トレドでは科学者たちに対して寛大な援助がなされる一方、セビリャは詩人の天国となった。同時に、交易の進展とともに、北方のキリスト教世界はイベリア半島が有する潜在的な知的資源の豊かさに気づき、やがてキリスト教の修道士たちが二つの世界を行き来するようになる。イスラーム学術をキリスト教ヨーロッパ世界に伝えたのは彼らによる翻訳活動（「一二世紀ルネサンス」）であるが、それに先行するアンダルス科学の「黄金時代」はその土壌を準備するものであった。

同時代に活躍した代表的な科学者の一人はユスフ・アル＝ムターマン（Yusuf al-Mu'taman）である。彼は一一〇〇年までサラゴサを支配したバヌー・フード王家の一員で、イベリア半島で最も偉大な数学者として知られた。トレドで活動したイブン・アル＝ザルカーリー（Ibn al-Zarqiyal, 一〇二八―八七年）も著名な天文学者・数学者であった。彼はプトレマイオスとアル＝フワーリズミー両者の著作に精通し、天体運行表『トレド表』を改訂した。この『トレド表』の改訂にはアンダルスの多くの天文学者たちが従事した。中世イベリア半島の天文学者たちが、古代インドやギリシアの著作に由来する「歳差運動理論」を発展させることにより、新たな知の発見を導いたのである。ザルカーリーはまた、新種のアストラーベなどの天文観測機器も製作している。彼はトレドをアンダルスの知的拠点とし、後進の天文学者に多大な影響を及ぼしたパイオニアであった。『イスラーム天文暦』や『アルマナク』などの彼の著作は後に、一二世紀ルネサンスを代表する翻訳の巨人クレモナのゲラルドによってラテン語訳され、ヨーロッパのキリスト教世界に伝えられた。

一一世紀のアンダルスで活躍した学者たちは他にも数多くいた。さまざまな民族や宗教や言語が交錯する文化の坩堝の中で、たとえ短期間ではあったとしても、ムスリム支配下のアンダルスは科学研究の最前線となったのである。

シチリアと南イタリア

イベリア半島に次ぐ第二の、ヨーロッパにおけるもう一つのムスリム世界はシチリア（Sicily）と南イタリアであった。この地域の初期の歴史はイベリア半島のそれよりもさらに混み入っており、そこでの学問・文化の歴史も複雑な経緯を辿った。イタリア南部とりわけシチリア島は、ローマ人が到来する以前すでに、次々とやって来た侵略者たちの影響を深く受けていた。フェニキア人、ギリシア人、カルタゴ人はすべてその刻印をシチリアに残していた。ローマ帝国が勃興してイタリアの南北を結ぶ効果的な交通・通信網（アッピア街道がその典型）が整備されると、南イタリアとシチリアは数世紀間にわたってローマの影響下におかれることとなった。しかし四

—五世紀にローマ世界が次第に不安定となり東西に分裂すると、両世界のはざまに位置するシチリアは格好の標的となった。五三五年、西ローマ帝国を再び支配すべく、ユスティニアヌス帝はシラクサを攻めて入城した。以来、九世紀中葉に至るまで、シラクサの都市のみならずシチリア島全域がビザンティン帝国（東ローマ帝国）の一部となった。その結果がもたらしたものは多々あるが、その重要な点の一つはギリシア語が、少なくとも数世紀間、シチリアと南イタリア地域の共通学術言語（リンガフランカ）となったことであった。そして、同地域はローマ人、ユダヤ人そしてギリシア人など多様な民族集団が平和裏に共存・共生する地域となった。

ビザンティン帝国が弱体化すると、比較的豊かな南イタリアの地は諸勢力が侵攻の野望を抱く魅力的な目標となった。そして七世紀半ば以降、ムスリム勢力が進出することとなる。ムスリム軍が最初に侵攻したのは六五二年で、侵攻はその後も繰り返し行われたが、シチリア島と南イタリアがムスリムの完全な支配下におかれたのは結局、その二世紀後のことであった。ムスリム軍の侵攻は北方にも及び、八四六年にはローマ、その少し後にはピエモンテ（Piedmont）も攻撃された。これら初期の時代に行われた侵略は、植民地化というよりも略奪を目的としていた。明らかな目標の一つはキリスト教の教会が有する富であった。だが、ほとんど知られていないが、その間にヨーロッパから奴隷として連れ去られた人々の数は、後の時代にアフリカから北米に連れ去られた人数に匹敵した。彼らの多くは北アフリカに送られ、そこで労働力として使用された。侵攻したアラブ人たちがシチリアや南イタリアに定住し始めた契機は、おそらく、八二七年におけるシチリアのマザラ（Mazara）攻略であった。八三一年にはパレルモ（Palermo）が陥落し、ムスリム支配下シチリアの首都となった。八七八年、シラクサ（Syracuse）も陥落した。そして九〇二年のタオルミナ（Taormina）の陥落とともに、シチリア島全土がムスリムの支配下に入った。

イタリアへのアラブのインパクトについては注意すべき点が二つある。シチリアがその最大の影響を被ったのだが、ムスリムの影響はイタリア本土にも及んだというのがその一つである。バーリ（Bari）は八四七年に占拠され、四〇年間、独立したムスリムの領土となった。もう一つは、イタリアへのムスリムの侵攻はアッバース朝の首都バグダードからの指令による総合的戦略の一部として行われたものではなかった、ということである。アッバース朝にはその勢力下に置きつつある広大な領土を支配する力はまったくなかった。それゆえに実際には、各地にムスリムが支配する一群の独立地方政権が誕生したのであり、それはほとんど偶然の結果であった。イベリア半島の場合には後ウマイヤ朝がそうであった（それはアッバース朝に敵対するものであったが）。しかし北アフリカでは、中央部の細長い地域の支配は八〇〇年にハールーン＝アッラシードによりイブン・アル＝アグラブ（Ibn al Aghlab）に委ねられた。カリフの宗主権は認めながらも事実上は自立したアグラブ朝（八〇〇―九〇九年）の誕生である。アグラブ朝は首都カイラワーンからサハラ交易を支配した。ムスリムのシチリアやバーリへの初期の植民は、彼らの影響圏をさらに北に拡大しようとした結果であった。アグラブ朝は一〇世紀の初めにカイロを首都とするファーティマ朝によって滅ぼされたので、シチリアはその後五〇年間、事実上、ファーティマ朝（九〇九―一一七一年）の支配下に置かれた。

これら外部諸勢力の影響が弱まって、シチリア島に固有のシチリア・アラブ文化が芽生え始めたのは、九六五年にシチリア首長国が誕生して以降のことであった。とりわけアラブ支配下の首都パレルモはヨーロッパでも有数の人口を有する裕福な都市として発展した。最初にアラブ人が侵攻した時に人口が激減したパレルモは、文化的多様性を認め宗教的に寛容な政策を採った首長の下で繁栄を取り戻し、後に見るようにやがて、サレルノとともにアラビア学術がヨーロッパに移転される拠点の一つとなっていく。

しかしながら、シチリアと南イタリアをめぐる情勢は複雑であった。シチリアへのムスリムの支配が強化されつつあった時代、すでに北イタリアに侵入していたランゴバルド人はカプア（Capua）やベネヴェント（Benevento）およびその南方の地の支配権を求めて、一世紀間にわたり争っていた。このことは南イタリアにもう一つの民族上・言語上の刻印を残すこととなった。

さらに、事態は一一世紀後半におけるノルマン人のシチリア侵入によっていっそう複雑な様相を呈するものとなった。これによりアラブ人はシチリアの支配権を失い、代わってノルマン人が南イタリアの新たな支配者となったのである。ノルマンディー出身のロベール・ギスカール（Robert Guiscard）は、当初は報酬目当ての野心家に過ぎなかったが、やがてカラブリア（Calabria）の征服、次いでシチリアの支配を志すようになった。一〇六一年にメッシーナ（Messina）が彼とその弟ルッジェーロの手に落ち、その一〇年後にはパレルモも陥落した。彼らは一〇九一年までにシチリア島全土を支配下におき、ルッジェーロが「シチリア伯」を宣言してルッジェーロ一世となった。そして一一三〇年には、その息子のシチリア伯ルッジェーロ二世（Ruggiero II, 位一一三〇―五四年）がシチリア王に即位し、ここにシチリア島とイタリア半島南部を統治するノルマン・シチリア王国（オートヴィル朝）が成立した。学問・芸術に対する造詣が深かったルッジェーロ二世は、首都パレルモの宮廷に各地から多くの学者・文人や芸術家を集めて彼らの活動を支援した。

オートヴィル朝下のシチリアでは引き続き、一世紀間以上にわたってアラビア語が政治・行政上の主要言語とされたが、その寛容な宗教・文化政策の下でさまざまな民族・宗教が共生する多言語社会が発展していった。寛容であるだけでなく、多様性をむしろ奨励する風土の中で、やがて独自の「ノルマン・アラブ文化」が開花する。当時のシチリアにはイスラーム教を信奉するアラブ人、ギリシア正教のギリシア人、キリスト教のラテン系ヨー

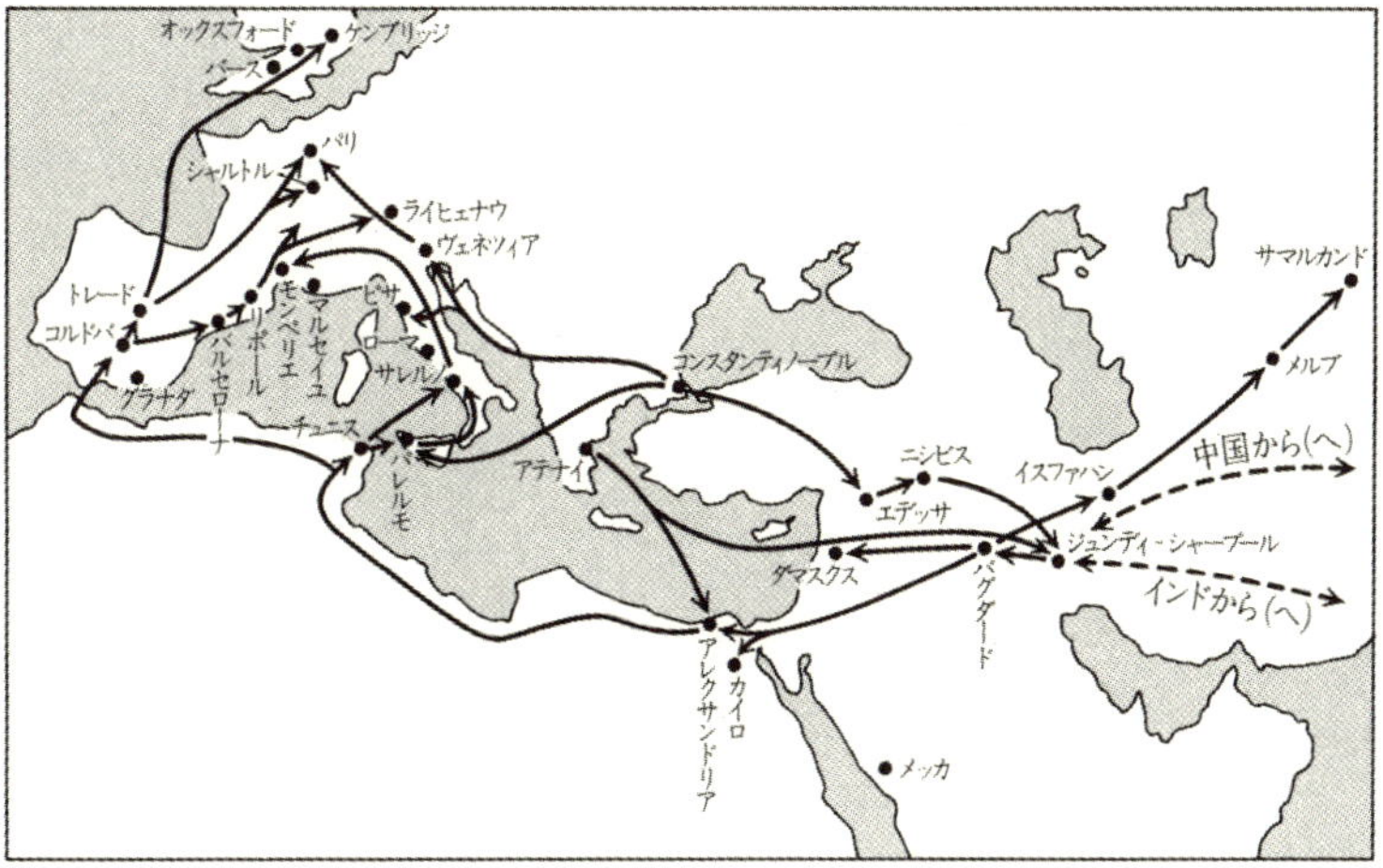

図７.２　５世紀より 12 世紀にいたる学術移転

出典）伊東俊太郎『12 世紀ルネサンス』岩波書店，170 頁。

ロッパ人などが混在して生活していた。パレルモの宮廷に集まった官僚や学者や詩人や芸術家たちもさまざまな文化圏から来ていた。ルッジェーロ一世自身、ノルマンディー出身であったが、流暢にアラビア語を話した。なお、シチリアの文化活動の背景の一つとして、製紙法がヨーロッパで最初に伝えられていた（一一〇二年のことで、イベリア半島シャティヴァ〔Xativa〕の一一四四年よりも早かった）ことも注目に値しよう。

パレルモの宮廷で活躍した有能な人材としてはまず、ルッジェーロ二世の宰相に抜擢されたイギリス人セルビーのロバート（Robert of Selby, ?—一一五二年）と、その随員としてイングランドからシチリアにやってきたトマス・ブルン（Thomas Brun）の名が挙げられる。ブルンも宮廷の高官として厚遇された。アラブ人では偉大な地図学者・地理学者のアル＝イドリーシー（Al-Idrisi, 一〇九九頃—一一六五年頃）がいる。北アフリカのセウタに生まれ、コルドバで学び、アンダルスなど各地を広く旅した後、ルッジェーロ二世に招かれてパレルモに到来し、そこで『ルッジェーロの書』と呼ばれる世界地図の作成に従事した。それはアジア・アフリカ・

ヨーロッパを網羅する最初の最も正確な世界地図の一つであった。ビザンティン帝国のギリシア人歴史家ニロス・ドクソパトリオス（Nilos Doxopatrius）はギリシア正教の教会史を執筆し、またローマ教会の聖職者バーリのマイオ（Maio of Bari）は宰相として辣腕を発揮するとともに、『主の祈り』の注釈書を著した。ルッジェーロ二世の後継者グリエルモ一世（Guglielmo I, 位一一五一―六六年）とグリエルモ二世（Guglielmo II, 位一一六六―八九年）も宗教に対して寛容な政策を採り、パレルモを主要な文化拠点となすべく、海外から優れた科学者や文人の招聘に努めた。グリエルモ一世の下で宰相を務めたヘンリクス・アリスティップス（Henricus Aristippas）や、宮廷の高官パレルモのエウゲニウス（Eugenius of Palermo）たちはギリシアの哲学・科学の重要文献をギリシア語やアラビア語からラテン語訳して、アラビア学術のヨーロッパへの移入に大きな役割を果たすことになる。

新翻訳運動

古代ギリシアの優れた学術・文化がビザンティン帝国（東ローマ帝国）に継承され、帝国を追われたネストリウス派キリスト教徒たちによりシリア語に翻訳されて中東地域一帯に伝達されたこと（五世紀から七世紀）、また、その土壌の上にギリシア学術の古典がアラビア語に翻訳されてイスラーム世界に移転され、そこで豊かな果実を実らせたこと（八世紀中葉から九世紀）は第五章ですでに見た。科学史家伊東俊太郎は前者を「シリア・ヘレニズム」、後者を「アラビア・ルネサンス」と呼んで、それぞれをギリシア（ヘレニズム）文明移転の第一段階、第二段階と位置づけた。ギリシア文明の遺産に古代インドの文明なども取り入れて融合させ発展させたアラビア学

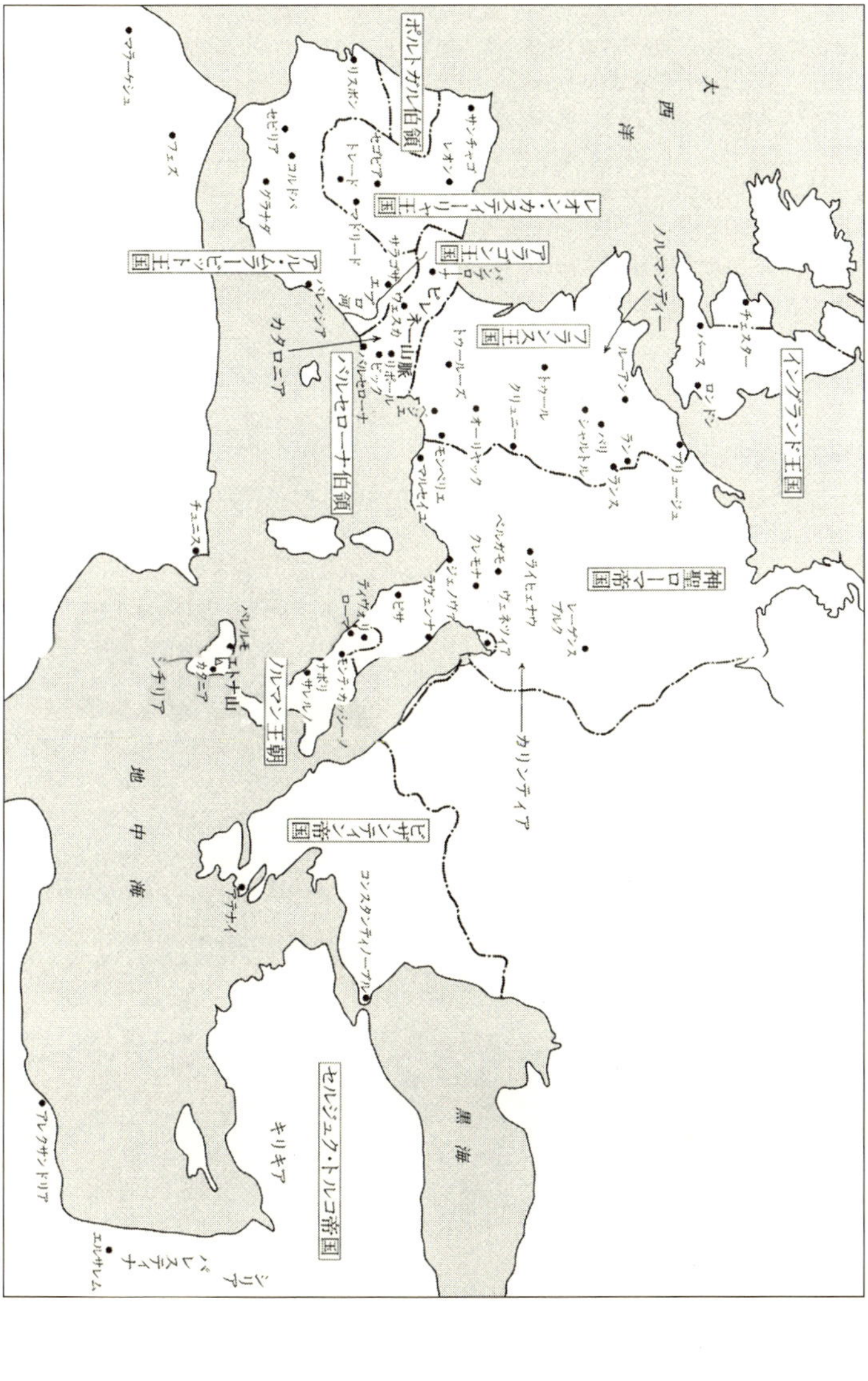

図７.３　12 世紀ルネサンス関係地図

出典）伊東俊太郎『12 世紀ルネサンス』岩波書店，46-47 頁。

術は一一世紀にその頂点に達する。その先進的なアラビア学術に接した西ヨーロッパ世界はやがて、アラビア語で表現されている大量のギリシア・アラビアの学術文献のラテン語訳に取り組むに至った。アラビア文明圏から西欧文明圏への学術移転であり、第三段階の文明移転であった。「大翻訳時代」の出現であり、いわゆる「一二世紀ルネサンス」の到来である。

この新たな翻訳運動の中心となったのはスペインとイタリアであるが、伊東俊太郎はさらに細かく「アラゴン派」(カタルーニャを含む北東スペイン)、「トレド派」(中央部のトレドを中心とする地域)、「シチリア派」(パレルモを中心とするシチリア島)、「北イタリア派」(ヴェネツィアやピサを含む北イタリア)の四つに分類している。以下、この分類にしたがって順次、翻訳活動に従事した担い手とその成果について見ていこう。なお、この翻訳活動の成果については伊東が「一二世紀におけるギリシア・アラビア学術書のラテン訳一覧」として表にまとめている(伊東俊太郎『一二世紀ルネサンス』講談社学術文庫、二〇〇六年)。

アラゴン派

西欧文明圏とアラビア文明圏が最初に接触した地域はカタルーニャを中心とするイベリア半島の北東端であった。この地域には一〇世紀中葉頃から「モサラベ」と呼ばれるアラビア文化に同化したヨーロッパのキリスト教徒たちが多数いて、イスラーム支配下でアラビア人たちと平和裏に共存していた。この地域に居住する西欧世界の知識人たちもコルドバを「世界の宝」と呼んで、アラビア文明に対する強い憧憬の念を抱いていた。レコンキスタ(国土回復運動)の結果、この地域が西欧キリスト教文化圏に再び入ったときも、そこに住むアラビア人が追い出されたわけではなく、彼らはムデーハル(「残留を許された者」)として独自のヒスパノ・アラビック文化を作り上げていった。そうした状況の中で、アラビア語とラテン語をともに解する人々がアラビア語の学術文献をラテン語訳するのは自然のなりゆきであった。

現存する最古の、アラビア科学文献のラテン語訳はカタルーニャにあるベネディクト派修道院サンタ・マリア・デ・リポーユ（Santa Maria de Ripoll）の写本の中にあるという。それらが誰によって翻訳されたかは定かではないが、おそらく同地のモサラベであろうとされている。カタルーニャの地でアラビアの学問に接し、その西欧世界への移入に多大な貢献をした著名な人物に、後にローマ教皇になるゲルベルトゥス（Gerbertus, シルウェステル二世、Sylvester II, 九五一頃―一〇〇三年）がいる。彼は傑出した数学者・天文学者であり熱心な写本収集家であったが、とくに翻訳活動を行ってはいないのでここで取り上げることはせず、第八章で見ていくことにしよう。この地で活躍した最初のアラビア科学の翻訳者として挙げられるのはペドロ・アルフォンソ（Pedro Alfonso）である。アラゴンのウェスカに生まれたユダヤ人で後にキリスト教に改宗し、神学・天文学・医学を学んだ後、カスティーリア王国のアルフォンソ六世の侍医となった。その後、イギリスに渡ってヘンリー一世の侍医にも

図7.4　ハーモニーを奏でるムスリムとキリスト教徒（13世紀スペイン）

出典）J. Lyons, *The House of Wisdom: How the Arabs Transformed Western Civilization,* New York, 2009.

なっている。彼は多くの著作を著したほか、アル＝マジュリーティーが改訂したアル＝フワーリズミーの『天文表』をラテン語に翻訳したことで知られる。

だが、この地で活躍した最も重要な翻訳家の一人はアブラハム・バル・ヒーヤ（Abraham bar Hiyya, 一〇七〇—一一三六／四五年）であろう。彼はバルセロナ（Barcelona）生まれのユダヤ人で、数学者・天文学者・哲学者として活躍した。北東スペインや南フランスのユダヤ人による翻訳活動の指導者であり、多くのアラビアの科学文献をヘブライ語やラテン語に翻訳するのに寄与した。このアブラハム・バル・ヒーヤやペドロ・アルフォンソの例に見られるように、アラビア学術の西欧への移転にはモサラベとともにユダヤ人が果たした役割も大きかった。

図7.5　アストラーベを用いて天体観測をする修道士たち
出典）『週刊朝日百科 世界の歴史 55』E-331 頁。

一二世紀半ばに、先進的なアラビアの学術を求め、ピレネー山脈を越えてバルセロナにやって来たイタリア人もいた。ティヴォリのプラトーネ（Plato of Tivoli）である。彼はアブラハム・バル・ヒーヤと協力してプトレマイオスの占星術書『四部書』をアラビア語からラテン語に翻訳し、またバル・ヒーヤ自身のヘブライ語の著作『面積の書』もラテン語訳した。その他、アルキメデスの『円の求積』やテオドシウスの『球面論』などアラビア語訳されたギリシアの著作をラテン語訳している。アストラーベに関する文献を最初に西欧世界に紹介したのもプラトーネであった。スラブ族出身ではるばる東欧からスペインにやって来た者もいた。カリンティアのヘルマン（Herman of Carinthia, 一一〇〇頃―六〇年頃）である。パリやシャルトルで学び、東地中海を経てコンスタンティノポリスやダマスクスを旅した後ヨーロッパに戻り、北東スペインや南フランスでアラビア語学術文献のラテン語訳に従事した。翻訳した主な著作にはアル＝フワーリズミーの『天文表』やユークリッドの『原論』などがある。イスラーム教の聖典『コーラン』を最初にラテン語に翻訳したのもヘルマンであった。

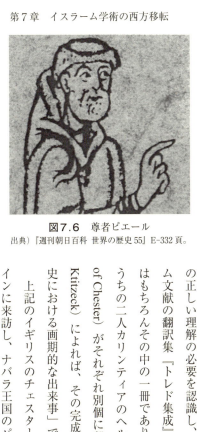

イスラーム理解の出発点である『コーラン』の翻訳を企図したのは、西欧におけるイスラーム研究のパイオニア尊者ピエール（Peter the Venerable, 一〇九四頃―一一五六年）であった。彼はフランス人のベネディクト修道会士で、若くしてクリューニー修道院長を務めた熱心なキリスト教徒であった。同時に彼はイスラーム教についての正しい理解の必要を認識し、四人の同志たちと協力して、イスラーム文献の翻訳集『トレド集成』を完成させたのであった。『コーラン』はもちろんその中の一冊であり、尊者ピエールの要請を受けて同志のうちの二人カリンティアのヘルマンとチェスターのロバート（Robert of Chester）がそれぞれ別個に翻訳にあたった。J・クリトゼック（J. Ktitzeck）によれば、その完成（一一四三年）は「ヨーロッパの知の歴史における画期的な出来事」であった。

図7.6　尊者ピエール

出典）『週刊朝日百科　世界の歴史 55』E-332 頁。

上記のイギリスのチェスター出身のロバートは一一四一年に北スペインに来訪し、ナバラ王国のパンプローナで助祭長を務めたり、バルセロナで精力的に活動したりして多くの著作をラテン語に翻訳したが、中でもアル＝フワーリズミーの『代数学』は西欧代数学の出発点となるものであった。彼はまたトレドでも活動した。一一四七年にはロンドンに戻っている。

トレド派

翻訳運動の第二の拠点になったのはトレドである。古くは西ゴート王国がフランク族に追われてトロサ（トゥールーズ）からトレドに遷都し、ウマイヤ朝に滅ぼされる（七一一年）までその首都であった。一〇世紀頃からキリスト教徒による国土回復運動（レコンキスタ）が盛んになり、聖地の一つであるサンチャゴ巡礼熱と相まって、トレドを中心とするイベリア半島中央部はキリスト教国とイスラーム勢力との争奪戦の舞台となった。その結果、トレドは一〇八五年、カスティリャ＝レオン王国に帰属することとなり、西欧キリスト教文化とアラビア文化が接触する最前線基地となった。それまでにもこの地域が多民族・多文化が共生する社会で、アラビア語、ヘブライ語、ラテン語、ロマンス語など多言語が用いられていたことはすでに述べた。そうした土壌の上にトレドで翻訳運動が展開されることになったのである。

アルフォンソ七世の治世下に、トレド大司教ライムンドゥス一世（Raymond of Toledo, 位一一二六―五一年）が翻訳センターの責任者に任じられ、トレド大聖堂の図書館を拠点にモサラベ、改宗ユダヤ人学者、マドラサの教師、クリューニー修道会の修道士など多くの学者・翻訳者がチームとなって翻訳活動に従事した。それまでの翻訳活動は必ずしも組織的なものではなかったが、トレドにおいて初めて共同作業として取り組まれたという。多くの著作は通常、アラビア語からカスティリャ語へ、そしてカスティリャ語からラテン語へと翻訳された。もちろん、アラビア語から直接ラテン語に翻訳される場合もあった。その作業は具体的にどのようなものであったのか。第三章で見た、唐の長安における玄奘指導下の仏典共同翻訳作業との比較検討もあわせ興味深い。

トレドで活躍した代表的な翻訳者はクレモナのゲラルド（Gerard of Cremona, 一一一四―八七年）であろう。彼はトレド派のみならず一二世紀ルネサンス全体を代表する「翻訳の巨人」であった。イタリアのクレモナに生まれ、プトレマイオスの『アルマゲスト』の写本を求めてトレドに赴き、そこで同書をはじめユークリッドの『原論』、アルキメデスの『円周の測定』、アリストテレスの『天体論』など計八七もの第一級学術文献をアラビア語からラテン語に翻訳した。「最も熱心で多作」な翻訳家と評されるゆえんである。『アルマゲスト』のギリシア語原典からのラテン語訳はすでに一一六〇年頃に、シチリアでヘンリクス・アリスティップスによってなされていたが、広く流布したのは一一七五年に完成したゲラルドのものであった。また、ラテン語版天体運行表『トレド表』の編集も彼の手になるものであった。中世のヨーロッパで最も正確だとされた『トレド表』がいかに広く用いられたかは、チョーサーの『カンタベリ物語』の中で（郷士の話）、魔術師が休息の最善の時間を測るためにそれを携行していたことからも窺える。

セゴビアの大助祭ドミンゴ・グンディサルボ（Dominicus Gundissalinus, 一一一五頃―九〇年頃）と、キリスト教に改宗したユダヤ人セビリャのファン（John of Seville）もトレドを代表する翻訳者であった。彼らは協力してアル＝キンディーの『知性論』、アル＝ファーラービーの『諸学の枚挙』、イブン＝シーナーの『治癒の書』、アル＝ファルガーニーの『天の運動について』などアラビア学術の重要著作を翻訳した。シチリアのフリードリヒ二世の宮廷を主要な活躍の場としたスコットランド出身のマイケル・スコット（Michael Scot, 一一七五―一二三二年）も一時期トレドに足を留めて、アルペトラギウスの天文学書『惑星の運動理論』を翻訳している（一二一七年）。

トレド大司教ライムンドゥス一世が死去した後の数十年間、トレドの翻訳活動は一旦衰微した。もちろん、その間にも活動はトレドのマルコ（Mark of Toredo）やサレシェルのアルフレッド（Alfred of Sareshel）などによって継続されていたが、カスティリャ国王アルフォンソ一〇世（Alfonso X, 位一二五二―八四年）の治世になってトレドは再び翻訳・学術の拠点として興隆した。アルフォンソ一〇世（賢王）はユダヤ教徒、イスラーム教徒、キリスト教徒であるかどうかに関わらず、国内外から多くの学者や翻訳者をトレドに集めて厚遇し、チームによる組織的・体系的な翻訳活動にあたらせた。それまでは、ある書物を翻訳するのに、まず母語話者がその内容を口頭で学者に伝え、学者がそれをラテン語にして書記に書きとらせてゆくという方法が採られた。一方、新しい方法では、複数言語に精通した翻訳者が元の言語（アラビア語）からカスティリャ語へ翻訳し、それを書記が書写した。書写された訳文は後に一人ないし複数の編集者（国王自身が編集者になることもあった）によって点検された。国王の方針により、この時期の翻訳はラテン語への翻訳ではなくカスティリャ語への翻訳が主流となった。

一三世紀後半の時期のトレドを代表する翻訳者・学者には『トレド表』に代わる新しい天文表『アルフォンソ表』を作成したユダヤ人天文学者にして侍医のユダ・ベン・モーゼや、イブヌル＝ハイサムの『宇宙論』を翻訳したユダヤ人ドン・アブラハムなど枚挙に暇ないが、列挙するのは煩瑣に過ぎよう。この頃にはすでに、サレルノやボローニャやパリなどヨーロッパ各地に、宮廷や聖堂や修道院とは別の新しい学問の拠点「大学」（universitas）が誕生しており、イベリア半島でもサラマンカ大学がアルフォンソ一〇世より特許状を付与されていた（一二五四年）。知の拠点をめぐる新たな動きであった。

シチリア派

シチリアがその特異な歴史的経緯から、ギリシア、アラビア、ラテンの三つの文化が交流しあい共存する独特の文化的環境を有していたことはすでに見たとおりである。一一三〇年に成立したシチリア島とイタリア半島南部を統治するノルマン・シチリア王国（オートヴィル朝）の下で、シチリアはギリシアやアラビアの重要学術文献がギリシア語やアラビア語からラテン語訳される大翻訳運動のもう一つの拠点となった。その代表的な翻訳者の一人はヘンリクス・アリスティップス（Henricus Aristippus, 一一〇五／一一一〇―六二年）である。カターニアの副司教を経てシチリア宮廷に入り、ルッジェーロ一世（Ruggiero I）の信任を得て高官として仕えるかたわら、彼はギリシア語写本の収集に努めると同時に、自らもそれら学術文献のラテン語訳に取り組み多大な貢献を行った。使節としてコンスタンティノポリスに滞在中（一一五八―六〇年）、ビザンティン帝国皇帝マヌエル一世コムネノスからルッジェーロ一世に対してプトレマイオス『アルマゲスト』の写本が贈られ、それがアリスティップスを介してあるサレルノの一学究の手にわたりラテン語に翻訳された経緯は伊東俊太郎『一二世紀ルネサンス』に詳しく述べられている。その翻訳は最初のラテン語訳であったが、後にクレモナのゲラルドによりアラビア語からラテン語訳されたものほどの影響力はもたなかったという。アリスティップス自身がギリシア語原典からラテン語訳したものとしては、プラトンの二つの対話篇『パイドン』と『メノン』やアリストテレス『気象学』の第四巻がある。もう一人の宮廷の高官パレルモのエウゲニウス（Eugenius of Palermo, 一一三〇頃―一二〇二年）も著名な翻訳者であった。パレルモのノルマン・エリート家系に生まれたギリシア人で、ギリシア語、アラビア語、ラテン語に通じた教養人にして詩人でもあった。宮廷での翻訳活動の監督にあたるとともに、自身も個人的にプトレマイオスの『光学』をアラビア語からラテン語訳した（ギリシア語原典は失われている）。

少し時代は下って一三世紀後半には、シチリア出身のユダヤ人の医者・翻訳者ファラジ・ベン・サリム（Faraj ben Salim）が、シチリア王・ナポリ王カルロ一世（Charles I of Naples, 位一二六六―八五年）の命をうけて多くのアラビア語医学文献のラテン語訳に従事した。一二七九年に完成したアル＝ラーズィーの『医学百科事典』はその代表的な著作である。

北イタリア派

ヴェネツィアやピサやベルガモなどを含む北イタリアも翻訳運動の拠点であった。北イタリアの地はイスラームとの直接的な接触があったわけでなく、また多言語が用いられたわけでもなかったが、ヴェネツィアやピサなどの諸都市はビザンティン帝国の首都コンスタンティノポリスと通商を通じて密接な交流関係を有していた。また、外交使節の往来を通じてもビザンティン文化と頻繁に接触していた。拠点と言っても、そこで翻訳活動がなされた場所という意味ではなく、翻訳者たちの出身地という方がより正確であろう。その意味で上記の「アラゴン派」、「トレド派」、「シチリア派」とは少し趣を異にする。加えて、この派の翻訳のほとんどはアラビア語からではなく、ギリシア語から直接になされた。ビザンティン帝国との関係に由来するものであろう。イスラーム学術の西方移転という主題からは少しずれるが、一二世紀ルネサンス・大翻訳運動の一環として言及しておきたい。

北イタリア派では詩人にして翻訳者であるベルガモのモーゼス（Moses of Bergamo）がコンスタンティノポリスに滞在し、ギリシア語写本の収集に関心を抱いた最初の西欧人の一人となった。だが、北イタリア派で最も重要な翻訳者は「アリストテレスの体系的な翻訳家」と評されるヴェネツィアのジャコモ（James of Venice）であろう。『分析論前書』、『分析論後書』、『トピカ』などいわゆる新論理学の書物をギリシア語原典からラテン語に翻訳して西欧世界の思想に多大な影響を与えた。彼の翻訳活動は一一二五年から一一五〇年にかけてコンスタンティノポリスを中心に展開された。ピサ出身でピサのコンスタンティノポリス大使を務めた法学者ピサのブルグンド（Burgundio of Pisa）は優れたギリシア語学者でもあり、『ローマ法大全』の中の『学説彙纂』の一部をはじめ、ダマスコの聖ヨハネの宗教書やガレノスの医学書など多くの著作をラテン語訳した。

北イタリア派の中にもアラビア語からラテン語訳した翻訳者がいなかったわけではない。ピサのステファン（Stephen of Pisa）はその一人である。彼は医学を中心とするイスラーム科学書の翻訳に尽力した。彼はピサに生まれてサレルノで学び、書物を求めてシチリアにも赴いたが、その活動の拠点としたのはアンティオキアであった。一二世紀当時、ピサの人々はアンティオキアをレヴァント海での交易活動の拠点としており、多くの人々がそこに居住していた。その中には翻訳者たちも少なからずいて、アンティオキアはそれ自体独立した翻訳活動の一拠点であったとみることもできよう。なお、ステファンは、医学・医療の問題について不明な点の解明を求める者はシチリアやサレルノに行けと追記し助言している。そこには専門知識を持った「誰でも相談できる学者たち」がいるからであった。

厳密な意味で翻訳家とは言えないが、ピサ生まれのイタリア人でアラビア学術の西欧移転に大きな役割をはたした人物と言えば、レオナルド・フィボナッチ（Leonard Fibonacci, 一一七〇頃―一二五〇年頃）を逸することはできないだろう。ピサの商人の子に生まれ、子どもの頃に父親にしたがって移住した北アフリカのジャイアでインド・アラビア数字を知った彼は、それらを深く学ぶため数年間に及ぶ中東などへの旅に出た。そして一二〇〇年頃ピサに戻り、学んだことを『算盤の書』にまとめて出版した（一二〇二年）。それは西欧キリスト教世界にアラビア数字を広く普及させる大きな契機となった。

図7.7　尿検査を行うコンスタンティヌス・アフリカヌス

出典）『週刊朝日百科　世界の歴史55』E-331頁。

以上、一二世紀ルネサンス・翻訳運動の拠点をアラゴン派、トレド派、シチリア派、北イタリア派の四つに分けて、そこで活躍した翻訳者たちとその業績について見てきた。これら四つの他にも拠点となった地には、たとえば、アンティオキア、キプロス、レオン、トゥールーズ、ナルボンヌ、マルセイユなどがあるが、それらについて言及する余裕はないし知識も持ち合わせていない。しかし、サレルノについては、上記四つの派を超えて活動した翻訳者たちとあわせ特筆する必要があろう。

サレルノは古くから医学が発展した地であり、ヨーロッパ最古の医学校・「大学」誕生の地の一つだとされる。そのことに深く関わったコンスタンティヌス・アフリカヌス（Constantine the African, 一〇一七頃—八七年）はアラビア学術理解のパイオニアでもあった。北アフリカ（カルタゴ）のチュニスに生まれ（一説にベルベル人だという）、成人してからは薬草商人としてチュニジアと南イタリアの間を行き来した。若き日にはチュニスのザイツナ・モスクやカイラワーンで学んだ。バグダードで医学をはじめとするイスラーム科学を学んだとも言う。商人としてシチリア次いでサレルノに移住した彼は、自らの病気体験を通してイタリアの医学知識と治療法が初歩的なことを知り、アラビア医学に関する書物の収集とその翻訳・紹介を志すに至る。アフリカヌスは後年キリスト教に改宗し、ベネディクト派のモンテ・カッシノ修道院に入った。そして、自身医者でありアラビア語を能くする翻訳者でもあったサレルノ大司教アルファヌス一世（Alfanus I）などの支援を受けながら、そこで終生、それまでにエジプトや中東各地を旅して収集した医書のラテン語訳に専念した。彼が翻訳した医書にはアル＝マジューシー（Al Majusi, ハリー・アッバース Haly Abbas とも言う）の医学百科全書『王の書』やイブン・アル＝ジャザール『旅人の備え』などがある。

アフリカヌス到来のずっと以前にも、サレルノの医学は何人かのユダヤ人医師によって一定の発展を見ていた。アブラハム・ベン・ヨエル（Abraham ben Yoel' Shabbethai Donnolo, 九一三―九七〇年）はそのうちの一人である。彼はサレルノで学び、オトラントで開業中に薬草に関する医書 *The Precious Book* をヘブライ語で著して西欧医学の発展に寄与した。後にビザンティン帝国の宮廷医師となった。また、サレルノでは解剖学や外科学の分野でも先進的なムスリムの知識・技術が取り入れられており、その成果は後に外科医ロゲリウス（Rogerius Salernnitanus, 一一四〇頃―九五年）により『外科学教本』として出版された。それはヨーロッパにおける最初の外科学の手引書であった。

アフリカヌスがサレルノにやってきた当時、すでに医学校は設立されていた。『女性の病気』などの書物を著したトロトゥーラ（Trottula）はサレルノ医学校で教えた女性医師であったと言う（チョーサーの『カンタベリー物語』にも描かれている）。だが、サレルノ医学校（Schola Medica Salernitata）の名声が高まっていったのはアフリカヌスの訳業によるところが大きかった（アフリカヌスがサレルノの医学校で教えたかどうかは定かではない）。そしてサレルノの医学はさらにモンペリエに伝えられ、ヨーロッパ中世大学医学部の源流となるのである。

図7.8　西洋医学の三人の祖―ヒッポクラテス，ガレノス，イブン・シーナー
出典）『週刊朝日百科 世界の歴史 49』D-296-297 頁。

医学の拠点としてのサレルノの地位は、優れた学者・教師がそこから輩出したことによって確立されていった。眼科の基本テクスト『眼科実地』（*Practica Oculorum*）を著し、エルサレムやモンペリエなどでも活動した眼科医ベンヴェヌート・グラッソ（Benvenuto Grasso）や、後にパドヴァで開業しそこで『大外科学』（*Chirurgia Manga*）を執筆したブルーノ・ド・ロンゴブルノ（Bruno de Longoburno）、あるいはまた、サレルノで学んだ後、モンペリエやパリでキャリアを積み、やがてフランス国王の宮廷医師となったジル・ド・コルベイユ（Gilles de Corbeil, 詩人でもあった）などいずれもサレルノ医学の流れに掉さす人材であった。

一一四〇年、シチリア王国のルッジェーロ二世は、医療に従事する者はすべて、適切な訓練を受け正式に認可されていなければならないとの布告を出した。これは医業の専門職化への重要なステップであった。開業に際して資格・学位や免許が求められるようになっていくのである。「大学」(universitas) 誕生の予兆・先触れであった。

さて最後に、上記の四つの派を超えて活躍した二人のイギリス人翻訳者について見ておこう。バースのアデラード (Adelard of Bath, 一〇八〇頃—一一五二年頃) とマイケル・スコット (Micael Scot, 一一七五—一二三二年) である。ギリシア・アラビア学術の西欧への移入の拠点となったイベリア半島やイタリアにはヨーロッパ各地から学徒が集まり翻訳活動に従事したが、彼らのほとんどはラテン語を共通学術言語とするキリスト教の修道院で教育を受けた人々であった。イングランドのバースに生まれたアデラードは、若き日にヘンリー一世に認められ、トゥールの司教ヨハネの助言によりフランスに渡ってトゥールで学び、後にランで教えた。だが、そこで学び教えたスコラ哲学に飽き足らず、一一〇九年頃、新しいアラビアの学問の修得を志してランを去り旅に出た。まずサレルノやシチリアを巡り、その後ギリシア、シリア、エルサレムなどを広く旅している。彼がアラビア語やアラビアの学術を習得したのはその間のこと (とくにシチリア滞在中) であった。一一一六年頃にはスペインを経て故郷のバースに戻り、後の国王ヘンリー二世の家庭教師をしながら、バース大聖堂附属のベネディクト派修道院を拠点に翻訳・研究活動を行った。アデラードはユークリッド『原論』全一五巻とアル＝フワーリズミーの『天文表』をはじめ多くのアラビア語学術文献をラテン語訳した。中でもユークリッド『原論』が西欧の学術に与えたインパクトには甚大なものがあった。彼はまた、それまでに学んだアラビア科学に基づいて『自然の諸問題』と題する対話形式の著作も著している。

時代はずっと下って一三世紀にかかるが、アデラードと同じくイギリス (スコットランド) 出身のマイケル・スコットもヨーロッパ各地を巡りながら翻訳活動を行った。中世の遍歴学徒の典型的な例の一つだとされる。ダラムやオックスフォードやパリで哲学や数学を学んだ後、ボローニャ、サレルノ、トレドなどに赴き、最後はシチリアのフリードリヒ二世の宮廷に落ち着いた（一二二七年）。彼がアラビア語を習得したのはトレド滞在中のことであったようだが、スコットはラテン語、ギリシア語、ヘブライ語に通じた博識家であり、傑出した翻訳者として数多くの重要アラビア語学術文献をラテン語に翻訳した。その代表的なものにはアル＝ビトルージーの『天文学』、アリストテレス『霊魂論』や動物学に関する諸著作（イブン＝ルシュド（アヴェロエス）の注釈書もあわせて）などがある。

古代ギリシアの文明移転は「シリア・ヘレニズム」、「アラビア・ルネサンス」という第一段階、第二段階を経て一二世紀にその第三段階へと至る。ギリシア文明の遺産に古代インドの文明なども取り入れて融合・発展させ一一世紀にその頂点に達したアラビア学術は、イスラーム世界の拡大に伴って西方ヨーロッパに伝播していった。大量のギリシア・アラビアの学術文献がラテン語に翻訳されるという一大翻訳運動（一二世紀ルネサンス）がイベリア半島やイタリアを中心に展開された。本章ではその経緯・過程を辿ったわけだが、最後にいくつか注目すべき点・留意点を列挙して本章を閉じることにしよう。

その一つは展開された翻訳運動の規模と拡がりである。アラビア語・ギリシア語・ラテン語・ヘブライ語という多様な文化圏に生まれ育った多数の学徒たちが、先進的な学術を学び吸収しようと未知の言語を学び、熱心に翻訳活動に取り組んでいった。それは単発的・偶発的なものではなくまさに運動というべき規模と拡がりを持つものであった。さまざまな宗教・民族の共生を認めた寛容な多言語社会がそれを可能にした点も注目に値しよう。

第二は、翻訳者たちが新たな写本や師や同志を求め、あるいはパトロンに招請されて広く旅したことである。旅の途次でアラビア語を学び、翻訳を行い、著作をまとめるといったことは決して珍しいことではなかった。交通手段が限られた中での旅の苦労にはひとかたならぬものがあったに違いない。だがそれ以上に、知の探求への彼らの意欲と熱意は強かったのであろう。第三は、この一二世紀の一大翻訳運動がヨーロッパにおける「大学」誕生の道を準備したということである。中世の大学のカリキュラムの中核を形成するアリストテレスの諸著作をはじめ、医学や法学などのさまざまな分野のテクストの多くは、この翻訳運動を通じてアラビア語あるいはギリシア語からラテン語に翻訳されたものであった。

第8章　沈滞の中世ヨーロッパ？

歴史家たちは従来、五二九年のユスティニアヌス帝によるプラトンのアカデメイア（アテネ）の閉鎖を、古典古代の終焉を画する出来事だと見なしてきた。それは、学徒たちと学問を中東地域に向かわせ、西ヨーロッパが以後一千年もの長きにわたって文化的後進地域となる時期の始まりだったと叙述されてきた。確かに、四世紀以降、西ローマ帝国が蒙った外圧の増大とその後に続いた帝国の崩壊により市民秩序の維持さえも困難になっていった。教育や学校どころではなかった。中世ヨーロッパ社会の現実はローマ帝国支配下のそれとは明らかに異なるものであった。だがそれは、一二世紀から一三世紀の間における「大学」（universitas）の誕生を準備するものであった。この大学がやがて、世界全域にわたる学問・高等教育の発展に大きな影響を及ぼすことになる。歴史家たちはまた、大学がほとんどヨーロッパ域内で生じた産物・社会的制度であることについても見解を一にしている。本章では、文化的停滞地域であった中世ヨーロッパ社会に革新的な教育組織である大学が誕生した、というこのアイロニーについて検討することにしよう。中世ヨーロッパ社会は、一部の歴史家がこれまで描いてきたような文化上・教育上の後進地域だったのだろうか。ヨーロッパの大学はどのようにして誕生したのか。その顕著な特徴は何なのか。これらが本章で探求する問題の核心である。

知的活動の拠点としての修道院

混沌の中での知的営為

西ローマ帝国の滅亡はその後に続く「暗黒時代」と称される二世紀間を到来させた。西ゴート人、ヴァンダル人、東ゴート人、アングル人、サクソン人、ジュート人などがそれぞれ、ローマ帝国の旧領の一部の支配権を主張するにつれ、ヨーロッパ全域にわたって、それまで確立されていた交易ルートと統治形態は無秩序なものとなっていった。西ヨーロッパの地域が小規模な農村での食料生産に大きく依存する経済システムに回帰するとともに、ローマの支配下で商業の中心地として繁栄していた町は衰退していった。しかし混沌と衰退のこの二世紀間にも、学問・教育の営みは完全には途切れていなかった。ユスティニアヌス帝はアカデメイアを閉鎖する一方、同時にローマ法の編纂を学者たちに命じていた。そして五三〇年から五三四年にかけて『学説彙纂』(*Digesta, Pandectae*)が編纂されたのである。後に見るように、それは六〇〇年後にボローニャや他のヨーロッパ諸都市での法学学習の基本テクストとなった。政治的、社会的に不安定な情勢の中にあって、ヨーロッパ各地で一群の学徒たちは活動し続けていた。その中の一人トゥールのグレゴリウス(Gregory of Tours, 五三八―五九四年)は『フランク史』一〇巻を書き上げている。同書は古代ローマのオロシウスやサルスティウスの歴史書をモデルにフランクの社会の発展について記したもので、キリスト教教義と同様に、歴史を中世ヨーロッパの主要研究テーマの一つとして確立するのに貢献した。グレゴリウスはもちろん、有力なキリスト教一家に生まれた聖職者であり、キリスト教の教会は西ヨーロッパにおける学問の存続に中心的な役割を果たすことになる。

もう一人の重要人物はセビリャのイシドルス（Isidore of Seville，五六〇頃―六三六年）である。彼はセビリャ大司教としての長い任期中に、西ゴート支配下のスペインがキリスト教国であり続けるよう最大限の努力を払った。そのため彼はいくつものテクストを著したが、それらは中世の時代を通じて広く書写され読まれることとなった。中でも『語源』は古典古代の学問とりわけローマのそれを可能な限り多く保存・維持しようとする百科全書的な試みであった。同書は修道院の図書室で容易に入手可能な書物となり、何世代にもわたって、中世の学者たちに対する古典文学入門書となった。ヨーロッパに活版印刷が導入されて以来、同書は一五三〇年までに少なくとも一〇版を重ねた。

東方修道制の始まり

だが、中世ヨーロッパにおける学問の存続は個々の学者たちの努力を超えた賜物であった。学問の世界での古代と中世の間の連続性を一定程度促進した主要な社会的動因は修道院運動であった。西ローマ帝国の滅亡に続く三世紀間に、西ヨーロッパ全域にわたって数多くの修道院が設立された。深く信仰に帰依した信者が集団で修行生活を営むことは仏教では安居《あんご》、僧伽《さんが》というかたちで古くから行われていたが、キリスト教においても紀元後三一八年にパコミオス（Pachomios，二九二頃―三四八年）がエジプトのタベンニシ（テーベの北）に創建した共住修道院を嚆矢として新しい形態の修道制が始まった。それはキリスト教の禁欲思想に基づき「神の似姿」を生きようと、砂漠や荒れ野に隠れ住み孤独な修行生活を送るエジプトの「隠修士」たち（「砂漠の師父」と呼ばれた聖アントニオスに代表される）とは異なる修道のかたちであった。信仰を同じくする者たちが修道院で共同生活を営みつつ修行するのである。その有様について朝倉文市は以下のように要約している（『修道院にみるヨーロッパの心』一三頁)。

修道院は外界から厳格に閉ざされた敷地に設けられ、食事をともにし、共同の典礼に参加し、衣類、労働においても均一な生活をする。礼拝堂とその付属の建物、およそ二〇名ほどの修道士のための宿舎、これら二、三の宿舎が一区画におかれ、全体は上長である修道院長の権威のもとに服従する。修道院長は、経験豊かな補助者とともに共同体全員の霊的指導にあたる。またパンその他の食料、料理、病室と看護その他の運営を指導する。これらすべては、奉仕の精神をもった修道士たちによって行われる。

パコミオスは共同生活を送る上での指針となる修道院戒律も執筆しているが、全部で一九四項目からなるそれは、後述するベネディクトゥスの戒律に先立つ修道院史上最初のものであった。

四世紀のエジプトに出現したこの東方修道制は、アウグスティヌスやバシリウスやアタナシウスなどの優れた一群の修道士や教父たちによりさまざまな経路を経て東(パレスティナ、シリア、コンスタンティノポリス)へ西(ローマ、ミラノ、トリエル、北アフリカ、マルセイユ、レランス島、トゥール)へと伝播していった。その一人カッシアヌス(Johanes Cassianus, 三六〇―四三五年)は南ガリアに東方修道制の理念と実際を伝えた修道士で、四一五年頃マルセイユ近郊に聖ヴィクトール修道院を創建するとともに(聖救世主女子修道院も設立している)、『共住修道制規約』を著してそこでの生活の指針とした。同書は後述の西欧修道制の基礎となる聖ベネディクトゥス戒律に多大な影響を及ぼすこととなる。

同じ頃、地中海沿岸カンヌの沖合のレランス島には聖ホノラトゥス(Honoratus, 三五〇頃―四二九年)によりレランス修道院が設立された。ホノラトゥス（北ガリアの地主貴族出身）とカッシアヌス（小スキュティア、現ルーマニアの出身）はともにエジプトの砂漠などでの修道生活を経験し、それを基にガリア南東の地に独自の修道院を建設したのであるが、彼らは裕福な家庭の出身で高度な教育を受けていた点でも共通していた。カッシアヌスがその著作をホノラトゥスに献呈するなど相互の交流もあった。レランス修道院は多数の司教を輩出してガリア各地に送り込み、五世紀を通じ西方における最大の修道院として大きな影響を及ぼすこととなった。その特徴の一つとして、レランス修道院にはゲルマン民族の侵入により所領を追われたガリアの地主貴族たちが生活の安定と魂の安息を求めて多く集まったとされるが、それゆえに同修道院は伝統的な古典文化を保存する役割も担うこととなった。知の保存・伝達という観点からもレランス修道院は注目に値しよう。

西欧型修道院の成立と発展

さて、東方修道制に対する西欧型修道制がいつどのようにして始まったのかについては定かではなく今もって論争の的となっているが、一般には五二九年にヌルシアのベネディクトゥス（Benedictus de Nursia, 四八〇頃—五四七年）によって創設されたモンテ・カッシノ修道院がその起源だとされている。ヌルシアの名門家系に生まれローマで学んだが、学業を中途で断念したベネディクトゥスはスビアコの洞窟で隠修士としての生活を送り、また同地に一二の修道院（僧房）を設立した後、ローマ南方のモンテ・カッシノに移ってそこにまた別の修道院を設立した。独住修道院、共住修道院、都市修道院などさまざまな類型の修道院が誕生した中で、西欧修道院の原型となり主流となったベネディクト派修道院は、ベネディクトゥスが定めた「聖ベネディクトゥス戒律」にしたがい清貧・貞潔・服従を守って、「祈り、働け」のモットーの下に規律ある修道士の共同生活を確立したこと

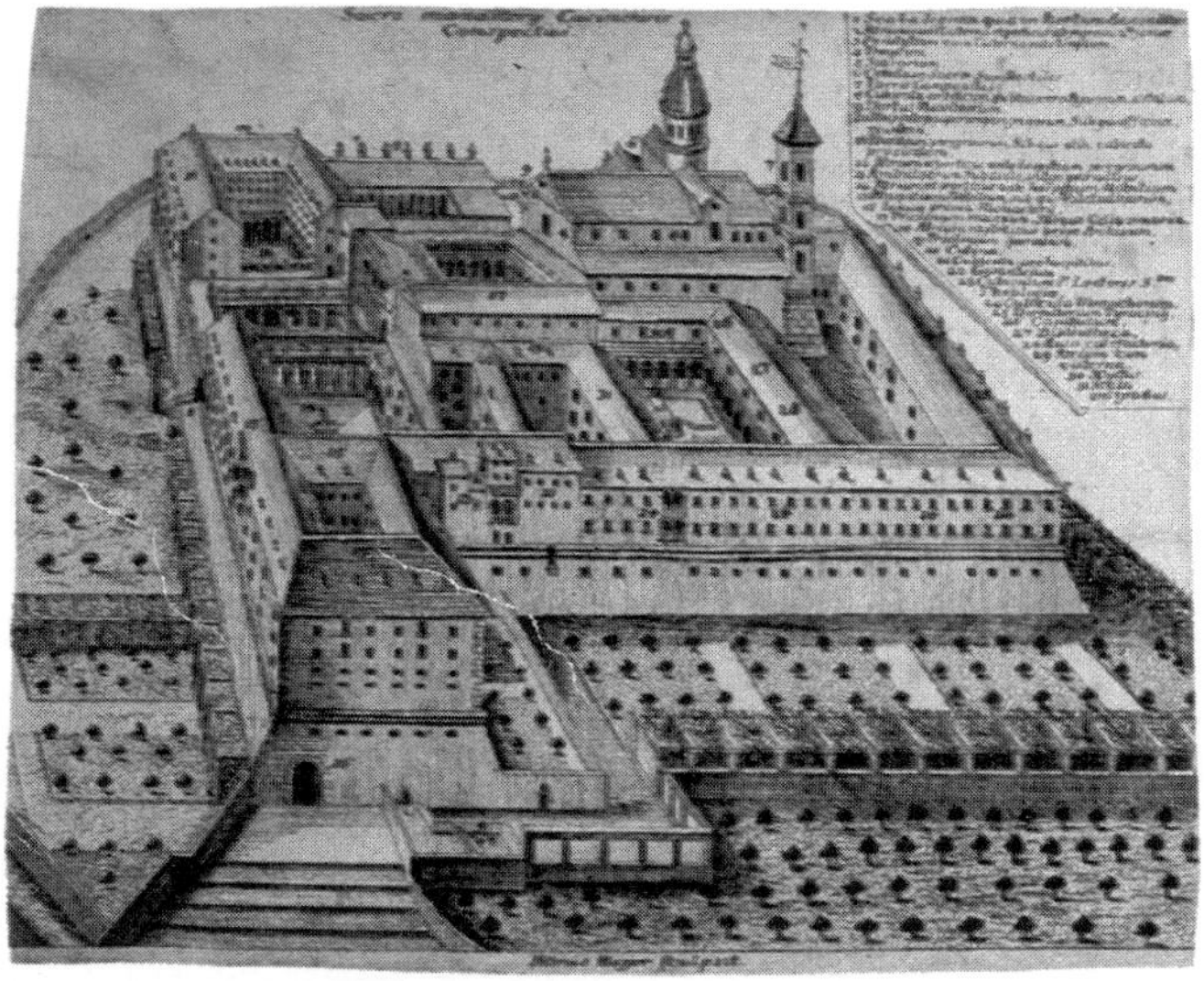

図8.1　モンテ・カッシノ修道院

出典）『週刊朝日百科 世界の歴史55』E-331頁。

にその特徴と意義があった。と同時に、禁欲と学問研究（聖書、教父の著作と哲学など）を結合させ、労働の概念の中に写字・筆写、写本作成を取り入れたことは、学問・教育の歴史にも計り知れない大きな影響を及ぼすこととなった。修道院が古典テクストの写本をよく保存し後世に伝える一大拠点となり、中世ヨーロッパの知的活動を支える重要な「学問の府」の一つとなっていくのである。

　ところで、信仰と学問、修行と知識、学と行との関係をめぐっては古来、いずれの宗教においても大問題として論じられてきた。たとえば、「不立文字《ふりゅうもんじ》、教外《きょうげ》別伝《べつでん》」を標榜して知識や学問に依らないとする仏教の一宗派禅宗において、高度な仏典の研究がなされ多くの語録が残されたことなど問題は一筋縄ではいかない。さまざまな立場がある中、ベネディクトゥスのそれは「知ある無知者、知恵のある無学者」であった。若い頃にローマで自由学芸を学んだベネディクトゥスは世俗的知識の探求を果てしない誘惑と考え、あえてその道を放棄し聖なる修道生活を求めた。彼の人生の最終目標は神を求めることにあったが、その手段としての学問や知識を一概に否定したわけではなかった。アウグスティヌスに見られるように、多くの教会知識人は、キリスト教の信仰と哲学的な知は相互に随伴し補完しあう関係として考えていた。教義の深化や異端の教説への対抗上からも、古典古代の学芸を含む学問・知識の習得は欠かせなかった。

ベネディクトゥスのモンテ・カッシノの修道院より少し後になるがそれとは別に、もう一つの西欧修道院の原型となる修道院が五五〇年頃、イタリア南部のウィウァリウムにカッシオドルス（Cassiodorus, 四九〇頃―五八五年）によって創設された。それは修道生活に加え、聖書とそのための聖俗諸学の研究と教育の場としての修道院を標榜したものであった。修道士でもなく教父でもない一人の俗人有力者が引退後に自らの資産を基に設立したという点でも、ウィウァリウム修道院はユニークであった。シチリアの有力家系に生まれ、ローマで支配権を確立した東ゴート王国の有能な政治家・行政官としての長い経歴の中で、彼はアテネやアレクサンドリアの学問・知識が失われることのないよう倦むことなく活動した。ローマ都督の要職にあった時、教皇アガペトゥス一世と協力して、ローマのアテネ・アカデミーをモデルにした学校の設立を試みたが不成功に終わるという経験も有していた。ウィウァリウム修道院の建設はそうした経験を踏まえてのことであった。カッシオドルスはその主著『綱要』において、修道生活の規範を示すとともに、古典古代の文化の保存・伝達のため写本を収集するよう修道士たちに呼びかけている。修道院には写字室・書写室（スクリプトリウム）のみならず貴重な写本を収蔵する図書館も設けられていた。彼はまたアウグスティヌスに倣って、聖書研究の基礎・前提としての七自由学芸（seven liberal arts）を重視し、知識を三科（trivium、文法、論理学、修辞学）と四学（quadrivium、算術、幾何学、天文学、音楽）に分類・組織することにも関わった。このようにカッシオドルスは、彼自身は第一級の学者とし

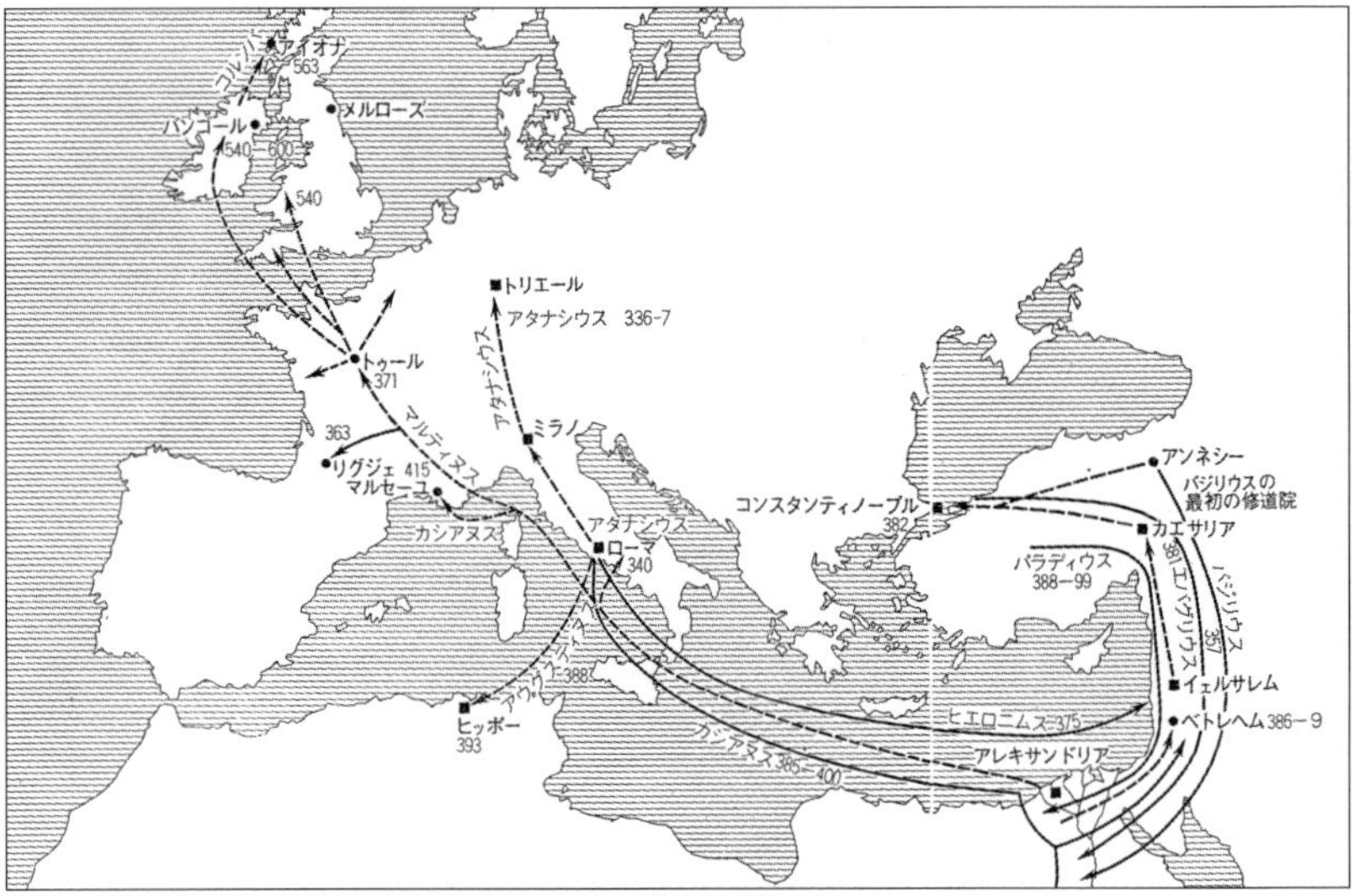

図8.2　修道院伝播の二つの流れ

出典）D. ノウルズ著，朝倉文市訳『修道院』42-43 頁。

ては見られていないけれども、修道院の活動の中心に学問を位置づけて修道院学校のモデルを提供するとともに、数世紀後、中世ヨーロッパの大学で学問・知識が体系化・制度化される過程に重要な影響を及ぼすこととなった。

モンテ・カッシノの修道院は五八一年（五八九年とも言う）ランゴバルド軍の侵攻によって破壊され、ウィウァリウム修道院もまた同じ頃、混乱の中に投じられた（六三〇年頃まで存続しやがて解散したと言う）。いったん廃墟と化したモンテ・カッシノの修道院は七一七—七二〇年頃に再建されるが、その名が西ヨーロッパに広く知られるようになるのは八世紀後半以降のことであった。その端緒はすでに、ランゴバルド軍の侵攻を避けて修道士たちがローマ近郊のラテラノ修道院に避難した時に、近隣の修道院にいた修道士グレゴリウスが彼らからベネディクトゥスとその会則について聞き、そのことを『対話篇』第二篇（五九三年）に記したことにあった。以後、聖ベネディクトゥス戒律は徐々にさまざまな経路を経てヨーロッパ各地に伝えられ、それぞれの修道院の会則に採用されていった。かくしてベネディクトゥスは「西欧修道制の父」と称されるに至るが、ベネディクトゥスとモンテ・カッシノ修道院が広く知られるに至ったその主な理由は、何よりも聖ベネディクトゥス戒律にあった。その成立過程にはカッシアヌスの『共住修道制規約』やカッシオドルスの手になるとも言う『師父の戒律』(五四〇年頃)などの影響があったとされ、その独自性について論争もあるが、後世に多大な影響を及ぼしたのは紛れもなく聖ベネディクトゥス戒律であった。全七三章からなる同戒律は、修道の共同生活の実際に即した具体的な規範を中庸(分別)の精神(過酷なこと、過重なことは課せられない)で、簡潔かつ明快に記述しているがゆえに広く受け入れられたのであった。

修道院での知的活動

先にも言及したように、修道院は修道のための生活共同体であり、祈り働く場であったが、聖ベネディクトゥス戒律は読書や写字についても規定し、それらを聖務日課の一部に取り入れた。戒律第四八章には「怠慢は霊魂の敵である。そこで兄弟は一定の時間を手作業に当て、さらに他の一定の時間を聖なる読書に割くものとする」と規定されている。また、修道院長はすべての修道士に書物、書板、筆記用具を供給すべきとも定められている。読書の仕方は黙読と朗読の双方があり、状況に応じていずれかが採られた。霊魂の救済を目的とする黙読(聖書を黙読し神との交わりを深める「霊的読書」)は、弁論術と音読を重視した古代ギリシア・ローマにはあまりなかった新しい読書のかたちであった。上記の戒律に言う「手作業」は具体的には写字・書写であった。時代は下るが、一二世紀前半に書かれたグルノーブルのある修道院の修道規律は修道士に配られる筆記用具の詳細とともに、そ

図8.3　写字する修道士（カンタベリー，1150年頃）

出典）J. Evans (ed.), *The Flowering of the Middle Ages,* New York, 1985, p. 45.

の意味について次のように記している（杉崎泰一郎『ヨーロッパ中世の修道院文化』六四—六五頁）。

筆写するためのものとしては、筆箱と何本かの鵞ペンと白墨、二つの軽石、二つのインク壺、一本の小刀、羊皮紙の表面を平らに削るための剃刀二本、一本の錐と穴開け用大錐、錘鉛、定規、罫を引くための小板、数枚の蠟引き板と鉄筆。われわれは受け入れたほとんどすべての者に、できる限り筆写することを教えている…（中略）…書物をわれわれの魂の永遠の食物として最大の注意と熱意をもって保存し、作成することを望む。それはわれわれは神の言葉を宣べ伝えるのを口ではできないので、手によって行うためである。

修道院で書写された写本・書物は聖書や教父たちの著作のみならずキケロ、ドナトゥス、ウェルギリウスなど古代ローマの著作家たちの作品も含んでいた。聖俗にわたるさまざまな書物が修道士たちによって書写されたのである。筆写はかなり厳しい労働であった。一一世紀末、スペインのシロス修道院で筆写作業に従事したある修道士はその労苦について、「目は霞んできますし、背は丸まります。肋骨は軋みます。胃は圧迫されます。感情は乱れ、体全体が弱ります」と記している。八世紀中葉に始まるカロリンガ朝時代に、修道院で書写された写本の総数は七千点を超えたというが、それはこうした修道士たちの努力の賜物であった。ちなみに、後期古代からカロリング・ルネサンスが始まるまでの間に作成された写本は、断片的なものを含めて約一八〇〇点であったという。

初期のモンテ・カッシノ修道院にはなかったようであるが（ウィウァリウム修道院には最初から写字室と立派な図書室が設けられておりその大きな特徴となっていた）、やがて多くの修道院では専用の写字室や図書室（書庫）が設けられるに至った。写字室で作成された写本は図書館（図書室）に収蔵され、適宜、聖務その他で用いられた。古代ギリシア・ローマの時代に多く用いられた文字の記録媒体はパピルスであり巻子本（巻物）のかたちで流布していたが、巻子本の形態は記録媒体がパピルスから羊皮紙へと変化するに伴い、四世紀頃に冊子本へと変わっていった。修道士たちが行った筆写作業は羊皮紙を用いて行われ冊子本として保存された。貴重な羊皮紙に手間暇かけて作成された写本は高価なものであった。図書館へのその収蔵・保管は書架に鎖をかけて厳重に行われた。修道院の中にはウィウァリウム、ボッビオ、ザンクト・ガレン、クリューニーなど一千冊以上の蔵書数を誇る大図書館も西ヨーロッパ各地に現れ、知の貯蔵庫・知的活動の拠点としての役割を担うようになっていく。かくして修道院とりわけベネディクト修道会は、中世ヨーロッパにおける古典古代の学問・知識と文芸文化（とりわけラテン語の）の存続・継承の中心に位置づくこととなった。

ベネディクト派修道院の普及・拡大

モンテ・カッシノに始まる西欧型修道院は漸次、さまざまな経路を経てヨーロッパ各地に拡がっていった。それは修道士による布教活動に伴うものであった。その端緒となったのはカンタベリーのアウグスティヌス（Augustinus Cantuariensis, ?―六〇四／六〇五年）のイングランドへの派遣であった。五九七年、自身修道士でありベネディクトゥスの伝記作者でもあるローマ教皇グレゴリウス一世の命を受けて、アウグスティヌスとその一行四〇人はイングランドに渡り、カンタベリーの地に修道院を開設した。同修道院が実際に聖ベネディクトゥス戒律によって運営されたかどうかについては諸説があり定かではないが、西欧型修道院がここからイングランドに導入され拡がっていったことは間違いないとされている。さらに、修道院はイングランドからフリジア（今日のオランダ・ベルギー・ルクセンブルグ）やゲルマニアなど大陸ヨーロッパに伝えられた。教皇グレゴリウス二世の委任を得てライン川以東の地の布教に大きな足跡を残し「ドイツ人の使徒」と称されたデヴォン生まれのイギリス人ベネディクト会修道士ボニファティウス（Bonifatius, 六七二頃―七五四年）、「フリジア人の使徒」となったノーサンブリア出身のウィリブロード（Willibrodus, 六五八―七三九年）などがその代表的な修道士であった。布教に赴くに際して彼らアングロ・サクソン伝道修道士団は聖ベネディクトゥスの戒律を携え、フルダ修道院（ドイツのモンテ・カッシノと呼ばれる）やエヒテルナッハ修道院をはじめ、各地に次々と修道院を建設していった。

カンタベリーから発した西欧型修道院はもちろん、イングランド内にも拡がっていった。初代カンタベリー大司教アウグスティヌス以後の発展の中で、とくに注目に値するのは第七代大司教タルソスのテオドルス（Theodore of Tarsus, 六〇二頃―六九〇年）の活動である。彼はビザンティン帝国小アジアのタルソスに生まれ、若き日にササン朝ペルシア軍の捕虜になるなどしながらアンティオキアやエデッサでペルシアやシリアの文化に触れ、その後コンスタンティノポリスの修道院で占星術、天文学、医学、ギリシアの修辞学・哲学を含む広範な知識を学んだ。さらにローマの修道院で聖俗のラテン語文献の知識を身につけた。そうしたテオドルスがローマ教皇ヴィタリアヌスの命を受けてカンタベリー大司教に就任したのは六六九年のことである。テオドルスは当時六六歳であったが、ナポリ近郊のニリダン修道院長ハドリアヌスとともにイングランドに渡ったのであった。以後、彼は明確な意図をもってベネディクト派修道院の普及・発展に乗り出した。その一環としてテオドルスはカンタベリーに学校を設立し、神学や聖書研究以外の広範な学問・知識を含む教育をそこで展開した。

カンタベリーの学校で教え学んだ修道士たちは、当時イングランド中に誕生しつつあったベネディクト派修道院の院長となって、その修道方式を広めていった。イングランドへのテオドルスの旅に同道し、カンタベリーの聖ピーター・ポール修道院長に任命されたビスコープ（Benedict Biscop, 六二八頃—六九〇年）はその代表的な人物である。イングランドのノーサンブリア出身だが、若き日に地中海のレランス修道院で修道士となったビスコープは大陸ヨーロッパの修道院事情に通じており、それらの知見に基づいてイングランドの修道院のモデルとするべく六七四年にモンクウェアマース、続いて六八二年には近隣のジャローに修道院を設立した。ちなみに、このジャロー修道院（Jarrow Abbey）で学んだ修道士の一人が『イングランド教会史』で有名になるベーダ（Bede, 六七二／六七三—七三五年）であり、同書はジャローで執筆されたのであった。

愛書家ビスコープは生涯に五度ないし六度ローマに旅をした。その主要な目的は計画中のジャロー修道院図書室に収める手稿写本を収集することであった。蔵書の数はやがて約二五〇巻を数えるに至り、その中にはブルガタ聖書（四〇五年にヒエロニムスによって初めて完訳されたカトリック教会公認のラテン語訳聖書）も含まれていた。このように、ベネディクト派修道院が幅広い学問や教育を重視した背景には、おそらく、ケルト・キリスト教の温床であった地域にローマ教会の影響を及ぼすという意図が作用していた。異なる宗教的・文化的土壌での布教には学問・知識が不可欠であった。

西ヨーロッパにおけるベネディクト派修道会の優勢はクリューニー修道院の設立（九一〇年）により確立した。同修道院はベネディクト派修道会改革の拠点となっていくが、知の伝達・移転という観点からして重要なことは、尊者ピエール（Pierre le Venerable, 一〇九四頃—一一五六年）が最初の『コーラン』のラテン語訳という事業に着手したのはこの修道院においてであったという点である。その過程でクリューニー修道院は一一世紀に、ヨーロッパ・キリスト教世界とイスラーム世界が接しあう主要拠点の一つとなったのである。

アイルランドの修道院

ベネディクト派修道院と同様、キリスト教の伝道・布教とともに修道院の知的活動に多大な貢献を為したのはアイルランドのケルト修道院であった。アイルランドでは四五〇年頃、パトリキウス（Patricius, 三八七頃―四六一年、聖パトリック、「アイルランドの使徒」と呼ばれる）が、数奇な運命を経て大陸ヨーロッパからアイルランドに戻り、アーマーに教会を建設して布教の拠点とした。ここからキリスト教が広く普及していくのであるが、ローマ帝国の支配を経験しなかったアイルランドでは部族社会を基に、司教区と修道制が融合するかたち（修道院的教区制）の独自の修道院制が発展していった。五二〇年頃にフィニアン（Finnian of Clonard, 四七〇―五四九年）が創建したクロナード修道院をはじめ、聖コンガルのバンゴール修道院、聖ブレンダンによるクロンファートとバーの修道院などが次々と現れ、六世紀半ばにはアイルランド修道院の主な骨格が形成された。

アイルランドは聖者と学者の島と言われる。土着のドルイド教の司祭たちによって培われた学問愛好の姿勢を受け継いで、アイルランドでは古来、学問や教育が尊重されていた。民族移動の大混乱やゴート戦争による荒廃のさなかにあったガリアの地から遠く離れて、アイルランドの修道士は高い知識や教養を身につけていた（おそらくはエジプトやシリアなど東方世界との接触・交流を通じて）。彼らの中にはラテン語だけでなく、ギリシア語やヘブライ語にも習熟し、また文法、数学、天文学、哲学、聖書学に通暁した者も見られたという。アイルランド修道士たちは修行に厳しかっただけでなく、学問の熱い愛好者でもあった。イングランド（ウェッセックス）のマームズベリー修道院長で後に西サクソン人の司教となったアルドヘルムは、アイルランドを「知恵の乳房」と呼び、六世紀から七世紀にかけて多くの異国の修道士や学徒が「群れをなし、船を連ねて」同地に向かったとしている。

その目的地の一つとなった上記のクロナード修道院からは「学識ある聖職者がトロイの木馬のギリシア人のように大勢出現した」と言われ、最盛期には一千人を超す修道士が在住していたとの説もある。その数自体は誇張かも知れないが、多数の修道士がいたのは確かであり、その中には後に「アイルランドの一二人の使徒」と呼ばれる修道士も含まれていた。彼らはアイルランドのみならず、ブリテン島や大陸ヨーロッパにもケルト修道院を広めていくこととなる。使徒の一人コルンバ（Columba, 五二一—五九七年、アイルランド、スコットランドの守護聖人）は五六三年、一二人の弟子とともにスコットランドのアイオナ島に渡ってそこに修道院を建設した。『アイルランド年代記』の初めの部分が執筆されたのは、その図書室においてであった。これらのテクストは一〇世紀まで書き続けられたが、それらはすべてケルトの修道院でなされた。

当時、アイルランドとスコットランドとの間にはかなり大きな人の往来があり、類似の修道院はアイルランドのクロンマクノイズやバンゴールにも設立された。ともに学問の拠点ともなった修道院である。コルンバヌス（Columban, 五四三—六一五年、上記の Columba とは別人）が教育を受けたのはバンゴールの修道院においてであった。彼は五九〇年に一二人の同志とともに大陸ヨーロッパに渡り、抵抗に会いつつも各地に次々と修道院を建設していった。ヴォジュ山麓のアングレイ、リュクスィユ（後に「フランスのモンテ・カッシノ」と謳われ、数世紀間にわたって西欧における修道院の中心となる）、フォンテーヌ、そして北イタリアのボッビオ修道院（Bobbio Abbey）がそれである。その図書室で有名になるボッビオ修道院とコルンバヌスの弟子のガルスが建てたスイスのザンクト・ガレン修道院は、知的営為という観点からすれば、その中で最も注目すべきものであった。ただし、九世紀に六〇〇巻の蔵書を誇り、多くの学徒を惹き寄せたボッビオ修道院であるが、当時、イスラーム世界の著名な図書館でムスリムの学徒が入手し得た数千巻の蔵書には比すべくもなかった。

また、アイルランドの修道士たちが学問への愛好心を持っていたとしても、その知的営為が目覚ましい学問上の業績を挙げたわけでは必ずしもなかった。筆写する写本の取捨選択は十分な吟味を経たものではなかったし、その内容についての検討や翻訳・紹介がなされたわけでもなかった。たとえば、プラトンはじめギリシア人の古典的著作は彼らの関心の対象外にあった。それらが再発見されて西ヨーロッパにもたらされるのは、すでに第七章で見たように、一二世紀ルネサンスを待たなければならなかった。修道士たちは持ち前の真摯さと勤勉さをもってひたすら手稿写本の作成に精を出したのであった。知識の探求ではなく知識を保存すること。それがアイルランドに限らない修道院一般の学問観であった。

修道院が中世ヨーロッパにおいて果たした文化史的・教育史意義について佐藤彰一は次のように述べている（『贖罪のヨーロッパ――中世修道院の祈りと書物』iii頁）。

先人の著作への飽くなき渇望は、未知の写本の探索とその筆写活動を通して、中世ヨーロッパの修道院を一大文化事業の担い手たらしめた…（中略）…当時伝来していた古典古代の著作をあらためて筆写することにより、その作品を消滅から救い出した。…（中略）…多くの修道院が「書写室」をそなえ、修道写字生あるいは写字修道女を擁して、聖書や福音書のみならず、古典古代の著作家の作品を書写し、現代に伝えたのである

カール大帝の文教政策とカロリング・ルネサンス

ローマ帝国が崩壊しゲルマン民族の大移動によって西ヨーロッパ社会はほぼ三世紀にわたって大きな混乱に陥った。そうした状況の中、メロヴィング朝フランク王国の宮宰カール・マルテルがトゥール・ポワティエの戦い（七三二年）でイスラーム勢力の侵攻を食い止め、その子ピピンがカロリンガ朝を開くが、新たな西ヨーロッパ世界の秩序はピピンの後を承けたカール大帝（Karl I, 位七六八―八一四年）によって形成されることとなった。彼はフランク王国を統一支配するとともに、積極的に対外遠征を行って領土の拡大をはかり、同国をビザンティン帝国と肩を並べる強国へと発展させた。八〇〇年にはローマ教皇レオ三世より西ローマ皇帝として戴冠された。カール大帝によるフランク王国の成立については「イスラームなくしては、疑いもなくフランク王国は存在しなかったであろうし、マホメットなくしては、シャルルマーニュは考えることはできないであろう」という有名なピレンヌ・テーゼがある。中世ヨーロッパ世界の成立を八世紀のイスラーム勢力による地中海制覇の結果として捉え、古代地中海世界と中世文化との断絶を強調する学説である。賛否両論を巻き起こし未だに決着を見ないこのテーゼは、知の伝播という観点からも注目に値する。イスラームの勃興と西方世界への拡大は、東方の知識人・聖職者の大規模な移動・亡命を余儀なくさせ、ローマやシチリアなどイタリア各地に大量のラテン語とギリシア語の写本をもたらすこととなったのである。

カール大帝の文教政策

後に「ヨーロッパの父」と呼ばれることになるカール大帝は、政治・社会の安定につとめ産業を興すとともに、とくに文教政策に力を注いでキリスト教と古典ローマの文化とゲルマン文化が融合した「キリスト教帝国」の建設に尽力した。彼が意図したのは聖職者の教養を高めて教会の状態を改善し、拡大する王国の統治にあたる一群の有能な官吏を養成することであった。ヨーロッパ中世最初の教育令と言われる七八九年の勅令「一般訓令」で、カール大帝は次のように述べている。「われわれの任務は、われわれの教会の状態を改善することにあるが、そのためには、先祖代々の無関心によって荒廃した古典教育を、注意深く熱意をもって復興しなければならない」と。また、次のようにも述べている（フィリップ・ヴォルフ著、渡邊昌美訳『ヨーロッパの知的覚醒』三九頁）。

そこ（教区教会）には児童に読む術を教える学校がなければならぬ。すべての司教座ならびに修道院において、聖歌とその旋律、歌唱、計算、文法を教えねばならぬ。また入念に校訂された書物を備えねばならぬ

こうしてカール大帝はアーヘンの宮廷にヨーロッパ各地から優れた学者・文人たちを呼び寄せ、後にカロリング・ルネサンスとして知られることになる文芸復興・教育振興事業に乗り出したのであった。イタリアからは文法学者のピサのペトルス（Petrus Pisanus, 七四四―七九九年）や文献学者にして詩人のパウルス・ディアコヌス（Paulus Diaconus, 七二〇頃―七九九年頃、モンテ・カッシノ修道院の修道士）、スペインからは神学者のテオドルフスなどが集められたが、事業推進の中心的役割を担ったのはイングランド（ヨーク）出身のアルクイン（Alcuin, 七三五頃―八〇四年）であった。七八一年、アルクインはイタリアのパルマでローマへの途上にあったカール大

図8.4　カール大帝（左）と後継者ピピン（右）
出典）『週刊朝日百科 世界の歴史 33』C-217 頁。

帝と邂逅した際にその学識を認められ、翌七八二年に「カールの師傅」・友人・側近としてアーヘンに迎えられた。ヨーク司教座聖堂学校校長からの転身であった。

カロリング・ルネサンスの内実は広範多岐にわたる。書き言葉としての正しいラテン語（古典ラテン語）の教育がその基本であった。教養ある聖職者の養成と有能な官吏による効率的な文書行政の確立は国家統治の要とされた。七八四―七八五年頃に書かれた「学芸振興に関する書簡」においてカール大帝は、書き言葉としてのラテン語の乱れは読解力の低下の表れ、読解力の低下はラテン語で書かれた神の書の理解をも危うくするのではないかとの懸念を示している。このことは上記の七八九年の「一般訓令」においても敷衍され、修道院学校や司教座聖堂学校での正しいラテン語（文法）教育が奨励された。ラテン語で書かれた書物の正しい理解の前提となるのは正確なテクスト（「入念に校訂された書物」）の確保である。誤りのある書物は正しい祈りを妨げるだけでなく異端の温床となりかねない。こうして筆写や写本の作成、蔵書の整理と拡充が進められた。アルクインはヨーロッパ各地に使者を派遣して写本の収集に努めたという。アーヘンの宮廷図書館は当時のヨーロッパで最大の蔵書数を誇るものであった。また、メロヴィング朝の頃にすでに存在していた宮廷学校が拡充・整備された。校長はアルクインであった。そこでは王族や廷臣の子弟を対象として、ラテン語の読み書きを中心に自由学芸と聖書や教父の著作が教授された。教授法は問答法であった。筆写課程や医学課程もあったというが、そのカリキュラムなど宮廷学校の詳細は定かではない。

新しいアテネ

カール大帝自身は読み書き能力を習得しないままであった。彼はそのことを恥じて、夜な夜な石板で手習いをしたという。好学の士である彼はまた、自分が招聘した著名な学者・文人たちからさまざまな知識を学んだ。アルクインからは修辞学と天文学の手ほどきを受け、ドイツ人アインハルト（Einhard, 七七〇頃―八四〇年）からは数学を、そしてピサのペトルスからは文法を学んだ。カール大帝の学問への愛好心がどこに由来するものかは定かではない。ただし、軍事遠征にあけくれた生涯であったが、その遠征の一つが学芸の都建設の契機となったことはおそらく間違いのないところであろう。すなわち大帝は、後ウマイヤ朝を討つためのスペイン・カタルーニャ遠征に際してムーア人が達成した豊かなアラビア学問の成果に接し、アッバース朝の支配者たちがバグダードで行っていたのと同じように、自身のアーヘンの宮廷を学問の主要拠点となす事業に着手したのである。

アルクインはアーヘンを「新しいアテネ」と呼んだ。七七九年のカール大帝に宛てた書簡のなかで彼は次のように述べている（佐藤彰一『カール大帝――ヨーロッパの父』七六―七七頁）。

もし多くの人々が、陛下が考える学問の素晴らしい目的に向かって邁進するならば、新しいアテネがおそらくフランキア〔フランク王国〕に生まれるかも知れません。まさしくより洗練されたアテネが。このアテネは主キリストの教えにより高貴にされ、アカデメイアが学問でえた知識をことごとく凌駕します。プラトンの教えに学ぶだけのあのアテネは、その卓越と名声を自由学科によってえていました。新しいアテネは聖霊により七倍も豊かになり、世俗の達成をことごとく凌ぐのです

このアルクインの言葉はあながち誇張ではなかった。カール大帝の治世に続くルイ敬虔王とシャルル禿頭王の時代にも、エインハルドゥス（Einhardus, 七七五頃―八四〇年、文人、歴史家で『カール大帝伝』の著者）、ラバヌス・マウルス（Rabanus Maurus, 七八〇頃―八五六年、神学者、「ゲルマニアの教師」と呼ばれた）といった優れた学者・文人たちがヨーロッパ各地からアーヘンなどフランク王国に参集し続けたのである。カール大帝の孫のシャルル禿頭王の招聘に応じ、アルクインの後任として宮廷学校の校長に就任したエリウゲナ（Johannes Scotus Eriugena, 八一〇頃―八七七年頃）はその代表的な人物であった。彼はアイルランド出身でギリシア語に精通した学者であった。当時、ヨーロッパでギリシア語はほとんど知られていなかった状況にあって、ケルトのキリスト教徒の間ではギリシア語に造詣の深い学者たちが少なくなかった。

アーヘンでは学問の振興・普及に関わる一つの重要な技術上の革新が導入された。いわゆるカロリング小文字体の採用である。旧来の書体とは異なって、美しく均整がとれ、読みやすく、しかも経済性に富んでいた。これにより筆写作業はずっと効率的かつ迅速となり、やがて中世の筆写・翻訳運動を促進して多くの古典テクストを学者たちの手に届けることとなる。中世ヨーロッパにはカロリング・ルネサンス、オットー・ルネサンス、一二

世紀ルネッサンスという三つのルネサンスがあったと言われるが、カール大帝のアーヘン宮廷で展開下されたカロリング・ルネサンスはその先駆けであり、中世ヨーロッパの学問が本格的なものへと離陸する準備をしたものであった。

カール大帝の文教振興事業は後に、イングランド・ウェセックス王国のアルフレッド大王（Alfred of Wessex, 位八七七―八九九年）や東フランク王国のオットー一世（Otto I, 位九三六―九七三年）の踏襲するところとなった。アルフレッド大王はデーン人の侵攻によるブリテン島の学問への壊滅的な打撃からの復興を企図して学問・教育の振興に力を注いだ。貴族の子弟の教育のために宮廷学校を開設し、フランスから多くの学者たちを招聘した。修道院や学校の再建に努めるとともに母語の使用を奨励した。そして彼の指導の下にラテン語の著作の英訳事業を推進した。ウースター司教ウェルファースによるローマ教皇グレゴリウス一世『対話』をはじめ、ベーダ『イングランド教会史』や聖アウグスティヌス『独白』などが英訳されたが、大王自身もグレゴリウス一世の『司牧者の心得』やボエティウス『哲学の慰め』を翻訳した。九六二年に神聖ローマ皇帝の帝冠を受けて大帝となったオットー一世もまた、三〇歳を過ぎてからラテン語を学び始め、宮廷学校を設立したりイタリアから学者を招聘したりするなど学芸・教育の振興に努めた。

修道院から司教座聖堂学校へ

都市の発展と司教座聖堂学校

初期中世の時代の学問の担い手が修道院とりわけベネディクト派修道会とアイルランドのケルト修道院であっ

たとすれば、一一世紀以降のヨーロッパの学問・教育の発展に大きな貢献をしたのは都市の教会であった。一一世紀から一三世紀にかけての時期、いくつかの相互に関連する出来事により人口が倍増（三―四倍ともいう）するにつれて、ヨーロッパ社会は大規模な変革を経験した。まず、農業生産方式が広く三圃制に変えられて穀物生産が大幅に上昇した。それは人口の増加を促進し、交易の増大、都市の規模の拡大、商工業ギルドの誕生をもたらしたが、これらはいずれも学問や教育の発展に重要な役割を果たすこととなった。従来、キリスト教の伝道・教育活動は修道院と教会を二大拠点として展開されてきた。このうち教会とりわけ司教座聖堂には附属の歌唱学校や文法学校や聖堂学校が設けられ、そこで聖職者の訓練をはじめ管区の子どもたちの教育が行われた。その活動は都市の発展とともに拡大する需要をうけて多様化し、聖堂学校の中には高度な専門知識を教授するものも現れた。発展する都市では新たに聖堂学校が設立されたり拡張されたりもした。このことは、カール大帝の死のわずか三年後、フランク王国内の修道院での俗人生徒の教育が禁止された時に、とりわけ大きな意味を持つこととなった。それに元来、修道院の多くは都市の中心から遠く離れた辺鄙な場所に位置していた。聖堂学校が埋めることになったのはこの間隙であり、それが学問・教育にもたらした結果は計り知れないものであった。

さらに、よりいっそう重要なことだが、この時代に、初期中世には制限されていた知識・学問へのアプローチが緩和され、七自由学芸（三科四学）のうちの四学（算術、幾何学、天文学、音楽）とりわけ厳密科学と数学の探求を容認する姿勢・態度が拡がっていった。キリスト教世界を通じて、「異教」の学問（何であれ神学研究からはずれるもの）は数世紀にわたり忌避すべき逸脱として見做されてきた。修道院での教育は主として三科（文法、論理学、修辞学）とキリスト教そして信仰に資するような哲学に焦点を当てたものであった。歴史叙述もベーダの『イングランド教会史』がそうであるように、キリスト教会をその中心に置くことを当然としそれを強調した。

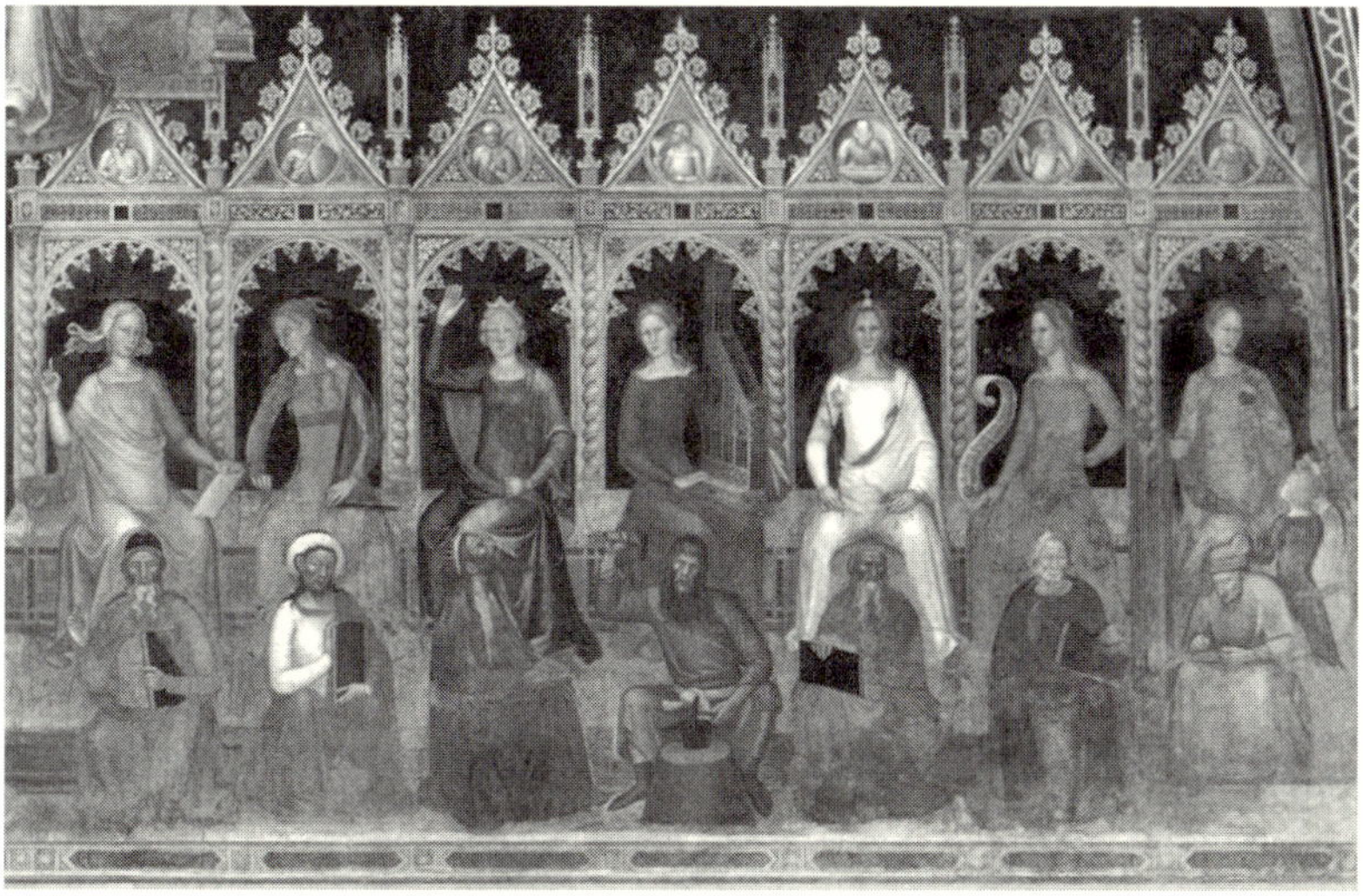

図8.5　七自由学芸—各学問とそれを代表する人物
出典）C. H. ハスキンズ著，青木靖三・三浦常司訳『大学の起源』60 頁。

古代ギリシアの学術はほとんどまったく見られず、ローマの文芸もわずかでしかなかった。知識・学問へのより開かれたアプローチへという変化は緩やかなものではあったが、後から振り返って見れば顕著なものであった。加えて、九世紀はバイキング（デーン人）の侵攻によって修道院が荒廃した時代であった。それはとくにイギリスにおいて深刻であった。修道院は財宝のありか、戦利品の宝庫として略奪の対象とされたのである。西ヨーロッパ全域で、修道院はこれまでの二世紀間そうであったような、学徒にとっての安全な天国ではなくなっていった。このこともまた、聖堂学校の勃興を導いた一要因であった。

ゲルベルトゥスの警鐘

この時期にほとんど独力で西ヨーロッパの学問の停滞・後進性に警鐘を鳴らし、先進的学問の宝庫の存在を知らしめたのはゲルベルトゥス（Gerbert d'Aurillac, 九四六—一〇〇三年、オーリヤックのジェルベール）であった。出自が曖昧な、おそらくは貧しい家庭出身の彼が辿った経歴はまったく驚くべきものであったが、そのことにより彼はヨーロッパの学問変革の土台を築くこととなった。アキテーヌのオーヴェルニュ地方オーリャックの山間の地に生まれたゲルベルトゥスは同地の修道院で教育を受けた後、二一歳の時にカタルーニャのサンタ・マリア・デ・リポーユの修道院に移り、そこで三年間学んだ。カタルーニャはムスリム支配下のスペインの一部ではなかったが、同修道院の図書室は多くのアラビア語の著作を含む充実した蔵書を有していた。ゲルベルトゥスは同僚たちがアラビア語のテクストをラテン語に翻訳するのを目の当たりにして刺激を受け、自分もラテン語訳を通じてではあったがアラビアの数学・天文学の知識を修得した。彼は九六九年にローマへの巡礼の旅に出て、そこで教皇ヨハネス一三世ならびに神聖ローマ皇帝オットー一世の知遇を得、後のオットー二世の教育係に任命された。その数年後、ランスの聖堂学校に移ったゲルベルトゥスはそこの教師を経た後、オットー二世が即位するに及んでボッビオ修道院（当時、その豊かな蔵書で知られていた）の院長に就任した。彼はさらにランスの大司教、オットー二世ならびに教皇グレゴリウス五世の家庭教師となり破格の出世を遂げていった。そしてついにはローマ教皇シルウェステル二世となったのである（九九九年）。

図8.6　ゲルベルトゥス（オーリャックのジェルベール）
出典）佐藤彰一・池上俊一『西ヨーロッパ世界の形成』149頁。

　こうした社会的経歴を辿る中でゲルベルトゥスが経験した知的世界への旅はそれ以上に驚嘆すべきものであった。彼自身は翻訳者としては見なされていないが、彼が当時のヨーロッパの学問に与えた刺激は、南フランスとイタリアで進行中の翻訳運動の高揚に直接寄与するものであった。彼は算盤の一種アバカスをヨーロッパに再導入し、アーミラリ天球儀やアストラーベを用いて天体観測を行い、アラビア数字を使用する（ヨーロッパで用いた初期の人物の一人）など、科学者としても顕著な業績を残した。彼はまた、古典テクストの収集家であり、生涯にわたって各地の修道院から写本を集めそれらを利用して授業を行った。それらはゲルベルトゥスが崇敬するボエティウスやキケロなど主に古代ローマの写本であったが、一部にはアリストテレスやデモステネスも含まれていた（彼はカタルーニャでアリストテレスの一部の著作のラテン語訳に接していた）。

ゲルベルトゥスはアラビア学術の成果の普及や古典テクストの収集に寄与した。教師としても優れた多くの弟子を育てた。しかしながら、彼が果たした顕著な役割は何よりも、ヨーロッパ・キリスト教世界にイスラーム学術の重要性を喚起したことにあった。ムスリムの学者たちの業績はそれまで長い間、「異教」の学問だとして無視されてきた。そうした状況に変化をもたらす大きな契機となったのがゲルベルトゥスの活動であった。彼はヨーロッパ各地で学び、教え、聖職者として活動した。その過程で同世代の多くの学者・聖職者や有力者と交流した。そして、彼らにヨーロッパの学問の欠陥や後進性について知らしめるとともに、スペインやイタリアで進行しているアラビア学術の翻訳運動に目を向けさせたのである。きわめて興味深いことに、彼がイスラームの学問に関心をもちその研究・教育に従事していることは彼の社会的昇進の妨げにはならなかった。それどころか、そのことはむしろ、彼がローマ教皇となるにふさわしい資質・能力を示すものとして評価されたのである。アラビア学術が有する先進的な科学知識への興味・関心が社会に広まりつつあったことの反映であろう。ゲルベルトゥスは、一二世紀ルネサンスにおいて頂点に達するヨーロッパの学問の一大変革を象徴するにふさわしい人物であった。

図8.7　ムスリムが描いたアリストテレス

出典）J. Lyons, *The House of Wisdom.*

アリストテレスの再発見

ヨーロッパのいくつかの都市における新たな「スコラ哲学」の発展を可能にした大きな要因の一つはアリストテレスの再発見であった。それは、ヨーロッパ各地に流布され始めた多数の翻訳書によって可能となった。第七章で見たように、一二世紀にアリストテレスの著作をアラビア語あるいはギリシア語から翻訳した著名な学者・翻訳家には、ヴェネティアのジャコモ（コンスタンティノポリスにも滞在）、クレモナのゲラルド（博識家）、アンダルスのアヴェロエス（注釈書を執筆）、マイケル・スコット（トレドと南イタリアの両方で活躍した遍歴の学徒）などがいた。彼らによる努力の結果としてヨーロッパの学者たちの間で生じた「アリストテレス主義」の勃興は、知的探求の領域を大きく広げるとともに、新しいより厳密な議論の発展を伴うものとなった。かくして、ヨーロッパ各地において、広範な知識の領域での高度な教育の可能性が開かれたのである。

このことは各地に勃興しつつあった司教座聖堂学校が発展するさらなる契機となった。商業・交易の復興や都市の規模の拡大や教会の発展に伴い、社会の指導的な人材に対する需要が増大するとともに、彼らの教育に従事する学校や教師が求められるようになる。アラビア語あるいはギリシア語からの翻訳を通じて再発見された古典古代の学問・知識を修得した教師の周りには学徒たちが蝟集し、またいくつかの都市の司教座聖堂学校ではある特定の分野の高度な専門知識の教育が行われるようになっていった。

大学の誕生――その性格と特質

そうした都市や聖堂学校の発展を背景にして一二世紀に、ヨーロッパのいくつかの都市では、これまでどこにも（アジアやイスラーム世界を含めて）存在しなかった新しいタイプの教育機関・学校が誕生した。それは「学校」(studium) と呼ばれ、やがて「大学」(universitas) として広く知られるようになり、以後、学問・教育の拠点として世界中に伝播・普及していくこととなる。今日、「大学」という制度・組織を持たない国家・社会は存在しないといってよい。大学はそれぞれの国家・社会における知的活動の拠点、高度な専門知識を身につけた人材養成の場として身近なものとなっており、世界中で、社会に不可欠の制度・組織として定着している。この世界中に拡がった大学の原型が誕生したのは中世ヨーロッパ社会においてであった。古代ギリシアには高度な学問が花開き、ソクラテスやアリストテレスといった偉大な学者や教師がいた。プラトンのアカデメイアやイソクラテスの修辞学校などの学園・学塾も存在していた。けれども、そこに「大学」はなかった。現代との歴史的連続という観点からみれば、大学の起源はヨーロッパ中世に求められる。

大学史家H・ラシュドールは、大学がその概念においても組織・制度においてもすぐれて「ヨーロッパ中世の産物」だとした。「大学の理念そのものが本質的に中世的」だと言う。「大学は、古代世界の最高度に開明された社会でも存在しなかった。その名を、古代のアテネやアレクサンドリアの学校に適用するのは、まったくの誤り」だとも述べている。われわれは本書においてこれまで、東西両洋の古代・中世文明圏における「学問の府」の起源を探ってきた。それらの世界では知識が熱心に探求され、高度な学問上の成果が達成された。そしてまた、それらの知識・学問は帝国の領域や文明圏を超えてある地域からある地域へと伝えられた。各地でさまざまなタイプの「学問の府」が設立され、一時の繁栄を見ては衰退していった。だが、それらの中で永続的な「学問の府」・高等教育の場として発展していったものは皆無であった。この意味において、中世ヨーロッパに誕生した大学はきわめてユニークな組織・制度でありとくに注目に値する。

大学誕生の背景

大学が誕生した背景には何よりもまず、人々の知識への渇望と知識に対する社会的需要の高まりがあった。それらはおおよそ、都市の成立、教会組織の整備とイデオロギー闘争、一二世紀ルネサンスという三つの歴史的要因に由来した。大学の誕生をみた一二世紀という時代はヨーロッパの歴史の中でも画期的な転換期であった。王権による権力の集中化と封建制の崩壊が進む一方で、技術の進歩による農業生産力の向上は人口の増大をもたらすとともに、農業と手工業という労働の分化を可能にして貨幣経済を成立させた。また、十字軍の遠征や交通の発達によって商業・交易が拡大し、市場を中心にして新しいタイプの都市が成立する。そこには多くの人々が自由の空気を求めて蝟集した（「都市の空気は自由にする」）。

いうまでもなく、中世ヨーロッパ社会はキリスト教を中心とする世界であった。ローマ教皇庁を頂点とし、大司教区、司教区、教区という階層制の教会組織が整備されるのも一二世紀を通じてのことであり、それとともに神学や教会法などの知識を備えた人材への需要が高まりをみせた。一方、世俗権力の頂点には封建諸侯や騎士を従える神聖ローマ皇帝や国王がいたが、ローマ教皇と皇帝・国王は聖職叙任権闘争など権力をめぐってしばしば対立した。この時代にはまた、十字軍を契機として東方から異端の教義や思想が流入したし、キリスト教界内部でもグレゴリウス改革が行われ、正統と異端をめぐるイデオロギー闘争が展開された。権力の対立やイデオロギー闘争は必然的に理論武装（教義の理論的体系化）を要請する。知識・学問への熱いまなざしはこうした点からも生じた。

一二世紀に一大学問復興運動が起こってヨーロッパの知的財産が飛躍的に豊かになったことも、大学の誕生を導いた重要な要因であった。いわゆる一二世紀ルネサンスである。第七章でみたように、久しく忘れ去られていた古代ギリシアの学問ならびにそれをいち早く受容し発展させていたアラビアの哲学・科学が、イスラーム世界やビザンティンを経由してヨーロッパに再びもたらされたのである。大量のギリシア語とアラビア語の学術文献が一群の学者・知識人たちによる精力的な活動によってラテン語に翻訳され研究された。その成果とりわけアリストテレスの著作の翻訳なしには大学教育の知的枠組は成立し得なかった。

学徒の組合

ヨーロッパで最古の大学の起源がどこにあるのかについてははっきりしない。というのも、初期の大学はいわば自然発生的に誕生し生成したものだったからである。創設者もいなければ創設年もないし記録もないというのが大学誕生の真相である。イタリアのサレルノやフランスのモンペリエで高度な医学が学ばれ教えられていたと言われるが、通常、ヨーロッパの大学の母胎となったのはボローニャ大学とパリ大学だとされている。

ボローニャが学都とりわけ法学の都として広く知られるようになったのは一一世紀末頃のことである。交通の要衝に位置するボローニャでは商業や都市生活の発展と結びついて、『ローマ法大全』の復活とそれに伴う法学の研究が盛んになり、「ボローニャの明るく輝ける光」と呼ばれたペポやイルネリウスやグラティアヌスなど優れた法学者たちが相次いで現れたのである。一一一九年までに「学都ボローニャ」(ボノーニア・ドクタ)と言う言葉が存在していたという。イルネリウス(Irnerius, 一〇八〇頃―一一二五年以後)は法律の本文を「注解する」方法を定着させてローマ法の研究を修辞学から分離・独立させ、グラティアヌス(Gratianus, ?―一一五八年)は『法令集』を著して教会法の研究を神学から区別した。「大学の発展の初めに偉大な教師がいる」というのはC・H・ハスキンズの名言だが、彼ら著名な教師の下で法学を学ぶために学徒たちはヨーロッパ各地からボローニャを目指して旅に出た。神聖ローマ皇帝フリードリヒ一世(Friedrich I, 赤髭王、位一一五五―九〇年)が一一五八年に「勉学のために旅をする学生たちのための特権」(Authentica Habita, ハビタ)と題する勅令を出したのは、そうした旅する学徒の安全・保護と便益に配慮してのことであった。ボローニャはローマ法の復活と法学研究の中心地として注目されるが、医学中心のサレルノとは異なり、一三世紀中葉までにはアリストテレスの自然哲学や医学などの教育も行われるようになった。各地からアルプスを越えて集まった学生を中心に団体・組合(universitas)が結成され、学生中心の大学(universitas scolarium)の原型・母体となっていく。一三世紀末葉頃までは、学生組合が教師を雇用し俸給を支払い、監督していたことはよく知られている。

ボローニャが学生中心の大学であったのに対して、パリは教師と学生の団体・組合(universitas magistrorum et scolarium）として発生した。交通の要衝に位置するパリは当時、新しいフランス王国の首都であり北ヨーロッパ最大の都市の一つであった。一〇七九年にローマ教皇グレゴリウス七世が、すべての聖堂は聖職者養成のための学校を設立すべしとの布告を出して以来、リエージュ、ランス、ラン、オルレアン、シャルトルなど北ヨーロッパ各地には司教座聖堂学校が設けられていて、教養諸科、哲学、神学などの学問が探求されていた。パリでもノートルダムの司教座聖堂学校で、ギョーム・ド・シャンポー（Guillaume de Champeaux, 一〇七〇頃—一一二一年）やその弟子のアベラール（Pierre Abelard, 一〇七九—一一四二年、ラテン名アベラルドゥス）とペトルス・ロンバルドゥス（Petrus Lombardus, 一一〇〇頃—六四年）などが哲学や神学を講じていた。とりわけ、サント・ジュヌヴィエーヴの丘の教会での才気に富んだアベラールの講義は多くの学生をパリに惹き寄せ、大学誕生の大きな一因となった。ここでも「初めに偉大な教師ありき」であった。こうしてパリに集まった教師たちを中心に団体・組合が結成され、やがて学生もこれに倣い大学団が形成されていった。

ボローニャの場合と同様、パリ大学がいつ誕生したのかは定かではない。自然発生的に生まれた制度・組織の宿命であろう。だが、ハスキンズも言うように、「大学というものは祝うべき正確な日付をもちたがるもの」で、パリの場合には一二〇〇年を大学誕生の年とした。それはタウンとガウンの争いの結果、フランス国王フィリップ二世が勅許状を発布して、大学団に対し世俗の裁判権からの免除を認める特権を与えた年であった。次いで一二一五年には教皇特使ロベール・ド・クールソンによって起草された規約が公布され、大学にさらなる特権が授与された。続いて一二二九年、またも起こったタウンとガウンの争いで講義停止・解散を決行した大学団に対し、教皇グレゴリウス九世はその二年後の一二三一年に大勅書「諸学の父」を発布して、大幅な自治権や講義停止権などその特権の保護を約束した。「諸学の父」は大学の「大憲章」と呼ばれ、その後の大学発展の大きな礎

図8.8　知識への渇望—二人の学徒に乳を含ませる学問の母（アルマ・マーテル）

出典）『週刊朝日百科　世界の歴史55』E-299頁。

となった。

こうした優れた学者や教師のいるボローニャやパリには、知識欲旺盛で野心あふれる若者たちが、旅の危険も顧みず徒歩でアルプスを越えドーバー海峡を渡って参集した。故郷を離れ見知らぬ都市にやってきた学徒たちは市民権を持たないよそ者であった。裁判権、税負担、軍役、宿舎や食糧の確保などをめぐり都市の住民と利害を異にすることの多かった彼らは、生活防衛や相互扶助のために団結を図った。その際、学徒たちはすでに都市の慣行となっていた同業組合の方式に範をとった。パン屋や靴屋など「ウニヴェルシタス」と呼ばれた職業組合（ギルド）の例にならって団体・組合を結成したのである。知識を学び教える者の組合であった。元来、どの同業組合にも用いられていたこのウニヴェルシタスという言葉はやがて、「教師と学生の組合」に対してのみ適用されるようになり、今日のユニバーシティへとつながっていく。

「大学」を意味する言葉として当時、ウニヴェルシタスとは別に「ストゥディウム」（studium、学ぶところ、学校）も用いられた。ストゥディウムにはいくつかの下部組織があった。その一つは学部（facultas）である。学部は専門知識ごとの教師集団であり、中世には神学、法学、医学、教養諸科の四つがあった（中世大学の四学部制）。前者の三つ（上級三学部）に対して、教養諸科はその予備的・基礎的な地位に置かれていた。学部とともに重要なもう一つの下部組織は国民団（natio）であった。国民団は出身地を同じくする人々の相互扶助団体で、「お互いの団結と親睦をはかり、病人を慰め貧者を助け、死人が出たら葬式を出し、学位試験を受ける者は試験場まで送り迎えする」などきめ細かな活動を行った。第三の下部組織は学寮（collegium）である。学寮はもともと、貧困学生の生活を支援するための慈善・奨学施設として、聖俗の有力者や有志篤志家により設けられた。学寮はやがて、生活の場であることに加えて教育活動も担うようになり、とくにイングランドの大学（オックスフォード大学とケンブリッジ大学）で独自の発展を遂げることになる。

大学は中世ヨーロッパの都市に、同業組合に倣い、知識を学び教える者の団体として自然発生的に生成した。その団体的性格は顕著であった。大学の組織は学部、国民団、学寮といった下部組織を含めギルドの原理で貫かれていた。正員の対等性を原則とする、相互扶助と自己規制ならびに対外的な権利の主張という共通の目的のために結成された団体である。その運営はきわめて民主的なかたちで行われた。それぞれの組織は固有の印璽や規約や集会を持ち、学長、学部長、国民団長などの役職者は原則として、正員による投票により選出された。そうした役職者の地位も「対等なる者の筆頭者」として位置づけられていた。中世の大学、とりわけ初期の大学のもう一つの顕著な性格はその国際性である。ボローニャやパリには国境を越えてヨーロッパ各地から、民族や言語を異にする人々が学生や教師として集まった。そのことが大学の誕生を導いたことは上述したとおりである。国民団の存在も大学の国際的性格の現れであった。中世ヨーロッパ社会が、ローマ教皇を頂点とするある種普遍的なキリスト教世界であったことも、大学の国際性を担保するものであった。入学試験に類するものはなかったけれども、当時の国際的学術用語であるラテン語の知識を身につけておくことは大学で学ぶ者の必須要件であった。

修学の階梯

都市の同業組合は特定の技術・技能を習得した人々から成る職能集団であり、開業資格の認可や成員の教育・訓練も行った。その教育・訓練はいわゆる徒弟制（apprenticeship）に拠った。ある職業能力を身につけようと希望する者は、同業組合の正員である親方（magister, master）の下に徒弟（apprentice）として弟子入りし、一定の年限、住み込みで修業する。そうして、ある程度技に習熟すると職人（journeyman）と呼ばれる中間身分になり、各地の親方の下で遍歴修業しながらさらに腕を磨く。その過程で職人は親方に提出する作品（マスターピース）を仕上げ、それが認められて初めて親方となった。商工業ギルドにおけるこの徒弟、職人、親方という修業の階梯は、騎士社会では小姓、従者、騎士というかたちをとった。

知識を学び教える学問のギルドとしての大学で採られた教育・訓練の方式も、この徒弟制を模倣したものであった。学ぶ者である学生（studens）は、ドクター（doctor）ないしマギステル（magister）と呼ばれた教師の下で一定の知的修練を積み、最終試験に合格して「教授免許者（licentiatus）」となった。そして大学団による「組合加入式（inceptio）」を経てようやく、学問ギルドの正員として受け入れられた。学生と教師の間にはやがてバカラリウス（bacalarius）と呼ばれる中間身分（学びつつ教える者）が生まれ、学生、バカラリウス、ドクターないしマギステルという修学の階梯が出来上がっていく。この修学の階梯における節目の資格・免許が学位であった。

プラトンの学園アカデメイアには明確な修学の階梯はなかったし、そもそも、ハスキンズも言うように「ソクラテスのような偉大な教師は卒業証書を与えなかった」。大学の最後の砦は学位授与権にあると言われる。ある学問の分野で一定の知的修練を積み、試験に合格した者に対して、一人前の教師としての資格・免許すなわち学

図８.９　大学での講義風景（14 世紀後半）
出典）C. H. ハスキンズ著，青木靖三・三浦常司訳『大学の起源』87 頁。

位を授与すること。これが中世以来、大学に固有な機能であるとされてきた。学位こそ大学存立の根拠でありレーゾンデートルであった。

学生がまず目指したのは教養諸科（自由学芸）の学位で、通常、マギステルの学位を取得するのに四年から七年を要した。その後、上級三学部のいずれかに進んで学位を取得しようとすればさらに長い修学が必要であった。他郷での長期間にわたる修学は経済的にも生活面でも負担が大きかったから、上級学部でマギステルないしドクターの学位を取得するのは限られた一部の者のみであった。教養諸科の学位でさえ、大半の学生は取得しないまま大学を後にした。大学に学ぶ学生自体の人数がきわめて少なく、かつ知的人材に対する社会的需要が供給を上回る傾向にあったので、学歴としては大学に籍を置いたというだけで

図8.10 図書室に配架された鎖付き書物（ヘレフォード，イングランド）
出典）D. C. Lindberg, *The Beginnings of Western Science*, p. 207.

十分であった。

知識習得の体系化・システム化は学習の内容・方法面などでも進んだ。学部ごとに学習年限とカリキュラム、授業形態や試験の方法が定められた。新学期はパリの場合、一〇月一日から始まって復活祭まで続く「大学期」と、復活祭から六月までの「小学期」があり、夏の「大休暇」や祝祭日もあった。テクストには権威ある正統なもの（アリストテレスの著作が重視された）のみが採用され、異端の疑いのある著作は注意深く排除された。授業は講義と討論から成っていた。講義には正講義と副講義ないし速修講義の二種類があり、前者は学部の正員であるドクターあるいはマギステルが早朝の時間帯に担当した。討論にも正討論と自由討論があった。

羊皮紙に書かれ皮で綴じて図書室の書架に鎖でつないだ書物は貴重かつ高価なものであったから、とくに初期の時代、手にしうるのは教師のみであった。講義は教師がテクストを読み上げ注釈し、学生がそれをひたすら記憶するかたちで進められた（後には筆記するようになる）。討論の場合には定められたテーマについて、学生は順次、主張する側と反論する側に立って論争し、裁定者である教師がそのパフォーマンスを判定した。最終試験は公開の場において「討論裁定（determinatio）」として行われたが、それは討論をより厳粛かつ華やかにしたものであった。大学誕生の初期の時代、大学は教室や図書室などといった固有の建物や不動産を持っていなかった。講義や討論裁定は教会や民家の部屋を借りて行われた。学生は教師に聴講料を支払い、一定の契約を結んで授業に参加した。

大学で学ぶに際して入学試験のようなものが実施されたわけではない。特別の資格が求められたわけでもなかった。一通りのラテン語の知識と一定の年齢（一三世紀パリの教養諸科の場合一四歳）に達していれば、誰でも大学に登録して学ぶことができた。希望者は大学団の規約を遵守することを宣誓し、一定の諸費用を納入して入学した。もっとも、遠方から大学都市にやって来るまでの彼らの旅路には辛く厳しいものがあった。

大学での学生生活の諸相は、今日の場合と同様、さまざまであった。一四世紀のイギリスの詩人チョーサーが描いたオックスフォードの学僧のような、「喜んで学び喜んで教えようとした」真面目な学生もいれば、「訴訟好きで喧嘩好きで」放蕩に憂き身をやつす怠け者学生もいた。ある父親はオルレアンで法律を学ぶ息子に宛てて、次のような叱責の手紙を書き送っている（C・H・ハスキンズ著、青木靖三・三浦常司訳『大学の起源』一二八―一二九頁）。

オルレアンに滞在している息子のGに、ブザンソンのPが父親としての熱意をもって挨拶を送る。「その仕事を怠るものは、滅ぼすものの兄弟である」（箴言、一八章、九節）ということばがある。わたしはおまえが自制よりも放縦を、勉強よりも遊びを好み、他人が勉強しているときにへたなギターをかき鳴らし、放らつで怠けた生活をしており、おまえのもっと勤勉な仲間が法律書を何冊も読んでいる間におまえは一冊しか読んでいないという結果になっていることを、最近発見した。それゆえ、わたしはおまえがもはや浪費家とよばれなくなり、おまえの不名誉がよい評判にかわるよう、おまえの放らつでのんきなやり方をすっかり悔いることを、この機会におまえに勧告する決心をしたのである。

遊学中の息子から親に宛てて書かれた「金送れ」の手紙は、中世の学生が書いた最もポピュラーな手紙だとされるが、これもおそらく、現代の学生と同様であろう。ただし、現代では手紙ではなく電話かメールという手段で要求されるのかも知れない。

大学の増殖

ヨーロッパ最古の大学は一二世紀に誕生した。ボローニャ、パリ、サレルノ、モンペリエ、オックスフォードなどである。大学は以後、次々とヨーロッパ各地に拡がっていった。一四世紀末には約四五、一五世紀末の時点では約八〇の大学が成立していた。こうした大学の成立・増殖にはおおよそ三つのパターンがあった。自生型と分派型と設立型である。

自生型の大学の典型的なものはボローニャとパリであり、その成立の経緯は上述したとおりである。分派型の大学はこの自生型の大学から巣分かれしたもので、とくにボローニャとパリの二つの大学を母胎として多くの大学が誕生していった。「中世の大学の歴史はタウン（都市）とガウン（大学）の争いの歴史である」と言われるが、分派型の大学の成立はしばしば、タウンとガウンの衝突を契機としていた。すでに述べたように、大学に結集した教師と学生は生活上の諸問題をめぐって都市と利害を異にすることが多かったし、また、新興成り上がりの社会集団「働く人」（職人・商工業者）として、「祈る人」（聖職者）、「戦う人」（騎士）、「耕す人」（農民）に伍してやっていくため、ローマ教皇や皇帝・国王に対し、自分たちの権利をことあるごとに主張した。

タウンとガウンの衝突はあちこちで幾度も起こったが、その調停と決着はおおむねガウン側に有利なものとなった。そして、そのたびに大学は特権を獲得し発展を遂げていった。というのも、結局のところ、大学の存在は都市に経済上、社会上の利益（大学は都市の誇りとされた）をもたらすものであったし、ローマ教皇が大学側の後ろ盾となったからである。初期の大学が固有の土地や建物や財産を持たない身軽な存在で、自分たちの要求が受け入れられない場合には「講義停止（cessatio）」を宣言して他の都市に移るという究極の対抗手段を持っていたことも大学の強みであった。

数あるタウンとガウンの衝突の中で、中世大学史上最大規模かつ最もよく知られた例は一二二九年のパリのそれである。カーニバルの日の居酒屋での学生と亭主の喧嘩がきっかけで大学団と市民あげての大騒ぎとなり、学生側に死者も出た。大学側の強い抗議と賠償要求にもかかわらず、パリの警視総監と国王はこれを無視。大学団はついに「講義停止」の実力行使に訴え、教師と学生は一斉にパリを退去して他の諸都市に移動した。彼らが向かった先はオルレアン、ランス、アンジェー、トゥールーズであり、ドーバー海峡を渡ってオックスフォードやケンブリッジに散っていった一団もいた。争い自体は二年後の一二三一年、ローマ教皇の仲裁で決着し和解が成立した（この時に出されたのが大学の「大憲章」と呼ばれる教皇勅書「諸学の父」であり、大学に大幅な特権を認めた）。諸方に散っていた教師と学生の多くがパリに戻ってパリ大学の危機は回避されたが、彼らの一部がそのまま現地に留まってそこで講義を開始する場合もあった。オルレアン、アンジェーの大学はこのようにして誕生した。分派型と呼ばれるゆえんである。

もう一つ、オックスフォードからケンブリッジが巣分かれした例をみてみよう。パリの「大離散」に先立つ一二〇九年、ある学生が一婦人を殺害し、三人の学生が市民によって絞首刑に処せられた。教師と学生たちはこれに抗議してオックスフォードを退去し、ケンブリッジやレディングなどに移住した。結末はパリの場合と同様であった。一二一四年、教皇使節ニコラスは市民の賠償と下宿の家賃の値下げを命じるとともに、学徒を教会の裁判権の下に置いた。大学側が特権を獲得してオックスフォードに戻り、講義再開となったのだが、ケンブリッジに移動した学徒の一部はそこに留まって新たな大学を誕生させた。ケンブリッジ大学の始まりである。上述のパリの「大離散」の時にも相当数の学徒がケンブリッジに移動しており、これによって、あまり振るわなかった誕生間もないケンブリッジの大学は蘇生したという。なお付言すれば、オックスフォード大学も、一二世紀半ば頃に自生型の大学として成立していたけれども、大学が大きく発展する契機となったのはパリのイギリス人学徒の移住（トマス・ベケットと国王ヘンリー二世との対立に端を発した国王の帰国命令による）であった。

いかに身軽な存在だとはいえ、大学が他の都市へ移動するのは決断を要することであり、何の見通しや当てもなしに「講義停止」が実行されたわけでは必ずしもなかった。移動する大学を迎え受け入れようとする都市があり、前もって誘致のための条件交渉すら行われていた場合もあった。一二二九年のパリの「大離散」の時にも、トゥールーズは学徒を勧誘するためさまざまな手段を講じているし、イギリス国王ヘンリー三世はパリの学徒に宛てて招請状を送っていた。いわば大学をめぐる都市の誘致合戦である。もちろん、この移動・分派、誘致の試みには成功した場合もあれば失敗もあった。成功した場合、新しい大学が母胎である元の大学をモデルにして、その組織や慣行を整備していくのは自然な成り行きであった。こうしてパリからオルレアン、アンジェー、オックスフォードなどが巣分かれして誕生・発展し、さらにオックスフォードからケンブリッジが派生して「パリ型」の大学を継承していった。一方、アルプス以南ではもう一つの母胎大学であるボローニャからヴィチェンツァ、パドワ、アレッツオ、シエナ、フィレンツェ、ペルージャ、ピサが分派し、さらにパドワからヴェルチェッリが派生して「ボローニャ型」の大学群を形作っていくことになる。

ヨーロッパ各地に大学が誕生して、その社会的効用と重要性が明らかになると、皇帝や教皇など権力者が自ら大学を設立する動きが出てくる。その嚆矢となったのは皇帝フリードリヒ二世によって一二二四年に創設されたナポリ大学であった。自分の勢力圏に大学を設けて人材の自家生産をはかるというのがその意図である。この皇帝の先例は五年後の一二二九年にはローマ教皇の踏襲するところとなり、教皇の命を受けたトゥールーズ伯によってトゥールーズに大学が設立された。大学をカトリック世界の支柱となし、南フランスの異端を撲滅するためであった。教皇はまた、お膝元のローマに教皇庁大学を設置している（一二四四―四五年）。

こうした設立型の大学は一四世紀以降、東欧にも拡がってその数を増していく。ドイツ語圏最初の大学となるプラハは一三四七―四八年に教皇によって設立された。クラクフ（一三六四年）、ウィーン（一三六五年）、エルフルト（一三七九年）、ハイデルベルク（一三八五年）、ケルン（一三八八年）はいずれも教皇の手になるものであった。その動きは一五世紀に入ってさらに加速化し、北欧やスコットランド、南欧にも次々に大学が設立されていった。

一四世紀以降の大学がすべて設立型であったわけではない。分派型の大学も依然みられた。大学が移動する動因はタウンとガウンの争いだけではなく、思想・信仰の対立やペストなど疫病の流行もあった。大学団の一部の教師と学生はこれらを契機として他の都市に移動し、そこに新しい大学を派生させた。前者の代表的な例は一四〇九年におけるプラハからのドイツ人学徒の一斉引き揚げであり、ハイデルベルク、ケルン、エアフルトなど既存の大学へ移動・合流した学徒も多くいたが、ライプチヒ大学はこの時に分離独立した。

ところで、自生型、分派型、設立型のいずれにせよ大学は「ウニヴェルシタス」と呼ばれたが、上述したように、これに類似した大学を意味する言葉として「ストゥディウム」があった。ウニヴェルシタスすなわちストゥディウムでは必ずしもなく、ウニヴェルシタスが大学団を構成する正員について適用されたのに対し、ストゥディウムは機関としての存在（学ぶところ、学校）という、より一般的な意味で用いられた。一三世紀になって設立型の大学が増えてくると、このストゥディウムという言葉にゲネラーレとかパルティクラーレという形容詞が付せられて、ストゥディウム・ゲネラーレ（studium generale）、ストゥディウム・パルティクラーレ（studium particlare）という呼称が出現する。それは大学の格式と威信において一流と二流、汎欧的・国際的な大学と地方大学という区別の誕生を意味した。

ストゥディウム・ゲネラーレとは「①ヨーロッパの各地から教師・学生が参集し、②神・法・医など上級の学問分野で少なからぬ教師を擁し、③全欧的に通用する学位（教授免状）を出す」、いわば汎欧的・国際的な大学である。ボローニャやパリがその代表的な例であった。単なるストゥディウムないしストゥディウム・パルティクラーレはそれ以外のローカルな「地方大学」である。後発の設立型の大学は先発自生型の大学に倣い、それらと同じ特権と威信を獲得し享受しようとした。そのために後発の大学は競って、中世ヨーロッパ社会にあって最高の普遍的権威とされたローマ教皇ないし皇帝の創立特許状を求めた。そうした「お墨付き」によって自らの存在をストゥディウム・ゲネラーレだと宣言したのである。中には実体の伴わない誇大広告のような場合もあった

図 8.11　ヨーロッパ中世の大学

注）国境は 1490 年ごろのもの。※印はそのころ消滅していた大学。C は約。

出典）横尾壮英『ヨーロッパ大学都市への旅—学歴文明の夜明け』リクルート出版部，1985 年。

けれども、教皇ないし皇帝の創立特許状は大学設立に不可欠のものとなり、やがてボローニャやパリもあらためて獲得し従来の特権を追認してもらうこととなった。

ヨーロッパ各地への大学の拡がり、とくに一五世紀における設立型大学の増加の背景にはナショナリズムの進展があった。各地方の君主・領主や都市は、自分たちが必要とする高度な知識を身につけた人材を、他国・他郷の大学に任せるのではなく、地元に大学を設立してそこで養成しようとしたのである。君主の中には他国への留学を禁止する者も現れた。それとともに、国民団も組織されなくなり、初期の大学にみられた汎欧的・国際的な性格は次第に失われていく。大学の地方化・国家化の始まりであった。

以上にみたように、西ローマ帝国滅亡後の混乱の中で文化的停滞・後進地域となったヨーロッパにおいて、まず辺鄙な地の修道院、次いで都市の宮廷や司教座聖堂学校が担い手となって教育活動を存続させ、知識・学問を継受していった。そして、そうした都市の教育活動の延長線上に、これまでになかったまったく新しいタイプの「学問の府」が一二世紀後半から一三世紀にかけてのヨーロッパに誕生し、急速にヨーロッパ全域に拡がっていった。第七章までの各章で見てきた古代各文明圏の「学問の府」のいずれとも異なり、大学は何よりも、学徒（教師と学生）の共同体として生起した。大学はローマ教皇、神聖ローマ皇帝、国王そして自治都市の認可・支援の下で発展していったが、それはあくまで、知識・学問の探求・伝達に従事する者の生活防衛・相互扶助・権利擁護のための独立の自治団体・ギルドであった。そして、大学において初めて、高度な知識の教授・学習システムが注意深く組織化され制度として確立された。一定のカリキュラムが制定され基本テクストに基づいて、共通の学術言語であるラテン語で教授・学習がなされた。講義や討論裁定などの教授方法も定められ、一定期間学んで試験（口頭試問）に合格した者にはその資格証明である学位が授与された。勉学の制度化はここに始まったのである。大学はまた、国際的な性格（キリスト教世界・汎ヨーロッパ）を色濃く帯びており、旅する学生や教師を通して知識が国境を越えて広く各地に伝播していった。

最後に大学のその後の世界的展開について触れておこう。中世ヨーロッパ社会にパリやボローニャなどを原型として誕生した大学は、一五世紀末までにはヨーロッパ全域に拡がっていった。そして一六世紀以降には、アメリカ新大陸やアジア・アフリカ世界に伝播していく。大学モデルの輸出論ないし移植論について一般的な分析枠組を提示したE・アシュビーは、大学史を通じてモデル移植には四つの大きな波があったという（E. Ashby, *Universities: British, Indian, African A Study in the Ecology of Higher Education*）。第一の波は一五世紀、第二は一六―一七世紀、第三は一九世紀、そして第四は第二次世界大戦後である。このうち第一の波はヨーロッパ文化圏の内部で生じたもので、同一文化圏内での同一モデルの増殖過程（isomorphism）というのがその特質であった。

第二の波はヨーロッパからアメリカ新大陸へのモデル移植であり、大航海時代と宗教改革の影響下に新大陸へ進出し移住した集団の相違によって、中南米と北米で様相を異にしたとはいえ、これも基本的には第一波と同じ特質をもったモデル移植といってよい。これに対して一九世紀に生じた第三の波は、大学モデルが初めてヨーロッパ・キリスト教文化圏から異質の文化圏である非西欧世界へ移植されたという特質をもつものであった。その際、大学モデルの移植は、多くの場合、欧米列強による帝国主義的進出と連動し、宗主国と植民地という支配・従属関係の下で進められた。この時代にはまた、移植すべきヨーロッパの大学モデルも多様化し分化していたし、モデル相互間の学習・交流という状況も生まれていた。第四の波は第三の波の延長線上に、植民地の独立に伴う新国家形成の一環として行われた。

中世ヨーロッパに大学が誕生する以前、古代各文明圏にはさまざまな「学問の府」が存在し、発展し衰退していった。それらはいずれも現代の大学へとつながるものではなかった。これに対して中世ヨーロッパの大学と現代の大学との間には明らかに歴史的連続性が認められる。多種多様な変種があるとはいえ、現代の世界各地の大学は中世ヨーロッパの大学の直系の子孫なのである。それは一六世紀以降、ヨーロッパ大学モデルが各地に伝播・移植されたからに他ならない。大学はいつ、どこに、どのようにして伝播・移植されたのか。それはまた、どのような状況で受容され定着していったのか。本章のテーマはかくして次の新たな課題につながっていくものだが、それはまた別途あらためて探求されるべきものであろう。

終章　知のネットワークと「学問の府」の起源

「学問の府」誕生の背景と条件

古代メソポタミアと地中海世界から始まったわれわれの、人類による知の探求の跡を巡る旅は、古代のインド、中国、東アジア、イスラーム世界を経て中世ヨーロッパに至った。それははるかな時空にまたがる壮大な旅であった。その旅を通じてわれわれは、古代・中世の各文明圏において、一群の思想家や哲学者や科学者たちが知の探求にいそしみ、人類共通の知の遺産の構築に従事していたことを知った。彼らは新たな知識を求めて広く旅をし、その過程を通じて知の伝播・移転が行われた。また、各地に「学問の府」が設けられ、そこで知の探求や伝達（教育）がなされていたことも明らかとなった。旅の終わりにあたり、序章で述べた課題に立ち返って、本書で取り上げた問題の要点を整理してまとめとしよう。

高度な知識の探求と「学問の府」の誕生を導いた背景・状況の一つには都市の発展があった。人々が集まって社会生活を営む所では労働の専門分化が起こり、知の探求に従事する余暇階級が生まれる。各種の生産や社会基盤を整備する上で高度な知識や技術が求められるようになり、また社会を統治するための官僚や聖職者への需要も生じる。各文明圏に誕生した「学問の府」のほとんどは都市にあった。北インドに設けられた仏教僧院やヨーロッパの修道院の中には都市を離れた辺鄙な地に位置するものもあったが、それらの存在自体が都市化を促進する場合も見られた。身近なところでは山上の宗教都市高野山がそのよい例である。

「学問の府」が定着し発展するには当該社会の政治的安定も不可欠であった。学問・教育という営為自体、平和と安定した秩序の下で継続的に展開されるものだと言ってよい。歴史上、さまざまな「学問の府」が存在した中で、長きにわたって存続し続けたものは多くない。プラトンのアカデメイアはその数少ない例外の一つであろう。アカデメイアはその「黄金の連鎖」によりおおよそ九〇〇年にわたって存続していた。一方、古代中国の斉の稷下学宮、アレクサンドリアの図書館、ナーランダの仏教僧院等々、侵略・戦争によって破壊されその幕を閉じた「学問の府」は少なくない。

高度な知識の探求と伝達は帝国や国家の境界を超えた広範な地域にわたって行われた。種々の言語体系や方言が混在する中で、それぞれの文明圏にはある支配言語・共通の国際学術用語（リンガフランカ）がコミュニケーション媒体として用いられた。シュメール語、ギリシア語、シリア語、サンスクリット語、パーリ語、漢字、パフラレヴィー語、アラビア語、ラテン語などがそれであった。探求され発見された知識・技術は当初は口頭によって伝えられた（口承文化・暗誦文化）が、やがて筆記・書写媒体に記録されるようになり（文字文化）、学問の発展に多大な影響を及ぼすこととなった（暗誦文化と文字文化が併存する場合もあった）。粘土板、パピルス、羊皮紙、木簡から紙へというその技術革新は、筆写・書写から木版印刷そして活版印刷術の発明とともに知識の普及・拡大に革命的な変化をもたらした。これら学問・教育の技術的基盤である情報・通信技術は、知識探求のスタイルや教育方法に直結するものであり、それぞれの文明圏に独特の学問・教育の伝統を生み出した。

文字文化の発展は図書館の設立を導くこととなった。さまざまな媒体に記録された知識は写本・書物として図書室（図書館）に保存・収蔵されて次世代に伝えられた。王侯貴族や学者の私的蔵書、宮廷の図書室、僧院の経蔵や修道院の図書室等々、図書館にはさまざまなものがあった。プトレマイオス朝下のアレクサンドリアの場合には、その大図書館は学問研究機関「ムーセイオン」を付設し、学術都市全体の中核施設として位置づけられていた。玄奘がインドから持ち帰った大量の仏典は特設の経蔵である慈恩寺の大雁塔に収蔵された。一方、古代日本の文人貴族の一人石上宅嗣の私的図書館である芸亭は開かれた性格のものであった。われわれが考察の対象とした時代には、公的図書館はまだほとんど存在していなかったが、人類の知的遺産の収蔵庫として図書館が学問の継承・発展に果たした役割には多大のものがあった。知の旅人たちが向かう先は知識を体現した師匠・教師であり写本を収蔵する図書室であった。

「学問の府」設立の動機・目的と探求された知識

本書では人間が知の探求・伝達を多少とも意図的・体系的に行った場を「学問の府」と捉えてきた。各文明圏にさまざまなかたちで存在したそれら「学問の府」は類型化すればおおよそ、私塾・学塾（プラトンのアカデメイアなど）、宮廷の学問所・学校（斉の稷下学宮、バグダードの知恵の館、カール大帝のアーヘンの宮廷学校など）、図書館・図書室（アレクサンドリアの図書館）、宗教施設（仏教僧院、キリスト教の修道院や教会、イスラーム教のモスクやマドラサなど）に分類できよう。それらの「学問の府」が設立された動機・目的もさまざまであったが、大きくは、①祭祀や宗教・信仰上の必要からの天体の運行や自然現象の解明、②国家・社会の統治や行政の任にあたる官吏の養成、③病気の治療など現実の課題への対応や土木技術などの社会基盤整備、の三点があった。もちろん、知の探求の根底には人間に本来的に内在する知的好奇心・未知への探求心があることは言うまでもないが、そのうえで、各種各様の「学問の府」が設けられたのであった。歴史上存在したそれぞれの「学問の府」の名称、創設者、施設・設備、規模、財政基盤、カリキュラム、教授形態・教授方法、学生生活などについて可能な限り明らかにすること。本書の目的の一つはこのことであった。その目的がどこまで達成されたかは読者の判断にゆだねるしかないが、中世ヨーロッパに「大学」が誕生する以前、古代・中世の各文明圏には確かに、それぞれユニークな性格・特徴を持ったさまざまな「学問の府」が存在していたのである。それらの名称は当然ながら「大学」(university)ではなかった。

知識の伝播・移転と翻訳運動

それぞれの「学問の府」で探求され伝達された知識は広範囲に及んだ。宗教に関連した「学問の府」で、その聖典や教義が探求対象の中核となりカリキュラムの中心になったのは当然だが、それ以外の思想や世俗知識も広く取り上げられていた。異端・異教の学問・知識にも進んで目を向け真摯に学んだ人々もいた。キリスト教の修道院出身でありつつアラビア学術に学び、ついにはローマ教皇となったゲルベルトゥス(オーリヤックのジェルベール)はその象徴的な人物であった。日本の平安時代の仏教僧弘法大師空海も著書『三教指帰』の中で仏教と儒教と道教の優劣を論じているが、それはそれぞれの経典や教義についての深い知識なしには不可能なことであった。イスラーム世界では学問は「アラブの学問(土着の学問)」と「外来の学問(理性的学問)」に分類されたが、両者合わせてあらゆる知識が探求された。また、修道院や僧院での日常生活の必要から薬草や医療、食生活に関する知識などが探求されるのも自然な成り行きであった。

各「学問の府」などで発見され蓄積された広範囲にわたる新たな知識は、帝国や国の境界を越え驚くほど広い世界に伝達され伝播していったし、また未知の知識を求めて多くの学徒が世界を旅した。仏典を求めて中国からインドへと向かった法顕や玄奘や義浄、先進文化を摂取するため日本海の波濤を超えて中国へ渡った遣隋使や遣唐使、学問の師を求めて広いイスラーム世界全域を渡り歩いたムスリムの学徒、ヨーロッパ各地からボローニャやパリに蝟集したキリスト教の学徒等々、彼ら旅する学徒の知識への渇望と情熱には驚嘆の他ない。

そうして獲得された知識は筆写され保存され、翻訳されて異文化圏に伝播していった。翻訳作業はさまざまなかたちで行われたが、時に多くの学徒がチームを組み共同で従事する国家プロジェクトとして進められた。宮廷内に翻訳センターが設けられることもあった。唐の時代の玄奘による仏典の翻訳作業、アッバース朝下でのギリシア語文献のアラビア語への翻訳作業はいずれも一大国家事業として取り組まれたものであった。今日、学問の世界では独創的であること（オリジナリティ）が何よりも重視され、翻訳は二次的な業績としてあまり評価されない風潮なしとはしない。だが、歴史を振り返ってみれば、知の移転に果たした翻訳運動の役割と意義の大きさをあらためて認識させられる。翻訳という知的営為は未知の異文化に対する強い関心・憧れと敬意があってこそ成り立つものであり、開かれた精神の産物なのである。翻訳が学問の成立にいかに大きな役割を演じたかは、より身近なところでは近世日本における蘭学・洋学の発展を思い起こせば了解されよう。杉田玄白・前野良沢らによる『解体新書』は、まともな辞書もない中、まずオランダ語の初歩を手探りで自学自習することから始められたのである。杉田玄白が後に回顧しているように、それは「誠に艪舵《ろかじ》なき船の大海に乗り出せし如く、茫洋として寄るべきかたなく、ただ呆れにあきれて居たるまでなり」という状況であった。

学問の専門分化と知の探求に対する姿勢・態度

学問はまず森羅万象への総合的・全体的な問いである哲学から始まった。やがて蓄積された個々の知識は分類され体系化されて、論理学、修辞学、形而上学、自然学、数学、幾何学、天文学、医学、法学などが成立していった。宗教においても経典が整理・編纂され、それぞれの神学や教義の体系が構築された学問の発展は果てしない専門分化・細分化への道行きであった。それはまた、しばしば境界領域で生じた。今日、ある特定分野の限定されたテーマの専門家であることなしに学者・研究者であることはほとんど不可能である。もちろん、医学者(医者)にして文学者(作家)であるなど複数の学問領域に精通した人物も少なからずいるが、古代・中世の知の探求者を通観してあらためて、いわゆる博識家(polymath)の存在に瞠目させられた。知識総体の量が今日とは比較にならないとはいえ、そのあり方は知の探求への姿勢や学問のあり方とも関わって再検討に値しよう。専門分化・細分化による学問の発展・高度化の一方で見失われたもの、忘れられたものはなかったのだろうか。A・D・リンゼイの言う「賢げな愚か者(clever fool)」やオルテガの「新野蛮人」あるいはまたヤスパースが危惧した「専門の業績では光る精神的野蛮人」はそのことと関連がないのだろうか。知識それ自体のための知識の探求という純粋な知への姿勢・態度はやがて、他の領域や全体に目を閉ざした禁欲的専門主義に走り、「全体」への配慮を欠いた個別知の肥大化現象をもたらすということはなかったのだろうか。知の探求と「教養」との関係は今日、大学・高等教育をめぐる重要課題の一つとなっている。

知の探求に対する姿勢・態度についても考えさせられた。この問題については古来大きくは、事実の客観的認識を第一義とするアリストテレスの観想的・理論的立場と、観想（theoria）と実践（praxis）との相互連関性を十分に認識しつつも究極的には「実践のための観想」を標榜したプラトンの立場の二つがあった。このうち、後世の学問に受け継がれたのはアリストテレスの立場の延長線上に発展した「観想的禁欲」のそれであったと言ってよい。しかし両者いずれの場合にも、実務や実益に捉われないところでの知の探求という点では軌を一にしていた。学問を発展させる大きな原動力となったのは、未知への飽くなき好奇心・探求心であり、事実を事実として認識しようとする誠実かつ真摯な批判的態度であった。昨今、あちこちで報じられているような一部の学者・研究者の、情報やデータをねつ造・改ざんして事実を恣意的に曲げたり都合よく勝手に解釈したりするような態度は、学問的精神の対極にあるものに違いない。こうした事実認識の揺らぎは知識の手段化とも関係していよう。

メリトクラシーの原理と幻想

知識・学問の分類に関連して実学と虚学の問題についても言及しておきたい。「学問の府」とくに帝国や王国の宮廷に設けられたものの場合しばしば、その目的の一つは国家・社会の統治に必要な官吏の養成にあった。彼らが身につけるべき知識は支配者によって定められた特定の宗教やイデオロギーに関するものであった。漢における儒学の国教化とそれに基づく太学での人材養成や奈良・平安時代の大学寮での学問・教育などがそうした例である。儒学に関する知識は統治エリートを再生産するための道具、支配の正統性を担保するための装置として利用された。実際の生産活動や社会生活に必要な技術・技能や知識は儒学の下位に位置づけられ、「虚学支配」の構造が貫徹された。この構造は近世以降のヨーロッパ各国のエリート教育において踏襲されることになる。そこでは古典語（ギリシア語とラテン語）が儒学と同様の位置を占めることとなった。

古代・中世の時代、どの国家・社会においても知の探求と伝達に従事した者は、人口全体からすれば、わずか一握りでしかなかった。高度な教育を受け、知識を身につけることを通じて社会的な地位を向上させることもあっただろうが、それはまだ主流ではなかった。社会移動の原理は基本的には生まれながらの血縁・地縁によるものであった。やがて到来する血統原理からメリトクラシーへの移行はいつ頃、どこで、どのようにして生じたのか。これはまた別の問題であるが、勉学を制度化し、その成果を学位・資格として目に見えるかたちで表わしたヨーロッパ中世の大学がその先駆けであったとみて大過はないだろう。大学の誕生は「学歴文明」の夜明けでもあった。

最後に、「大学」の起源についてあらためて確認しておこう。大学がヨーロッパ中世社会の産物であるとするラシュドール以来の見解は、その後ハスキンズやヴェルジェ（J. Verger）やリッダー・シモン（H. De Ridder-Symoens）などの指導的な学者・研究者によって繰り返し主張されてきた。この見解は記念碑的大著である『ヨーロッパ大学史』全四巻（*A Hisrory of Universities in Europe*）においても受け継がれている。同書は一九八二年にヨーロッパ学長会議（Conference of European Rectors）が支援して発足したヨーロッパ大学史共同研究プロジェクトの成果として刊行されたものであった。それは、大学がヨーロッパ共通の文化遺産であることをあらためて標榜し強調する動きの一環であった。一九八〇年代末にはすでに、ボローニャ大学創立九〇〇年祭（一九八八年）やパリ大学創立八〇〇年祭（一九九八年）などに合わせて、学生や教師の移動、単位の互換などヨーロッパ大学間の連携・協力を促進するボローニャ・プロセスが進められていた。また、中世大学都市の面影と伝統・慣行をよく残すポルトガルのコインブラ（一二九〇年創立）が世界文化遺産に登録され（大学都市としては最初）、ヨーロッパの威信ある研究中心大学グループの名称が「コインブラ・グループ」とされた。これらの動きはいずれも、大学間のグローバルな競争の中でアメリカ高等教育圏に対抗しうるヨーロッパ高等教育圏を創出しようとする点で軌を一にしていた。大学の中世ヨーロッパ起源説が再認識され強調された背景にはこのような状況もあった。

前掲の『ヨーロッパ大学史』第一巻においてW・リューグ（W. Ruegg）は、「大学の組織形態（制度）は古典古代にまで遡ることはできないし、ビザンティンの影響を受けたものでもない」と述べている。時に通説に対し異論が投げかけられることはあったけれども、大学が大聖堂や議会と同様、中世ヨーロッパ社会固有の産物だとする見解は依然、定説としての有効性を失ってはいない。中世大学の栄光と歴史的意義は「学問を聖別したこと」にあるとラシュドールは述べた。ハスキンズも「その栄光と理想はまだ地上から消え去ってはいない……中世大学は近代精神の学校であった」としたが、そのことは、歴史上、多種多様な「学問の府」の消長が見られた中で、歴史的連続性を保って今日に至り世界中に拡がった制度・組織は大学のみだという事実から確認されよう。

その一方で、大学誕生の重要な要因の一つとなった一二世紀ルネサンスなど、大学で探求され伝達される知識・学問の内容に関しては古来より、ヨーロッパの枠をはるかに超えたグローバルな規模での知識の移転が営々と為されてきたのであり、さまざまな知のネットワークが存在していたことを再認識する必要がある。このヨーロッパ中世大学の知的起源に関してはG・レフ（G. Leff）、J・ノース（J. North）、N・シラシ（N. Sirasi）、J・アル＝カリーリ（J. Khalili）、M・ナコスティーン（M. Nakosteen）など多くの学者・研究者が研究に取り組み、総じて、中世ヨーロッパ大学における知識・学問は古代ギリシアのそれ（それもイスラーム世界を経由してもたらされた）以外にアラビアの学術そしてそれを介して古代インド等の学術に多くを負っていたことを明らかにした。本書で試みたのも、各古代・中世文明圏における「学問の府」の所在とその様相を探求するとともに、知の伝播・移転について概観することであった。知の内実のみならず、知の伝播・移転を可能にする技術においてもヨーロッパの外の世界からもたらされたものは少なくなかった。その意味では中世ヨーロッパの大学は決して独創的（オリジナル）でもなければ顕著な固有性を持つものでもなかった。

歴史上、各文明圏にさまざまな「学問の府」が存在した。それらの推移・変遷を通観しつつ常にわれわれの念頭にあったのは、知の探求・伝達にとって最もふさわしい「学問の府」はどのようなものだろうかという問題であった。本書の知見がその組織形態、財源、運営方法等々について考える手がかりの一つになれば、われわれの遥かなる世界への旅立ちもあながち無意味ではなかったということになろう。

人間の知の世界は古来、文明圏を超えて相互に学びあい依存しながら発展してきた。知の探究における共同性、知の相互依存性と相互連関性とがいかなるものであったか。そのおおよその見取り図を描くことが本書全体を通じての課題であった。人類の知の探求への旅を終えるにあたりあらためて思うのは、人間の知的好奇心・探求心の強さ・尊さである。未知の知識への渇望が文明を築き発展させてきた。知の探求は人類の共同作業であり、その知的遺産は世界の共通財産として今後も営々と受け継がれていくべきものであろう。

安原 義仁（やすはら・よしひと）

1948 年広島県生まれ。1975 年広島大学大学院教育学研究科博士課程中退。国立教育研究所室長，広島大学大学院教育学研究科教授，放送大学広島学習センター所長を歴任，現在広島大学名誉教授。大学評価・学位授与機構運営委員，日本高等教育学会理事，国際大学史研究委員会委員などを務めた。近代イギリス大学史・高等教育専攻。

〔主要業績〕『知と学びのヨーロッパ史―人文学・人文主義の歴史的展開』ミネルヴァ書房，2007 年（共著），R.D. アンダーソン『近代ヨーロッパ大学史―啓蒙期から 1914 年まで』昭和堂，2012 年（共監訳），M. サンダーソン『イギリスの大学改革 1809-1914 年』玉川大学出版部，2003 年（訳）。

ロイ・ロウ（Roy Lowe）

1940 年ウォルバーハンプトン（イングランド）生まれ。キール大学で英文学・歴史学コースを履修，バーミンガム大学博士学位（教育学）取得。バーミンガム大学講師（教育史），ウェールズ大学スォンジー校教授・教育学科長を経て，現在ロンドン大学教育大学院客員名誉教授。2002 年大英帝国四等勲爵士（OBE）。イギリス教育史学会編集委員・会長を歴任。

〔主要業績〕*The Origins of Higher Learning: Knowledge networks and the early development of universities,* London, 2017（安原と共著）, *The History of Higher Education: Major Themes, 5 vols.*(ed.), London, 2009, *The History of Education: Major Themes, 4 vols.*(ed.), London, 2000, *The Death of Progressive Education: How Teachers lost Control of the Classroom,* London, 2007（山崎洋子・添田晴雄監訳『進歩主義教育の終焉』知泉書館，2013 年）。

〔「学問の府」の起源〕 ISBN978-4-86285-278-6

2018 年 7 月 25 日　第 1 刷印刷
2018 年 7 月 30 日　第 1 刷発行

著 者　安 原 義 仁
　　　　ロ イ・ロ ウ
発行者　小 山 光 夫
製 版　ジ ャ ッ ト

発行所　〒113-0033 東京都文京区本郷1-13-2
電話03(3814)6161 振替00120-6-117170
http://www.chisen.co.jp
株式会社 知 泉 書 館

Printed in Japan　印刷・製本／藤原印刷

人 名 索 引

ア 行

カ　行

サ　行

タ　行

ナ　行

ハ　行

マ　行

ヤ　行

ラ　行

ワ　行

事 項 索 引

ア 行

カ　行

サ　行

タ　行

ナ　行

ハ　行

マ　行

ヤ　行

ラ　行

ワ　行

参 考 文 献

序 章

安酸敏眞『人文学概論――新しい人文学の地平を求めて』知泉書館，2014 年。

伊東俊太郎『比較文明』東京大学出版会，1985 年。

梅棹忠夫『文明の生態史観』中公文庫，1974 年。

木村尚三郎『西欧文明の原像』講談社学術文庫，1988 年。

小林道憲『文明の交流史観』ミネルヴァ書房，2006 年。

中山茂『歴史としての学問』中央公論社，1974 年。

別府昭郎編『「大学」再考―概念の受容と展開』知泉書館，2011 年。

水島司『グローバル・ヒストリー入門』（世界史リブレット 127）山川出版社，2010 年。

安原義仁・大塚豊・羽田貴史編著『大学と社会』放送大学教育振興会，2008 年。

湯浅光朝編著『解説　科学文化史年表　1966 年増補版』中央公論社，1950 年。
P.G. アルトバック・V. セルバラトナム編，馬越徹・大塚豊監訳『アジアの大学――従属から自立へ』玉川大学出版部，1993 年。
E.W. サイード著，大橋洋一訳『文化と帝国主義』みすず書房，1998 年。
G. サートン著，平田寛譯『古代中世科學文化史 I ――ホメロスからオマル・ハイヤムまで』岩波書店，1951 年。
J. ベン＝デヴィッド著，天城 勲訳『学問の府――原典としての英仏独米の大学』サイマル出版会，1982 年。
H. ボーツ・F. ヴァケ著，池端次郎・田村滋男訳『学問の共和国』知泉書館，2015 年。

Bowman, J. S.（ed.）, *Columbia chronologies of Asian history and culture*, New York, 2000.
Christian, D., *Maps of time: an introduction to big history*, Berkeley, 2009.
Frankopan, P., *The Silk Roads: a new history of the world*, London, 2015.
Lowe, R.（ed.）, *The history of higher education: major themes*（*5 vols.*）, London, 2009.
Nakayama, S., *Academic and scientific traditions in China, Japan and the West*（translated by Dusenberry, J.）, Tokyo, 1984.
Overy, R., *The Times complete history of the world*, London, 2015.
Ringer, F., *Education and society in modern Europe*, Bloomington, 1979.
Weiner, M. J., *English culture and the decline of the industrial spirit, 1850-1980*, Cambridge, 1981.
Yasuhara, Y., *University reform in Britain*, London and New York, 2001.

［本書に関連した著者による論文］
Lowe, R., ‘The changing role of the academic journal: the coverage of higher education’, *History of Education* as a case study’, *History of Education*, 41, 1, 2012.
——— and Yasuhara, Y., ‘The origins of higher learning: time for a new historiography?’, *History of Universities*, vol. XXVII, I, 2013.
Yasuhara, Y., ‘Journey to an international collaboration on the origins of higher learning’, *History of Education*, 42, 3, 2013.

第 1 章　ティグリス川からティベル川へ

井上浩一『生き残った帝国ビザンティン』講談社学術文庫，2008 年。

小林登志子『シュメル——人類最古の文明』中公新書，2005 年。

小林登志子『文明の誕生——メソポタミア，ローマ，そして日本へ』中公新書，2015 年。

小林雅夫『古代ローマのヒューマニズム』原書房，2010 年。

根津由喜夫『ビザンツの国家と社会』（世界史リブレット 104）山川出版社，2008 年。

野町啓『学術都市アレクサンドリア』講談社学術文庫，2009 年。

廣川洋一『プラトンの学園アカデメイア』岩波書店，1980 年。

———『イソクラテスの修辞学校——西欧的教養の源泉』岩波書店，1984 年。

———『ギリシア人の教育——教養とは何か』岩波新書，1990 年。

藤縄謙三『ギリシア文化の創造者たち——社会史的考察』筑摩書房，1985 年。
M. エル＝アバディ著，松本慎二訳『古代アレクサンドリア図書館——よみがえる知の宝庫』中公新書，1991 年。
E. キェラ著、板倉勝正訳『粘土板に書かれた歴史——メソポタミア文明の話』岩波新書，1958 年。
M. バトルズ著，白須英子訳『図書館の興亡——古代アレクサンドリアから現代まで』草思社，2004 年。
D. フラワー著，柴田和雄訳『知識の灯台——古代アレクサンドリア図書館の物語』柏書房，2003 年。
H. ブランク著，戸叶勝也訳『ギリシア・ローマ時代の書物』朝文社，2008 年。
J.P. マハフィー著，遠藤輝代・遠藤光訳『古代ギリシアの教育』八潮出版社，1996 年。
H.I. マルー著，横尾壮英・飯尾都人・岩村清太訳『古代教育文化史』岩波書店，1985 年。

Barnes, R., ‘Cloistered bookworms in the chicken coop of the Muses: the ancient library of Alexandria’ in Macleod, *The library of Alexandria*.
Barrow, R., *Greek and Roman education*, London, 1976.
Battles, M., Library: *An Unquiet History, New York*, 2003.
Beck, F., A., G., *Greek education, 450-350 BC*, London, 1964.
Blank, H., Das Buch in der Antike, Munchen, 1992.

Brown, P., *The world of late antiquity,* London, 1971.
Casson, L., *Libraries in the ancient world*, New Haven, 2002.
Clarke, M. L., *Higher education in the ancient world*, London, 1971.
El-Abbadi, M., *The life and fate of the ancient library of Alexandra*, UNESCO, Paris, 1990.
Farrington, B., *Greek science: its meaning for us*, Harmondsworth, 1944.
Fraser, P. M., *Ptolemaic Alexandria*, Oxford, 1970.
Kennedy, H., *The Byzantine and early-Islamic Near-East,* Aldershot, 2006.
Lemerle, P., *Byzantine humanism : the first phase*（*translated by Lindasy, H. And Moffatt, A.*）, Canberra, 1986.
Lieu, S., N., C., 'Scholars and students in the Roman East' in Macleod, *The library of Alexandria.*
Lynch, J., P., *Aristotle's school: a study of a Greek educational institution*, Berkeley, 1972.
Macleod, R.（ed.）, *The library of Alexandria: centre of learning in the ancient world*, New York, 2001.
Marlowe, J., *The golden age of Alexandria*, London, 1991.
Marrou, H. I., *A history of education in antiquity*, London, 1956.
Oppenheim, A. L., *Ancient Mesopotamia: portrait of a dead civilisation*, Chicago, 1977.
Potts, D. T., 'Before Alexandria: libraries in the ancient near-east' in Macleod, *The library of Alexandria.*
Runciman, S., *Byzantine civilisation,* London, 1933（reprinted 1961）.
Tehie, J. B., *Historical foundations of education: bridges from the ancient world to the present*, New Jersey, 2007.
Vallance, J., 'Doctors in the library?' in Macleod, *The library of Alexandria.*
Vryonis, S. Jr., *Byzantium: its internal history and relations with the Muslim world,*, London, 1971.
Wells, C., *Sailing from Byzantium: how a lost Empire shaped the world,* New York, 2006.

第2章　インダス川からガンジス川へ

船山徹『仏典はどう漢訳されたのか――スートラが経典になるとき』岩波書店，2013 年。

前田耕作『玄奘三蔵，シルクロードを行く』岩波新書，2010 年。

安原義仁・大塚豊・羽田貴史編著『大学と社会』放送大学教育振興会，2008 年。

慧立・彦悰著，長澤和俊訳『玄奘三蔵――大唐大慈恩寺三蔵法師伝』光風社出版，1985 年。

――――『玄奘三蔵――西域・インド紀行』講談社学術文庫，1998 年。

義浄著，宮林昭彦・加藤栄司訳『現代語訳　南海寄帰内法伝――7 世紀インド仏教僧伽の日常生活』法蔵館，2004 年。

玄奘著，水谷真成訳注『大唐西域記』（東洋文庫 657，全 3 巻）平凡社，1999 年。

長澤和俊訳注『法顕伝・宋雲行紀』（東洋文庫 194）平凡社，1971 年。

Ahir, D.C., *Buddhism Declined in India: How and Why ?* Delhi, 2005.

Altekar, A.S., *Education in Ancient India, 6th ed.,* Varanasi, India, 1965.

Apte, D. G., *Universities in ancient India*, Education and Psychology series, no. 11, Baroda, 1971.

Bagchi, P.C., *India and China: A Thousand Years of Cultural Relations*, New Delhi, 2008.

Bakshi, S. R., Gagrani, S., and Singh, H., *Early Aryans to Swaraj, volume 3, Indian education and Rajputs*, New Delhi, 2005.

Banerjee, G. N., *Hellenism in ancient India*, Calcutta, 1920.

Beal, S., *Travels of Fah-Hian and Sung-Yun: Buddhist pilgrims from China to India（400-518 AD）*, New Delhi, 1869（repr. 1993）.

———, Si-Yu-Ki, Buddhist records of the Western world, 2 vols., London, 1884.

Beri, K. K., *History and culture of south-east Asia: ancient and medieval*, New Delhi, 1994.

Bhatt, R. K., *The history and development of libraries in India*, New Delhi, 1995.

Biswas A. and Agrawal, S. P., *Development of education in India: a historical survey of educational documents*, New Delhi, 1986.

Chandra, P., *Encyclopaedia of education in South Asia: vol. 5, Sri Lanka*, Delhi, 2003.

Chatterjee, M., *Education in ancient India*, New Delhi, 2014.

Chaube S. P. and Chaube A., *Education in ancient and medieval India*, New Delhi, 1999.

Dass, S., *The socio-economic life of northern India, 550-650 AD*, New Delhi, 1980.

Dutt, S., *Buddhist monks and monasteries of India: their history and their contribution to Indian culture*, Delhi, 1962.

Encyclopaedia of higher education: the Indian perspective; volume 1, Historical survey, New Delhi, 2005.

Fa Hien, *Record of Buddhistic kingdoms*, trans. By James Legge, Oxford, 1885.

Ghosh, A., *A guide to Nalanda; annual report*, Archeological Survey of India, Delhi, 1915-16.

Ghosh, S.H., *The History of Education in Ancient India*, New Delhi, 2001.

Gordon, S., *When Asia was the world: travelling merchants, scholars, warriors and monks who created the riches of the East*, Philadelphia, 2008.

Goyala, S. R., *The Indica of Megasthenes: its contents and reliability*, Kusamanjali Books, 2000.

Hwui Li, S., *The life of Hiuen-Tsiang*. Second edition with the introduction of Samuel Beal, 2nd ed., New Delhi, 1973.

Joseph, G., *The crest of the peacock: non-European roots of mathematics*, London, 1990.

Keay, F.E., *A history of education in India and Pakistan,* 3rd ed., Calcutta, 1959.

———, *Ancient Indian education*, Marathi, 2012.

Mani, C. (ed.), *The Heritage of Nalanda*, New Delhi, 2008.
Mazumder, N.N., *A history of education in ancient India*, Calcutta, 1916.
McCrindle, J. W., *Ancient India as described by Megasthenes and Arrian*, New Delhi, 2008.
Mookerji, R. K., *The Gupta Empire*, New Delhi, 1973.
———, *Ancient Indian education*, second edition, London, 1951.
Naskar, S. N., *Foreign impact on Indian life and culture*, New Delhi, 1996.
Pruthi, R. K., *Education in ancient India*, New Delhi, 2005.
Ranasinghe, R.H.I.S., *The memories of Chinese Buddhist Scholars in connection with Nalanda Monastic International University in India in the seventh century AD*, World Library and Information Congress: 74th IFLA General Conference and Council, 10-14 August 2008, Quebec, Canada. http://www.ifla.org/IV/ifla74/index.htm
Rawat P. L., *History of Indian education*, Ram Prasad and Sons, Agra, 1956.
Sanjeev Sanyal, *Land of the seven rivers: a brief history of India's geography*, London, 2012.
Sankalia, H.D., *The University of Nalanda*, Delhi, 1972.
Sen, Amartya., *The argumentative Indian*, London, 2006.
Sharma Ram Nath, *History of Indian education*, Gurgaon, 2006.
Swami Chidatman Jee Maharaj, *Ancient Indian education*, New Delhi, 2009.
Weeraratne, D. A., *The six Buddhist Universities of ancient India*, Sri Lanka, 2003.
Wriggins, S. H., *Xuanzang: a Buddhist pilgrim on the Silk Road*, Oxford, 1996.

第 3 章　黄河に沿って

袁行霈・厳文明他編著，稲畑耕一郎監修・監訳『中国の文明』（全 8 巻）潮出版社，2015-16 年。

顧明遠著，大塚豊監訳『中国教育の文化的基盤』東信堂，2009 年。

顧剛著，小倉芳彦他訳『中国古代の学術と政治』大修館書店，1978 年。

小南一郎編『学問のかたち――もう一つの中国思想史』汲古書院，2014 年。

小島毅『東アジアの儒教と文化』（世界史リブレット 68）山川出版社，2004 年。

周予同著，山本正一譯『學制を中心とせる支那教育史』東京開成館，1943 年。

多賀秋五郎『唐代教育史の研究――日本学校教育の源流』不昧堂，1953 年。

橋本高勝『天罰から人怨へ』啓文社，1990 年。

平田茂樹『科挙と官僚制』（世界史リブレット 9）山川出版社，1997 年。

宮崎市定『科挙――中国の試験地獄』中公新書，1963 年。

村上哲見『科挙の話――試験制度と文人官僚』講談社現代新書，1980 年。

安原義仁・大塚豊・羽田貴史編著『大学と社会』放送大学教育振興会，2008 年。

藪内清『中国の科学文明』岩波新書，1970 年。

湯浅邦弘編著『テーマで読み解く　中国の文化』ミネルヴァ書房，2016 年。
T.F. カーター・L.C. グドリッチ改訂，藪内清・石橋正子訳注『中国の印刷術――その発明

と西伝』1，2（東洋文庫 315，316）平凡社，1977 年。
J. ニーダム著，礪波護他訳『中国の科学と文明』第 1 巻序篇，思索社，1991 年。

Asiapac Editorial (Translated by Yang Liping and Y.N. Han), *Origins of Chinese Science and Technology*, Singapore, 2004.
Carter, Thomas Francis (revised by Goodrich, L. Carrington), *The Invention of Printing in China and its Spread Westward*, 2nd ed., New York, 1955.
Chan, A. K. L., Clancey, J. K., and Hui-Chien Loy (eds.), *Historical perspectives on East Asian science, technology and medicine,* Singapore University Press, 1999.
Ebrey, Patricia Buckley, *The Cambridge Illustrated History of China*, Cambridge, 1999.
Hartnett, Richard A. and Zhang Boshu, *The Jixia Academy and the Birth of Higher Learning in China: A Comparison of Fourth-century B.C. Chinese Education with Ancient Greece*, New York, 2011.
Heren, L. et. al., *China's Three Thousand Years* Times Newspapers, London, 1973.
Hobson, John M., *The Eastern Origins of Western Civilization*, Cambridge, 2004.
Lee, Thomas H.C., *Education in Traditional China: A History*, Leiden, Boston, Koln, 2000.
Makeham, J., *China: the world's oldest civilization revealed*, Thames and Hudson, London, 2008.
Nakayama, S., *Academic and scientific traditions in China, Japan and the West* (translated by Dusenbury, J.), Tokyo, 1984.
Needham, Joseph, *Science and civilization in China*, (7 volumes), Cambridge University Press, Cambridge, 1954 onwards.
Sivin, Nathan, *Science in Ancient China: Researches and Reflections*, Vermont, 1995.
Temple, Robert, *The Genius of China: 3,000 Years of Science, Discovery, and Invention*, New York, 1986.
Tsien, Tsuen-Hsuin, 'Why Paper and Printing were invented first in China and used later in Europe' in『中國科学技史探索』上海古籍出版社 , 1982.
———, *Collected writings on Chinese culture*, Hong Kong University Press, 2011.
Xingpei, Yuan., Wenming, Yan.,et.al. (General Editors), English text edited by David Knechtges, *The History of Chinese Civilization, 4 volumes,* Cambridge, 2012.
Xingzhong Yao (ed.), *The encyclopaedia of Confucianism* (*2 vols.*), London, 2003.
Zurcher, E., *The Buddhist conquest of China* (third edition), Brill, Leyden, 2007.

第 4 章　朝鮮，日本，ベトナムの「学問の府」

［古代東アジア一般］

石井正敏『東アジア世界と古代の日本』（日本史リブレット 14）山川出版社，2003 年。

金文京『漢文と東アジア――訓読の文化圏』岩波新書，2010 年。

国立歴史民俗博物館・小倉慈司編『古代東アジアと文字文化』同成社，2016 年。

小島毅『東アジアの儒教と礼』（世界史リブレット 68）山川出版社，2004 年。

新川登亀男『漢字文化の成り立ちと展開』（日本史リブレット 9）山川出版社，2002 年。

堀敏一『東アジア世界の歴史』講談社学術文化，2008 年。

桃木至朗『歴史世界としての東南アジア』（世界史リブレット 12）山川出版社，1996 年。

李成市『東アジア文化圏の形成』（日本史リブレット 7）山川出版社，2003 年。

［朝鮮］
宮嶋博史『両班（ヤンバン）——李朝社会の特権階層』中公新書，1995 年。
渡部学編著『朝鮮教育史』（梅根悟監修　世界教育史体系 5）講談社，1975 年。
李成茂著，平木實・中村葉子訳『韓国の科挙制度——新羅・高麗・朝鮮時代の科挙』日本評論社，2008 年。
Eckert, C. J., *Korea old and new: a history*, Cambridge, Massachusetts, 1991.
Joe, W.J. and Choe, H. A., *Traditional Korea: a cultural history*, Seoul, 1997.
Lee, Ki-baik, *A New History of Korea*, Cambridge, Massachusetts, 1984.
Lee, P. H.（ed.）., *Sourcebook of Korean Civilization Vol.1: From early times to the Sixteenth Century*, New York, 1992.
MacArthur, M., *Confucius: A Throneless King*, California, 2011.
Nahm, A. C., *A history of the Korean people: tradition and transformation*, 2nd ed., Seoul, 1996.
———, *Introduction to Korean history and culture*, Seoul, 1997.
Short, J. R., *Korea: a cartographic history*, Chicago, 2012.
Yi Hong-bae and Taehan Pulgyo Chogyejong, *What is Korean Buddhism*, Seoul, 1996.

［日本］

石川謙『日本学校史の研究』日本図書センター，1977 年。

石川松太郎「古代国家と教育」『日本教育史 I』（梅根悟監修　世界教育史体系 I）講談社，1976 年。

井上靖『天平の甍』新潮文庫，1957 年。

井上光貞・関晃・土田直鎮・青木和夫校注『律令』（日本思想体系 3）岩波書店，1976 年。

上野誠『遣唐使　阿倍仲麻呂の夢』角川学芸出版，2013 年。

榎本淳一編『古代中国・日本における学術と支配』同成社，2013 年。

大久保利謙『日本の大學』創元社，1943 年（1997 年に玉川大学出版部より『日本の大学』として再刊）。

海後宗臣『日本教育史』（ラジオ新書 18）日本放送出版協会，1940 年（1978 年に講談社学術文庫として再刊）。

佐伯有清『最後の遣唐使』講談社，1978 年（2007 年に講談社学術文庫として再刊）。

佐藤誠実著・仲新他校訂『日本教育史 1』（東洋文庫 231）平凡社，1973 年。

G.B. サンソム著，福井利吉郎訳『日本文化史』東京創元社，1956 年。
鈴木理恵「大陸文化の受容から日本文化の形成へ」辻本雅史・沖田行司編『教育社会史』（新体系日本史 16）山川出版社，2002 年。
「綜藝種智院式并序」刊行委員会『空海　綜藝種智院式并序』（京都学校歴史資料）2002 年。
高橋俊乘『日本教育文化史』全 3 巻，講談社学術文庫，1978 年。
東野治之『遣唐使』岩波新書，2007 年。
早川庄八『日本古代官僚制の研究』岩波書店，1986 年。
林部均『飛鳥の宮と藤原京――よみがえる古代王宮』（歴史文化ライブラリー 249）吉川弘文館，2008 年。
久木幸男『日本古代学校の研究』玉川大学出版部，1990 年。
桃裕行『上代学制の研究』目黒書店，1947 年（1983 年に吉川弘文館から再刊）。
森公章『遣唐使の光芒――東アジアの歴史の使者』角川学芸出版，2010 年。
Farris, W. W., *Japan to 1600: a social and economic history*, Honolulu, 2009.
Japanese Department of Education, *An outline history of Japanese Education, prepared for the Philadelphia International Exhibition 1876*, New York, 1876.
Masakuni Shiraishi, *History of Japanese education prepared for the Japan-British Exhibition 1910*, Tokyo, 1910 (reprinted by Kessinger Publishing, Whitefish, Montana, 2010).
Mason, R.H.P. and Caiger, J. G., *A history of Japan*, Vermont, 1997.
Morton, W. S. and Olenike, J. K., *Japan: its history and culture*, New York, 2004.
Nakayama, S, *A history of Japanese astronomy: Chinese background and Western impact*, Cambridge, Massachusetts, 1969.
――――, *Academic and scientific traditions in China, Japan and the West*, Tokyo, 1984.
Sansom, G., *A history of Japan to 1334*, Stanford University Press, Stanford, California, 1958.
――――, *A Short Cultural History*, London, 1931.
Schirokauer, C., *A brief history of Chinese and Japanese civilizations*, Boston, 2013.

第 5 章　イスラーム学術の到来

井筒俊彦『イスラーム文化――その根底にあるもの』岩波書店，1981 年。

――――『イスラーム生誕』中公文庫，1990 年。

――――『イスラーム思想史』中央公論社，1991 年。

伊東俊太郎『近代科学の源流』中央公論社，1975 年。

――――『文明における科学』勁草書房，1976 年。

――――『比較文明』（UP 選書），東京大学出版会，1985 年。

――――「「大翻訳時代」の成果――伝播したアラビア・ギリシアの科学」『週刊朝日百科，世界の歴史 55，13 世紀の世界，技術，知識への想い――学問の成立』通巻 725 号，朝日新聞社，1989 年。

――――『12世紀ルネサンス』講談社学術文庫，2006年（原本は1993年に岩波書店より『12世紀ルネサンス――西欧世界へのアラビア文明の影響』〔岩波セミナーブックス〕として刊行）。

井上浩一『生き残った帝国ビザンティン』講談社学術文庫，2008年。

イブン・ハルドゥーン著，森本公誠訳『歴史序説』全4冊，岩波文庫，2001年。

M. エル＝アバディ著，松本慎二訳『古代アレクサンドリア図書館――よみがえる知の宝庫』中公新書，1991年。

D. グタス著，山本啓二訳『ギリシア思想とアラビア文化――初期アッバース朝の翻訳運動』勁草書房，2002年。

小杉泰・林佳世子編『イスラーム――書物の歴史』名古屋大学出版会，2014年。

小杉泰・江川ひかり編『イスラーム社会生活・思想・歴史』新曜社，2006年。

佐藤次高・鈴木薫編『新書イスラームの世界史1　都市の文明イスラーム』講談社現代新書，1993年。

佐藤次高『イスラーム――知の営み』（イスラームを知る1）山川出版社，2009年。

島崎晋『目からウロコの世界史』PHP文庫，2006年。

菅瀬晶子『新月の夜も十字架は輝く――中東のキリスト教徒』（イスラームを知る6）山川出版社，2010年。

D. ジャカール著，吉村作治監修，遠藤ゆかり訳『アラビア科学の歴史』（「知の再発見」双書131）創元社，2006年。

高山博『ヨーロッパとイスラーム世界』（世界史リブレット58）山川出版社，2007年。

谷口諄一『聖なる学問，俗なる人生――中世のイスラーム学者』（イスラームを知る2）山川出版社，2011年。

東長靖『イスラームのとらえ方』（世界史リブレット15）山川出版社，1996年。

柳橋博之編『イスラーム――知の遺産』東京大学出版会，2014年。

湯川武『イスラーム社会の知の伝達』（世界史リブレット58）山川出版社，2009年。

――――「コーラン学校からマドラサへ」『週刊朝日百科，世界の歴史49，12世紀の世界，生活，学院と学生生活』通巻718号，朝日新聞社，1989年。

J.M. ロバーツ著，後藤明監修，月森佐知訳『ビザンツ帝国とイスラーム文明』（図説　世界の歴史4）創元社，2003年。

Al-Khalili, J., *Pathfinders: the golden age of Arabic science*, London, 2010.

Frye N. Richard, *The golden age of Persia*, London, 1975.

Gutas, D., *Greek Thought, Arabic Culture: the Graeco-Arabic translation movement in Baghdad and early Abbasid society*, Abingdon, 1998

Hunt, Janin, *The pursuit of learning in the Islamic world*, North Carolina, 2005.

Lindberg, D. C., *The beginnings of Western science*, Chicago, 1992.

Nakosteen, M, *The history of Islamic origins of Western education, 800-1350*, Boulder, 1964.

Nasr, Seyyed Hussein, *Science and civilisation in Islam*, Cambridge, Massachusetts, 1968.

Roberts, J.M., *The Age of Diverging Traditions*, New York,1999.

第6章　イスラーム学術の黄金時代

伊東俊太郎『近代科学の源流』中央公論社，1975年。

――――『文明における科学』勁草書房，1976年。

――――『比較文明』（UP選書），東京大学出版会，1985年。

――――「「大翻訳時代」の成果――伝播したアラビア・ギリシアの科学」『週刊朝日百科，世界の歴史55，13世紀の世界，技術，知識への想い――学問の成立』通巻725号，朝日新聞社，1989年。

――――『12世紀ルネサンス』講談社学術文庫，2006年（原本は1993年に岩波書店より『12世紀ルネサンス――西欧世界へのアラビア文明の影響』〔岩波セミナーブックス〕として刊行）。

井上浩一『生き残った帝国ビザンティン』講談社学術文庫，2008年。
M. エル＝アバディ著，松本慎二訳『古代アレクサンドリア図書館――よみがえる知の宝庫』中公新書，1991年。
小杉泰・林佳世子編『イスラーム――書物の歴史』名古屋大学出版会，2014年。

小杉泰・江川ひかり編『イスラーム社会生活・思想・歴史』新曜社，2006年。
E.W. サイード著，大橋洋一訳『文化と帝国主義』みすず書房，1998年。
佐藤次高・鈴木薫編『新書イスラームの世界史1　都市の文明イスラーム』講談社現代新書，1993年。

佐藤次高『イスラーム――知の営み』（イスラームを知る1）山川出版社，2009年。
D. ジャカール著，吉村作治監修，遠藤ゆかり訳『アラビア科学の歴史』（「知の再発見」双書131）創元社，2006年。
菅瀬晶子『新月の夜も十字架は輝く――中東のキリスト教徒』（イスラームを知る6）山川出版社，2010年。

高山博『ヨーロッパとイスラーム世界』（世界史リブレット58）山川出版社，2007年。

谷口諄一『聖なる学問，俗なる人生――中世のイスラーム学者』（イスラームを知る2）山川出版社，2011年。

東長靖『イスラームのとらえ方』（世界史リブレット15）山川出版社，1996年。

柳橋博之編『イスラーム――知の遺産』東京大学出版会，2014年。

湯川武『イスラーム社会の知の伝達』（世界史リブレット58）山川出版社，2009年。

――――「コーラン学校からマドラサへ」『週刊朝日百科，世界の歴史49，12世紀の世界，生活，学院と学生生活』通巻718号，朝日新聞社，1989年。

Abdullah, T.A.G., *A short history of Iraq,* Harlow, 2003.
Al-Andalusi, S., *Science in the medieval world: the book of the categories of nations*, Austin, 1991.

Al-Djazairi, S, E, *The hidden debt to Islamic civilisation*, Oxford, 2005.
Al-Khalili, J., *Pathfinders: the golden age of Arabic science*, London, 2010.
Alioto, A. M., *A history of Western science*, New Jersey, 1987.
Axworthy, M., *Iran: Empire of the mind*, London, 2007.
Bosworth, C. E., *The Ghaznavids: their Empire in Afghanistan and Eastern Iran, 994-1040*, Edinburgh, 1963.
Daftary, F. And Meri, J. W. (eds.), *Culute and memory in Medieval Islam*, London, 2003.
Frye, R. N., *The golden age of Persia*, London, 1975.
Goddard, H., *A history of Christian-Muslim relations*, Edinburgh, 2000.
Gordon, M. S., *The rise of Islam*, Indianapolis, 2005.
Gutas, D., *Greek thought, Arabic culture*, Abingdon, 1998.
Halm, H., *The Fatimids and their traditions of learning*, Institute of Ismaili Studies, London, 1997.
Lewis, B., *The Middle East*, London, 1995.
Makdisi, G., *The Rise of Colleges: Institutions of Leaning in Islam and the West*, Edinburgh, 1981.
Masood, E., *Science and Islam*, London, 2009.
Qadir, C. A., *Philosophy and science in the Islamic world*, London, 1988.
Quraishi, M. A., *Some aspects of Muslim education*, Lahore, 1983.
Richards, D. S. (ed.), *Islamic civilisation, 950-1150*, Oxford, 1973.
Samii, A. H., Vaghefi M. R., and Nowrasteh, D., *Systems of higher education: Iran*, International Council for Educational Development, New York, 1978.
Sarton, G., *Introduction to the history of science, Vol. 1*, Washington, 1927.
Shalabi, A., *A history of Muslim education*, Beirut, 1954.
Teresi, D., *Lost discoveries: the ancient roots of modern science*, New York, 2002.

第７章　イスラーム学術の西方移転

伊東俊太郎『近代科学の源流』中央公論社，1975 年。

――――『文明における科学』勁草書房，1976 年。

――――『比較文明』（UP 選書），東京大学出版会，1985 年。

――――「「大翻訳時代」の成果――伝播したアラビア・ギリシアの科学」『週刊朝日百科，世界の歴史 55，13 世紀の世界，技術，知識への想い――学問の成立』通巻 725 号，朝日新聞社，1989 年。

――――『12 世紀ルネサンス』講談社学術文庫，2006 年（原本は 1993 年に岩波書店より『12 世紀ルネサンス――西欧世界へのアラビア文明の影響』（岩波セミナーブックス）として刊行）。

井上浩一『生き残った帝国ビザンティン』講談社学術文庫，2008 年。

柏木英彦『中世の春――12 世紀ルネサンス』創文社，1976 年。

小杉泰・林佳世子編『イスラーム――書物の歴史』名古屋大学出版会，2014 年。

小杉泰・江川ひかり編『イスラーム社会生活・思想・歴史』新曜社，2006 年。

佐藤次高・鈴木薫編『新書イスラームの世界史 1　都市の文明イスラーム』講談社現代新書，1993 年。

佐藤次高『イスラーム――知の営み』（イスラームを知る 1）山川出版社，2009 年。

私市正年『サハラが結ぶ南北交流』（世界史リブレット）山川出版社，2004 年。

芝修身『古都トレド――異教徒・異民族共存の街』昭和堂，2016 年。

菅瀬晶子『新月の夜も十字架は輝く――中東のキリスト教徒』（イスラームを知る 6）山川出版社，2010 年。

高山博『ヨーロッパとイスラーム世界』（世界史リブレット 58）山川出版社，2007 年。

谷口諄一『聖なる学問，俗なる人生――中世のイスラーム学者』（イスラームを知る 2）山川出版社，2011 年。

東長靖『イスラームのとらえ方』（世界史リブレット 15）山川出版社，1996 年。

西川和子『スペイン　レコンキスタ時代の王たち――中世 800 年の国盗り物語』彩流社，2016 年。

堀米庸三編『西欧精神の探究――革新の 12 世紀』日本放送出版協会，1976 年。

柳橋博之編『イスラーム――知の遺産』東京大学出版会，2014 年。

湯川武『イスラーム社会の知の伝達』（世界史リブレット 58）山川出版社，2009 年。

――――「コーラン学校からマドラサへ」『週刊朝日百科，世界の歴史 49，12 世紀の世界，生活，学院と学生生活』通巻 718 号，朝日新聞社，1989 年。
M. エル＝アバディ著，松本慎二訳『古代アレクサンドリア図書館――よみがえる知の宝庫』中公新書，1991 年。
E.W. サイード著，大橋洋一訳『文化と帝国主義』みすず書房，1998 年。
D. ジャカール著，吉村作治監修，遠藤ゆかり訳『アラビア科学の歴史』（「知の再発見」双書 131）創元社，2006 年。
C.H. ハスキンズ著，野口洋二訳『12 世紀ルネサンス』創文社，1975 年。
――――，別宮貞徳・朝倉文市訳『12 世紀ルネサンス』みすず書房，1989 年。
J. ルゴフ著，柏木英彦・三上朝造訳『中世の知識人』岩波新書，1977 年。

Abdulwahid Dhanun Taha, *The Muslim conquest and settlement of North Africa and Spain*, London, 1989.
Al-Djazairi, S. E., *The hidden debt to Islamic civilisation*, Oxford, 2005.
Al-Khalili, J., *Pathfinders: the golden age of Arabic science*, London, 2010.
Collins, R., *Caliphs and Kings: Spain, 796-1031*, Oxford, 2012.
Fierro, M. and Samso, J. (eds.), *The formation of al-Andalus: part 2, Language, religion, culture and the sciences*, Aldershot, 1998.
Glick, T. F., *Islamic and Christian Spain in the early Middle Ages*, Leyden, 2005.

Jayussi, S. K. (ed.), *The legacy of Muslim Spain*, Leyden, 1992.
Kreuz, B. M., *Before the Normans: Southern Italy in the Ninth and Tenth Centuries*, Philadelphia, 1991.
Kritzeck, J., *Peter the Venerable and Islam*, New Jersey, 1964.
Masood, E., *Science and Islam: a history*, London, 2009.
Metcalfe, A., *Muslims and Christians in Norman Sicily*, London, 2003.
————, *The Muslims of Medieval Italy*, Edinburgh, 2009.
Montgomery Watt, W. And Cachia, P., *A history of Islamic Spain*, Edinburgh, 1965.
O'Callaghan, J.F., *The Learned King: The Reign of Alfonso X of Castile*, Philadelphia, 1993.
Qadir, C. A., *Philosophy and science in the Islamic world*, London, 1988.
Rahman, S. A., *The story of Islamic Spain*, New Delhi, 2001.
Reilly, B. F., *The Medieval Spains*, Cambridge, 1993.
Richards, D. S. (ed.), *Islamic civilisation, 950-1150*, London, 1973.

第 8 章　沈滞の中世ヨーロッパ？

朝倉文市『修道院にみるヨーロッパの心』（世界史リブレット 21）山川出版社，1996 年。

岩村清太『ヨーロッパ中世の自由学芸と教育』知泉書館，2007 年。

海後宗臣・梅根悟監修『Energy　特集　大学の歴史』第 6 巻第 1 号（季刊），エッソ・スタンダード石油株式会社，1969 年。

樺山紘一『都市と大学の世界史——新しい大学像を考える』（NHK 人間大学）日本放送出版協会，1998 年。

河原温『中世ヨーロッパの都市世界』（世界史リブレット 23）山川出版社，1996 年。

今野國雄『修道院——祈り・禁欲・労働の源流』岩波新書，1981 年。

児玉善仁『イタリアの中世大学——その成立と誕生』名古屋大学出版会，2007 年。

佐藤彰一・池上俊一『西ヨーロッパ世界の形成』（世界の歴史 10）中央公論社，1997 年。

佐藤彰一『贖罪のヨーロッパ——中世修道院の祈りと書物』中公新書，2016 年。

————『カール大帝——ヨーロッパの父』（世界史リブレット 29）山川出版社，2013 年。

島田雄次郎『ヨーロッパの大学』玉川大学出版部，1990 年。

嶋田襄平他『ムハンマド，玄奘，カール大帝ほか』（週刊朝日百科，世界の歴史 33，7-8 世紀の世界，人物），朝日新聞社，1989 年。

上智大学中世思想研究所編『中世の教育思想（下）』（教育思想史Ⅳ）東洋館出版，1985 年。

上智大学中世思想研究所編『中世思想原典集成』第 5 巻，第 6 巻，平凡社，1992-93 年。

杉崎泰一郎『ヨーロッパ中世の修道院文化』（NHK カルチャーアワー　歴史発見）NHK 出版，2006 年。

田中峰雄『知の運動——12 世紀ルネサンスから大学へ』ミネルヴァ書房，1995 年。

安原義仁・大塚豊・羽田貴史編著『大学と社会』（放送大学教材）放送大学教育振興会，2008 年。

古田暁訳『聖ベネディクトゥスの戒律』すえもりブックス，2000 年。

山形孝夫『砂漠の修道院』（平凡社ライブラリー）平凡社，1998 年。

湯川武編『学院と学生生活』（週刊朝日百科，世界の歴史 49，12 世紀の世界，生活）朝日新聞社，1989 年。

横尾壮英『中世大学都市への旅』朝日選書，1992 年。

―――『大学の誕生と変貌――ヨーロッパ大学史断章』東信堂，1999 年。

吉田忠他『知識への想い――学問の成立』（週刊朝日百科，世界の歴史 55，13 世紀の世界，技術）朝日新聞社，1989 年。
J. ヴェルジェ著，大高順雄訳『中世の大学』みすず書房，1979 年。
P. ヴォルフ著，渡邊昌美訳『ヨーロッパの知的覚醒――中世知識人群像』白水社，2000 年。
E. ガレン著，近藤恒一訳『ルネサンスの教育――人間と学芸との革新』知泉書館，2002 年。
G. ザッカニーニ著，児玉善仁訳『中世イタリアの大学生活』平凡社，1990 年。
D. ノウルズ著，朝倉文市訳『修道院』（世界大学選書 031）平凡社，1972 年。
C.H. ハスキンズ著，青木靖三・三浦常司訳『大学の起源』八坂書房，2009 年。
H. ラシュドール著，横尾壮英訳『大学の起源――ヨーロッパ中世大学史』（上，中，下）東洋館出版社，1966-68 年。
P. リシェ著，岩村清太訳『中世における教育・文化』東洋館出版，1988 年。
J. ルゴフ著，柏木英彦・三上朝造訳『中世の知識人――アベラールからエラスムスへ』岩波新書，1977 年。

Abelson, P., *The Seven Liberal Arts: A Study in Medieval Culture,* New York, 1906.
Al-Andalusi, Said, *Science in the Medieval world: the Book of the Categories of Nations*, Austin, 1991.
Alioto, A. M., *A history of western science*, New Jersey, 1987.
Ashby, E., *Universities: British, Indian, African A Study in the Ecology of Higher Education*, London, 1966.
Brooke, C., *The Twelfth Century Renaissance*, London, 1976.
Butzer, P. L., and Lohmann, D.（eds.）, *Science in Western and eastern civilisation in Carolingian times*, Basel, 1993.
Catto, J.（ed.）, *The early Oxford Schools*, Oxford, 1984（*The history of the University of Oxford*, vol.1）.
Clagett, M., Post, G. and Reynolds, R.（eds.）, *Twelfth century Europe and the foundations of modern society*, Wisconsin, 1966.
Cobban, A. B., *The Medieval Universities: their development and organisation*, London, 1975.

De Ridder-Symoens, H. (ed.), *A history of the university in Europe: vol 1, Universities in the Middle Ages*, Cambridge, 1992.

Ferruolo, S. C., *The origins of the university: the schools of Paris and their critics, 1100-1215,* Stanford, 1985.

Grendler P. F., *The universities of the Italian Renaissance,* Baltimore, 2002.

Harre, R. (ed.), *The physical sciences since antiquity*, London, 1986.

Haskins, C. H., *The Renaissance of the Twelfth Century*, Harvard, 1927.

———, *The rise of universities*, New York, 1957.

Ijsewijn, J. and Pacquet, J. (eds.), *The Universities in the late-Middle Ages*, Leuven, 1978.

Ito, Shuntaro., *The Medieval Latin translation of the data of Euclid*, Tokyo, 1980.

Kadaan, Abdul Nasser and Angrini, Mahmud, 'To what extent was Montpellier, the oldest surviving medical school in Europe, inspired by Islamic medicine?', *Journal of the International Society for the History of Islamic medicine*, vols. 12-13, April/ October, 2013-4.

Kritzek, J., *Peter the Venerable and Islam*, Princeton, 1964.

Lindberg, D. C. (ed.), *Science in the Middle Ages,* Chicago, 1978.

———, *The Beginnings of Western Science: The European Scientific Tradition in Philosophical, Religious, and Institutional Context, Prehistory to A.D. 1450*, Chicago, 1992.

——— and Westman, R. S., (eds.), *Reappraisals of the scientific revolution*, Cambridge, 1990.

Lowe, R., (ed.), *The history of higher education: major themes in education, vol. 1, The origins and dissemination of the university ideal*, Abingdon, 2009.

Pedersen, O., *The first universities: studium generale and the origins of university education in Europe*, Cambridge, 1997.

Piltz, A., *The world of Medieval learning* (trans. Jones, D.), Oxford, 1981.

Radding C. M. and Ciaralli A., *The Corpus Iuris Civilis: manuscripts and transmission from the Sixth Century to the Juristic Revival*, Leiden, 2007.

Rashdall, H., *The universities of Europe in the middle ages,* vol.1 (2nd edn. by F. M. Powick and A.B. Emden), Oxford, 1936.

Sarton, G., *Introduction to the history of science*, vol. 2, Fifth edition, New York, 1975.

Shauk, M. (ed.), *The scientific enterprise in antiquity and the Middle Ages*, Chicago, 2000.

Singer, C., *A short history of science to the Nineteenth Century,* Oxford, 1941.

Smith, C. E., *The University of Toulouse: its origins and growth to 1500 AD*, Milwaukee, 1958.

Smith, D. M., *A history of Sicily: medieval Sicily, 800-1713*, New York, 1989.

Swanson, R. N., *The Twelfth Century Renaissance,* Manchester, 1999.

Thorndike, L., *University records and life in the Middle Ages*, New York, 1944.

Wei, I., *Intellectual culture in Medieval Paris: theologians and the University, 1100-1330,*

Cambridge, 2012.

終章 知のネットワークと「学問の府」の起源

島田雄次郎『ヨーロッパの大学』玉川大学出版部，1990 年。

中山茂『歴史としての学問』中央公論社，1974 年。

湯川武編『学院と学生生活』（週刊朝日百科，世界の歴史 49，12 世紀の世界，生活）朝日新聞社，1989 年。

横尾壮英『中世大学都市への旅』朝日選書，1992 年。

――――『大学の誕生と変貌――ヨーロッパ大学史断章』東信堂，1999 年。

吉田忠他『知識への想い――学問の成立』（週刊朝日百科，世界の歴史 55，13 世紀の世界，技術）朝日新聞社，1989 年。
J. ヴェルジェ，大高順雄訳『中世の大学』みすず書房，1979 年。
C.H. ハスキンズ，青木靖三・三浦常司訳『大学の起源』八坂書房，2009 年。
H. ラシュドール，横尾壮英訳『大学の起源――ヨーロッパ中世大学史』（上，中，下）東洋館出版社，1966-68 年。
J. ルゴフ，柏木英彦・三上朝造訳『中世の知識人――アベラールからエラスムスへ』岩波新書，1977 年。

Brooke, C., *The Renaissance of the Twelfth Century*, London, 1969.
De Ridder-Symoens, H.（ed.）, *A history of the university in Europe: vol 1, Universities in the Middle Ages*, Cambridge, 1992.
Forbes, A. and Henley, D., *China's ancient Tea Horse Road*, Chang Mai, Thailand, 2011.
Harre, R（ed.）, *The physical sciences since antiquity*, London, 1986.
Haskins, C. H., *The Twelfth Century Renaissance*, Cambridge, Mass., 1957.
Haskins, C.H., *The rise of universities*, New York, 1957.
Makdisi, G., *The rise of colleges*, Edinburgh, 1981.
Nakayama, S., *Academic and scientific traditions in China, Japan and the West*, Tokyo, 1984.
Pedersen, O., *The first universities*, Cambridge, 1977.
――――, *Early physics and astronomy*, New York, 1974.